趣读汉字

金德生　刘配书　编著

语文出版社
·北京·

图书在版编目（CIP）数据

趣读汉字 / 金德生，刘配书编著. -- 北京 ：语文出版社，2019.11
ISBN 978-7-5187-0950-2

Ⅰ. ①趣… Ⅱ. ①金… ②刘… Ⅲ. ①汉字—字源—研究 Ⅳ. ①H12

中国版本图书馆CIP数据核字(2019)第249652号

QU DU HANZI

趣读汉字

责任编辑 金春梅 王 琦
装帧设计 刘姗姗
封面题字 王恩科
出　　版 语文出版社
地　　址 北京市东城区朝阳门内南小街51号 100010
电子信箱 ywcbsywp@163.com
排　　版 北京大有艺彩图文设计有限公司
印刷装订 北京市科星印刷有限责任公司
发　　行 语文出版社 新华书店经销
规　　格 787mm × 1092mm
开　　本 1 / 16
印　　张 19.5
字　　数 275千字
版　　次 2019年11月第1版
印　　次 2019年11月第1次印刷
印　　数 1- 2,000
定　　价 45.00元

010-65253954（咨询） 010-65251033（购书） 010-65250075（印装质量）

《说文》为天下第一书。读遍天下书，不读《说文》，犹未读也。但能通《说文》，余书皆未读，不得谓非通儒也。

——清·王鸣盛

语言文字和民族历史是国学的精粹所在。

——章太炎

凡解释一个汉字，即是作一部文化史。

——陈寅恪

序　一

郝铭鉴

鲁迅先生写过《门外文谈》，谈的就是汉字。先生是章太炎的入室弟子，尚且自称是站在“门外”的，我这个没有文字学背景的人，当然连“门”也摸不着。为本书写序言，实在是一件冒险的事。

德生、配书二位上一本书《趣说汉字》，也是由我写序的。当时之所以应承下来，出于两方面考虑：于私，德生兄是我的中学同学，少年时代结下的友谊，“不思量，自难忘”；于公，那本书确有可看之处，与别人分享，也是一种快乐。正因为此，我在那篇序言的最后写道：“全书虽有近200篇，读来却意犹未尽，颇有被吊起胃口的感觉。还望金德生、刘配书二位能不断‘趣说’下去。”没有想到的是，他们二位笔耕竟是如此之勤，出手竟是如此之快，《趣说汉字》还在热销之中，《趣读汉字》已接踵而至。这让我有点儿喜出望外。

汉字是中华文化的瑰宝。世界四大文字中，汉字硕果仅存，经受了数次挑战以后，老树新枝，生机勃发。称汉字是中国的第五大发明，是一点儿也不夸张的。汉字不仅是书写符号，为中华民族保留了浩如烟海的典籍，还形成了

郝铭鉴，语言学家、编审，退休前担任《咬文嚼字》杂志主编。

独特的书法艺术，其富有哲学意味的形式和审美价值，得到了世人的公认；同时，汉字还凝聚着一代又一代人的学术眼光，从古代的小学到今天的汉字学，汉字研究成了一门大学问。这在人类创造的文字系统中，恐怕是绝无仅有的。

《趣读汉字》和《趣说汉字》一脉相承。它表面上是趣说，骨子里是正说。趣说的目的是追求阅读效果，正说才是作者坚持的学术立场。全书可以概括为八个字：守正、出新、益智、解疑。

守正。从许慎的《说文解字》开始，汉字研究便形成了自己的风格，无论依据的是青铜器铭文，还是古文经书，一切从文字的实际出发。特别是1899年以后，随着甲骨文的发现和大量文物的出土，有了更多的文字实证材料，汉字学进入了一个全新的阶段。作者的“趣说”“趣读”，可谓深得《说文解字》“说”的真髓，通过深入辨析字形结构，解读汉字的符号密码，挖掘汉字的文化蕴含。以说“香”为例：有人以为“香”是上“禾”下“日”，义为庄稼成熟之时，经太阳一晒，香气四溢。其实这是典型的望文生义。《说文》释“香”是“从黍从甘”。“甘”者，美也，“从口含—”，即口含东西有滋有味，舍不得一口吞下去。王筠《说文释例》：“甘乃味也，味无形，故属事，不定为何物，故以—指之。”在介绍古代的成果后，作者指出：许慎是以小篆为依据的，难免有一定的局限。甲骨文中“香”有三种写法，其中有的下面是“口”。李孝定《甲骨文字集释》的解读是：“盖字象以器盛黍稷之属，以见馨香之意。”作者对《说文》以来的成果如数家珍，让今天的读者对“香”字有了更清晰、更全面的认识。

出新。作者坚持汉字的研究传统，但并不胶柱鼓瑟，不敢越雷池一步。相反，无论在形式上，还是在见解上，不时可见新意。书中既有单字解说，也有双字解说，有时为了在比较中见区别，见发展，还有多字解说。比如作者把“颈”和“项”合在一起辨析，人们都知道“颈项”指的是脖子，其实颈是颈，项是项，“颈在前，项在后”。因为“颈在前”，所以成语有“刎颈之交”；因为“项在后”，所以成语有“望其项背”。这样的体例既容易理解又饶有趣味。作者还努力在观点上出新。比如在谈“顽”与“玩”的区别时，作者指出“顽”左面是“元”，右面是“页”，“元”和“页”皆可解释为“头”，可见“顽”是头碰头——两个脑袋相互顶着，谁也不肯让谁。这不正是童年时期的顶脑门的游戏吗？一个“顽”字，顽皮相和淘气劲毕现无遗。而“玩”字从“玉”，有把玩的意思。由此得出结论，“顽”尽管可通“玩”，但“老顽童”不能写成“老玩童”。这一说法是让人信服的。

益智。作为一本解说汉字的书，作者并没有停留在就字说字的层面上，而是以字为切入点，用散点透视的方式，把相关知识串联在一起。作者的所谓“趣说”“趣读”，某种意义是通过知识含量来体现的。比如在解说“井”字时，先引述《说文》：“八家一井，象构韩形。”何谓“韩”呢？段玉裁注：“井上木阑也，其形四角或八角，又谓之银床。”原来，“韩”就是“井垣”“井幹”。接着笔锋一转，谈及唐代的画马名家韩幹，“幹”正是对“韩”的解释。又由“井”谈到凿井史，谈到井田制，谈到“市井”的形成，谈到“珍妃井”的秘闻，一路娓娓道来，不离一个“井”字。最后落在《吕氏春秋》“穿井得一人”，回到语言文字的原点。真是如走山阴道上，让人有目不暇接之感。

解疑。哲学家狄德罗说过，作者在进入写作过程前，首先要明白“谁读这个”。心中有读者，才能笔下见经纬。本书作者是注意到这一点的。凡是阅读时可能生疑的地方，都会轻轻点上一笔。比如，“车”为何又读 jū？车者，“行者之舍也”，可以“居”。“進”字为何从“隹”？隹者，鸟也，只会向前不会后退。仅此一句便足以让人豁然开朗。在解说“上、下”二字时，作者问为何“下馆子”用“下”，“上厕所”用“上”呢？原来，旧时大户人家办婚典、庆寿诞，都是在家里举行的，显得有气派，有氛围；而一般应酬才到饭馆里面。两者档次是不一样的，所以“馆子”用“下”。同样，旧时住宅东侧建有两层小筑，雅称为“溷”，下层养猪，上层解手，如此构造，当你要方便时，自然非“上”不可。自问自答，趣味横生，平添阅读的乐趣。

作序有一大好处，可以先睹为快。看到高兴处，忍不住要多说几句。但这样未免有“剧透”之嫌。还是就此打住，让读者自己去判断吧。

是为序。

序　二

常敬宇

汉字是世界上最古老的文字之一。作为记录语言的视觉符号系统，汉字不仅记载了中华民族几千年的历史文化，而且以其独特的形式体现了汉民族认知事物的特定思维方式、文化心理特征以及审美情趣。

作为世界上仅存的并仍在使用的表意文字，汉字有“历史文化的化石”之称。汉字尽管经历了甲骨文、金文、秦篆、隶书、楷书等阶段，但依然保留了它的形象表义的性质，它的形体依然保存了丰富的文化信息。可以说，每个汉字几乎都是一个汉民族历史文化信息的储蓄箱，从而积淀了瑰丽的人文景观。因此说，汉字是中华文化的美丽符号。正如国学大师陈寅恪先生所言：“凡解释一个汉字，即是作一部文化史。”

经时益彰、历久弥新的汉字，既是中华文化得以传承与发展的介质和载体，又是中华文化实现繁荣兴盛的根基和依托。总之，汉字为中华民族智慧的发展、文化的繁荣、信息的传递、文明的演进立下了丰功伟绩。

近年来，随着中国经济的飞速发展和中国在世界上的地位与影响与日俱

常敬宇，北京语言大学教授，中央电视台《开学第一课》节目嘉宾，从事对外汉语教学36年，曾先后赴越南、日本、巴基斯坦等国讲学。

增，在世界范围内出现了“汉语热”，外国人学汉语者已有四千多万人，预计未来几年将达一亿。然而，外国初学者普遍认为汉语汉字难学，这已成为汉语国际教学的“瓶颈”。其实，汉语汉字并不难学。汉语汉字是不同于西方拼音文字的另一套语言文字系统，它有自己的构成特点和规律，同时也有自己的教学和习得规律。外国朋友只要掌握了汉语汉字的特点和规律，汉语汉字难学的问题就会迎刃而解。

可喜的是，金德生、刘配书二位先生合著的《趣读汉字》一书应运问世，这本书是打开汉字宝库的一把金钥匙。

《趣读汉字》的特点是，对某些汉字的造字源流进行了详尽的解读。作者从研究汉字的经典之作《说文解字》来说明这个汉字的最原始的构成字形，或从“六书”的造字法来说明这个汉字的最初的构成方式，进一步结合甲骨文、金文、大篆，然后再用丰富的文学历史资料，旁征博引，多元参证，并采用了当前文字学研究的新理论新方法，对汉字的产生和发展变化做了详尽的诠释说明。我们不妨看一看《思·胃·果·累》是怎样解读常用汉字“思”的。“思”这个字从汉隶到楷体均写作“田下心”，但若溯源到篆体字，则可以看出“思”字原来不是“田下心”，而是“囟下心”。“囟”是什么？桂馥《说文解字义证》说：“囟是首脑之上缝，象小儿头囟未合。”徐灏《说文解字注笺》说：“人之精髓在脑，脑主记忆，故思从囟。”后来为什么“思”字不从“囟”而从“田”了呢？《说文解字群经正字》告诉我们：今经典思字从田而不从囟，是隶变也。因此我们看“思”字原本是从囟从心的，是个会意字，表示囟与心的结合。《韵会》一书中也说：“自囟至心，如丝相贯不绝也。”这表明，我们的祖先在3000年前就已发现了人的思维是心脑联动的产物——依靠头脑考虑，辅以心灵感悟，只有这样才能碰撞出思想的火花。这样叙述每个汉字的历史发展全貌，语言简明扼要，生动活泼，引人入胜，可读性很强，从而引导读者正确理解汉字，并能掌握汉字的特点和规律。

我认为，本书具有科学性、实用性、通俗性和趣味性，对初学汉字汉语的外国朋友来说，是一本非常实用的工具书，是难得的良师益友。

我有幸先读了本书的原稿，作为本书作者的同道朋友，欣喜之余，愿在本书付梓之际说几句话，以为序。

目 录

书，知识之宝库

“书”这个简化字，是由“書”的草书楷化而来。

甲骨文“[illegible]”是个会意字，它由“[illegible]”“[illegible]”“[illegible]”三个构件组成，表示手抓着笔在墨池里蘸墨；金文将“[illegible]”和“[illegible]”变成了“聿”，有趣的是，在“[illegible]”上还多出了几点墨汁；到了小篆，却在下面的“[illegible]”中加“一”（短横），示意墨池里有墨汁。

“书”，今有多义。作动词，主要含义有：1. 书写，记录。许慎《说文解字》（简称《说文》）曰：“書，箸也。从聿者声。”段玉裁《说文解字注》（简称《段注》）：“《说文 · 叙》曰：‘箸于竹帛谓之书。书者，如也。’”朱骏声《说文通训定声》云：“作书，上古以刀录于竹若木，中古以漆画于帛，后世以墨写于纸。”[①] 2. 画。《资治通鉴》云：“今大将军问事，但令我书可邪？”胡三

① 汉语中，“文”和“书”都可表示字体类型，但含义有别，“文”指用刀刻出的字，具有较强的形象感；“书”是用笔写出的字，笔画规则而抽象。因此，称“甲骨文”而不称“甲骨书”，称“金文”而不称“金书”；称“隶书”而不称“隶文”，称“楷书”而不称“楷文”；篆体既有用刀刻的，也有用笔写的，故既可称作“篆文”，也可称作“篆书”。

省注：“书可，画可也。”

“书”作名词，主要含义有：1. 书籍，指装订成册的著作。唐 · 司马贞《史记索隐》：“书者，五经六籍总名也。”明 · 张自烈《正字通》云：“凡载籍谓之书。”2. 造字之法为“六书”，即象形、指事、会意、形声、转注、假借。3. 字体。《说文》曰：“书有八体：一曰大篆，二曰小篆，三曰刻符，四曰虫书，五曰摹印，六曰署书，七曰殳书，八曰隶书。”4. 文件。如：皇帝下的诏书；臣子上的奏章；各行政机构颁发的证件等。5. 信函。杜甫《春望》诗云：“烽火连三月，家书抵万金。”6. 书法。欧阳修云：“学书费纸，犹胜饮酒费钱。”7.《尚书》的简称。欧阳修《伶官传序》：“《书》曰：‘满招损，谦得益。’”8. 某些曲艺形式的通称。如：评书、快板书。

笔者为什么说“书”字今有多义，难道古代它的义项不多吗？王筠在《说文句读》里讲：“古者‘书’只三义：书写，其本义也，因而所写之字谓之书；《尚书》者，史所书也，亦谓之书；自《易传》……始为典籍之通称。”

“书”字义项多多，本想大书特书，奈何“罄竹难书”。于是笔者另辟幽径，只谈一些“书”的相关知识。

“简”，《说文》解释为“牒也”。其实，古人把字写在竹片上叫“简”；写在木片上叫“牒”，也叫“札”。于是，就产生了“竹简”“牒札”等古色古香的词语。

为使竹简能长久保存，有一道工序很重要，叫作“杀青”，就是用火烤，去掉竹油和水分。文天祥《过零丁洋》诗云：“人生自古谁无死，留取丹心照汗青。”“汗青”就是出过“汗”的竹简，能长期保存，比喻永留史册。

竹简的长短有一定的规格。从出土的汉简看，宽度都是一寸，长度却有不同。一般史书长 1 尺（汉代 1 尺约合 23 厘米），可写 50 字；经书长 2.4 尺，约 56 厘米，字较大；记载法律的竹简长 3 尺，约 69 厘米，故称之为“三尺律”。

“牍”与“简”近义。有说大简称牍；有说仅容一行字的为简，可容数行字的为牍；也有的说一尺长的为牍，故有“尺牍”之谓。

“册”，比较好理解，它是象形字，把一片片竹简用绳子串起来，就成册了。跟“册”密切相关的一个字是“典”，它上面是“册”，下面是“丌”（jí，义为下基），是会意字，意为把书供在案几上，恭敬至此，怎能不是“经典”！

“篇”“卷”，《说文通训定声》云：“（篇）谓书于简册可编者也，其书帛可卷者谓之卷。”通常而言，一篇文章要写在几片竹简上，把它们连在一起叫篇。帛书质地柔软，容易卷起来。

“籍”，竹简五篇十篇放在一起，有集结的意思，称之为书籍。《尚书·序》疏：“籍者借也，借此简书以记录政事，故曰籍。”如此说来，“籍”是各级政府办事的凭借。

“叶（葉）”和“页”，段玉裁有较为详细的解释：“小儿所书写每一苫谓之一叶，今书一纸谓一页。”（苫，音 shān，古代儿童习字的竹片，可以擦去再写。）古书一张叫一叶，对折，页码骑缝；现在一面为一页，页码通常在下部当中或一角。

关于书籍的术语还有很多，恕不一一赘述。

井，凿地出水也

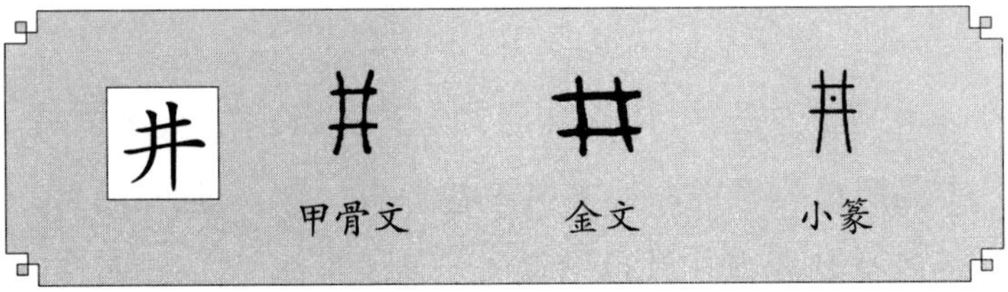

（一）

《说文》曰："八家一丼。象构韩形；'·'，凿之象也。古者伯益初作井。"

许慎认为，"井"是个象形字，从甲骨文、金文看"象构韩形"（像井栏），小篆写作"丼"（字中间多了一点），乃"凿之象也"。笔者以为，"·"是个指事符号，表示井里有水。如果里面没水，那只能算是坑；倘若曾经有过水，后来干涸了，就叫它"枯井"。

许慎说"象构韩形"。何谓"韩"？段玉裁云："韩，井上木阑也，其形四角或八角。又谓之银床。"原来，"韩"的本义是井垣，又称"井幹"。《庄子·秋水》曰："吾乐与，出跳梁乎井幹之上。"敢在水井的栏圈之上跳舞，可谓险中作乐呀。

"韩"即"井幹"，这让笔者想起了唐代画马的著名画家韩幹，他的大名

“幹”，正是对他的姓的注解。请注意，韩幹的“幹”不能写成简体的“干”，不信你去查《辞海》。

（二）

国人何时开始凿井汲水？有的说是在黄帝时代，有的说是在大禹时期。《说文》曰：“古者伯益初作井。”（笔者按：伯益，舜时掌管草木鸟禽、供应鲜食的能臣，助禹治水有功，被选为继承人，后为启所杀。）桂馥《说文解字义证》云：“《易》释文引《周书》，‘黄帝穿井’；《世本》，‘化益作井’，宋衷云，化益，伯益也。”总之，我华夏先民 3000 多年前就掌握了打井的技能。

国人凿井历史之悠久，可用清人沈德潜《古诗源·古逸》中的两首古诗作佐证。一是尧时老者“壤父”所作《击壤歌》：“日出而作，日入而息。凿井而饮，耕田而食。”二是无名氏的《书井》：“原泉滑滑，连旱则绝。取事有常，赋敛有节。”①

（三）

许慎所言“八家一井”，指的是“井田制”这种土地制度，不要狭义地理解成八户人家共用一口水井。相传，商周时期曾实行过名为“井田制”的土地分配、农田税赋制度。

“井田制”是怎样的呢？《孟子·滕文公上》曰：“方里而井，井九百亩，其中为公田，八家皆私百亩，同养公田。公事毕，然后敢治私事，所以别野人也。”这段话的意思是：将纵横各长一里的土地，按井字形划成九块，每块百亩（约合现在的 23 市亩），中间那块为公田，周边为八家“国人”的私田。八家人共同耕种公田，其收成作税赋，私田收获归己。但是，八户人家必须

① 滑滑：同“汩汩”，水涌流貌。《书井》的大意是：饮用井水之时，当忆旱绝之日；征收税赋唯有节度，取之方能有常。

“先公后私”，公田里的农事干完之后，才能料理私田里的农活。由此可见，这种制度的实质，就是把“国人”捆绑在土地之上，除非你不要百亩田地，而去做化外之“野人”。

有“市井”一语，语出《管子·小匡》：“处商必就市井。”《诗经·陈风·东门之枌序》孔颖达疏：“古者二十亩为一井，因为市交易，故称市井。”《汉书·货殖传》颜师古注：“市，交易之处，井，共汲之所。”

（四）

“井”作为姓氏，历史较为久远。据《辞源》记载，春秋时的虞国，有个大夫被封到井邑这个地方，人们称他为井伯。他的后代就用封地之名“井”作为自己的姓氏。

东汉著名儒者井丹，字大春，扶风郿（今陕西眉县）人，通五经，善言谈，性高洁，不事权贵，隐居至终。时人赞曰：“五经纷纶井大春，未尝书刺谒一人。”

故宫有“珍妃井”一口。珍妃，满族，镶红旗人，他他拉氏，光绪帝宠妃。1900 年 8 月，八国联军打进北京，慈禧仓皇出逃前，命太监崔玉贵将年仅 24 岁的珍妃推入井中淹死。

最后，说一则“丁公凿井”的趣事（《吕氏春秋·察传》和《论衡·书虚》都记有此事）：春秋时，宋人丁某家中起先无井，只得派一人经常出外汲水，后来家中挖了一口井，再也不用派人外出挑水，从而节省了一个人力。于是，他到处对人说：“吾穿井得一人。”可笑的是，听者误传成丁公家里从井中挖得一人。此后，“丁公凿井”即用以比喻语言辗转传误。

车，行者之舍也

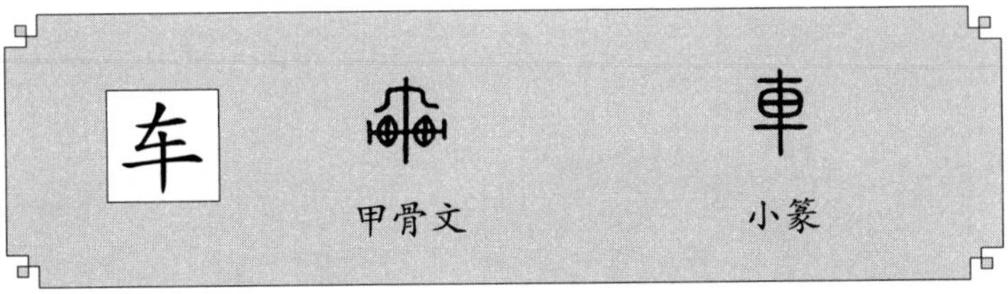

（一）

车（“車”），陆地上由轮子转动而运行的交通工具。然而，“车之事多矣”（段玉裁语）。有些什么事呢？这还得从许慎释“车”说起。

《说文》曰：“车，舆轮之总名。夏后时奚仲所造。象形。凡车之属皆从车。”短短的释文，引出四个问题：1. 始造车者是谁？2.“舆轮之总名”是什么意思？3. 小篆“车”还是象形字吗？4.“车”字的读音问题。

许慎说，车是“夏后时奚仲所造”。史学界普遍认为车是黄帝发明的。黄帝姓姬，因其族善制作大车辕，驾车周流天下，故号轩辕氏。杜预曰：“奚仲为夏禹掌车服大夫。然则非奚仲始造车也。”徐灏《说文解字注笺》云：“《太平御览》车部引《释名》曰：‘黄帝造车，故号轩辕氏。’《左传·定公元年》曰：‘薛之皇祖奚仲居薛，以为夏车正。’许言奚仲造车，盖本此。”《古史考》云：“黄帝作车，引重致远。少昊时加牛，禹时奚仲为车正，加马。”

如何理解“车，舆轮之总名”？这是一个比较复杂的问题。《段注》云：“独言舆轮者，以毂辐牙皆统于轮，轼較轸轵轛皆统于舆[①]，辀与轴则所以行此舆轮者也。”段玉裁在这里列举了“轮”的构件“毂辐牙”和“舆”的构件“轼較轸轵轛”，过于专业化了，若将这些构件逐一加以解释，也是一篇不短的说明文。笔者以为，所谓“舆轮之总名”，则是说“车”是个大概念，包括“舆”“轮”二类。颜师古注云：“著轮曰车，无轮曰舆。”李孝定《甲骨文字集释》云：“（舆，）契文象众手举舆之形。”由此可见，“舆”就是轿子。

众所周之，许慎撰《说文》时还未发现甲骨文字，他是依据小篆字形解说的。那么，小篆字形的“車”怎么看得出它是象形字呢？段玉裁说：“車”字“象两轮一轴一舆之形，此篆横视之乃得。”（小篆“車”必须横过来看，就看得出是象形字：上下横为轮，当中“曰”为舆，“|”为轴。）

最后谈一下“车”的读音问题。唐人给“车”字注音为“尺遮切”，用现在的汉语拼音即“chē”，音近“舍”。然而，“车”还读如“居”，汉语拼音为 jū。它为什么有两读？《段注》云：“古音居；在五部；今尺遮切。《释名》曰：‘古者曰车（jū），声如居，言行所以居人也。今曰车（chē）。车，舍也，行者所处若屋舍也。’”不过，韦昭认为：“古惟尺遮切，自汉以来始有居音。”

“车”究竟是先读 jū，还是先读 chē？恐怕“学富五车”者也不一定讲得清楚吧。

又，“车”姓之溯源。史载：汉丞相田千秋（？—前 77），以年老，诏乘小车出入省中，时人谓之车丞相。其子孙因以为氏。

①《康熙字典》（2014 现代插图版）引《集韵·效韵》曰：“較，同‘较’。”《说文解字注笺》：“左右两厢谓之輢，輢上谓之较。较反出向外，犹如两耳。”

（二）

《说文》车部有文九十九，新附字三。许慎曰：“凡车之属皆从车。”这就是说，车部所收 102 字都与车有关。是这样吗？应该是这样。譬如：轮、辐、轴、辕等，都是车子的部件；转，车轮运行；轰，群车运行时发出的声响。

子曰：“人而无信，不知其可也。大车无輗，小车无軏，其何以行之哉？”（见《论语 · 为政》）这句话里的“輗”（音 ní）、“軏”（音 yuè）是什么？段玉裁注：“（輗，）辕与衡相接之关键也……此与小车之軏同用而异名。”（笔者注：“衡”，辕端之横木。）

作为车的“輗”“軏”，部件虽小，作用却不小，苏辙在《〈论语〉拾遗》中说：“譬如车轮舆既具，牛马既设，而判然二物也。夫将何以行之，惟为之輗軏以交之，而后轮舆得藉于牛马也。”

苏辙和他哥哥苏轼，名字是他们的老父亲苏洵所起。《说文》曰：“轼，车前也。”《说文通训定声》云：“车阑上之木周于舆外者，在前曰轼，在旁曰輢。”徐锴云：“辙，车迹也。”苏老泉为什么要给他的儿子起名“轼”与“辙”呢？请读《名二子说》：

〖原文〗轮辐盖轸，皆有职乎车，而轼独若无所为者。虽然，去轼则吾未见其为完车也。轼乎，吾惧汝之不外饰也。

天下之车，莫不由辙，而言车之功者，辙不与焉。虽然，车仆马毙，而患亦不及辙。是辙者，善处祸福之间也。辙乎，吾知免矣。

〖译文〗车轮、车辐、车盖和车轸，各有所用，而轼，只是车前用作搭手的横木，表面上看没什么用途，但是没有轼，车子就不完整。轼啊，我惧怕你不修饰外表（这个毛病）哇！

天下的车子都是沿着辙行进的，但是论起功劳来，辙就没份了。然而，车翻马毙之时，却也不会把灾祸的责任归罪到辙的头上。由此看来，辙是善于处在福祸之间的。辙啊，我看准你是能免除灾祸的！

有位文友问：军、库、斩、辇，这些字为什么“从车”？现分别解说如下：

军，“从勹从车”。许慎曰：“军，兵车也。”《五经文字》云：“古者以车战，故军字从勹下车。”作为古代部队编制的“军”，有多少人?《说文》曰：“四千人为军。”《司马法》云：“万二千五百人为军。”两者差距何以如此之大，不得而知。

“库”，许慎曰：“兵车藏也。从车在广下。”段玉裁云：“此库之本义也。引申之，凡贮物舍皆曰库。”其实，在古代，按所藏之物不同而定舍名。藏钱物称“府”（府字，付在广下，所藏钱物是要付出去的）；藏粮食称之为“仓”；藏车子就叫“库”。

“斩”，本义是指一种极为残酷的刑罚。《说文》曰：“斩法车裂也。”《说文解字义证》曰：“斩，断也。”《段注》：“盖古用车裂，后人乃法车裂之意而用铁钺，故字亦从车。斤者，铁钺之类也。”

“辇”字跟车子有什么关系呢？这是因为“辇”是个量词，本义指“百辆车”。《说文》曰：“若军发车百两为一辇。”蒋人傑《说文解字集注》：“《诂林》沈乾一案，唐写本《玉篇》引作军发车百乘为一辇。”《六韬》云：“五车一长，十车一吏，五十车一率，百车一将。”

段玉裁注“辇”字云：“若军发车百两为辇，盖用司马法故言……引申之为什伍同等之称。”亦指分行列的车子。宋·戴侗《六书故·工事三》云：“车以列分为辇。”

由“辇”的引申义“同等”，再引申出“类”，如“吾辇”“汝辇”；又引申出辇分，如“长辇”“父辇”；还可引申出毕生，如“这辇子”；还可引申出“等级”之义，如《史记·孙子吴起列传》所言：“马有上中下辇。”

有个词叫“辇出”，意思是“一批又一批地涌现”，通常是指优秀人才。在深化改革开放的今天，多么希望“英雄辇出”啊！

隹，短尾鸟也

《说文》曰：“隹，鸟之短尾总名也。”又曰：“鸟，长尾禽总名也。”《段注》云：“短尾名隹；长尾名鸟。析言则然，浑言则不别也。”这个注解的意思是，凡二足而羽之禽总称为“鸟”（“禽”的本义是“走兽总名”）；如果细分的话，鸟中短尾巴的叫“隹”。

现代生物学给出的定义：鸟是“脊椎动物的一纲，温血卵生，全身有羽毛，后肢能行走，前肢变为翅，一般能飞”。由此可见，这一定义并未提及鸟类中因尾较短而有“隹”属。于是笔者猜想，抑或先民对飞禽的观察比今人仔细。

笔者的这个想法有以下例证。《正字通》云：“二足而羽谓之禽，或曰鸟。觜曰咮、曰喙；爪曰距；尾曰翠，一作臎，一名尾罂；膍胵曰奥；咙曰亢、曰员官；项畜食处曰嗉；翅曰翮、曰翎；颈毛曰翁。脚短者多伏，脚长者多立；脚近翠者好步，脚近臆者好跚。”从这段表述得知，古人也是很重视解剖学的。《尔雅·释鸟》云：“鸟之雌雄不可别者，以翼右掩左，雄；左掩右，雌。”这就表明，早在东汉时期，人们已经掌握了辨别鸟儿雌雄的门道了。

检索字典辞书，鸟、隹各领一部。《说文》鸟部有一百一十六字，徐铉新附四字，《说文》隹部有三十九字，两部字数相差甚多。（“乌”也属鸟，但《说文》另立一部。）不过，在“鸟”部的“鸟”并非都是长尾，而在“隹”部的“隹”也不都是短尾。如，“隹”部的“雉”，它的尾羽既长且美；而“鸟”部的“鸭”，尾巴却短而丑陋。难道说这两个字划分部首有误？又如，“雄”“雌”二字都属“隹”部，可是它们的解释却是“鸟父”“鸟母”，也就是说，此二字皆应从“鸟”。

就在笔者对“鸟”“隹”二部的划分有所疑惑之时，见蒋人傑《说文解字集注》一书中引《说文解字义证》之按语云：“《左传》言，凡短尾者从名为隹也，非谓字之从隹者皆短尾也。盖析言之则隹、鸟异类，合言之则隹、鸟通称。”又引《殷虚文字类编》语：“卜辞中隹与鸟不分，故隹字多作鸟形，许书隹部诸字亦多云籀文从鸟，盖隹、鸟古本一字，笔画有繁简耳。许以隹为短尾鸟之总名，鸟为长尾之总名。然鸟尾长者如雉与鸡，而并从隹，尾之短者莫如鹤鹭凫鸿，而均从鸟，可知强分之未为得矣。”

啊，原来如此。笔者本以为对“鸟”“隹”二部之字略有所知，竟然落入“强分”之俗套而起质疑之意。今方有所悟：笔者读书欠多，此实乃“未为得矣”！

韩愈《郓州溪堂诗》云：“流有跳鱼，岸有集鸟。”鱼跳鸟集，则大气无灰霾，河水无黑臭，这样的生态环境何等美妙，凡怀有“中国梦”者，无不向往之。

韦，束物之革缕

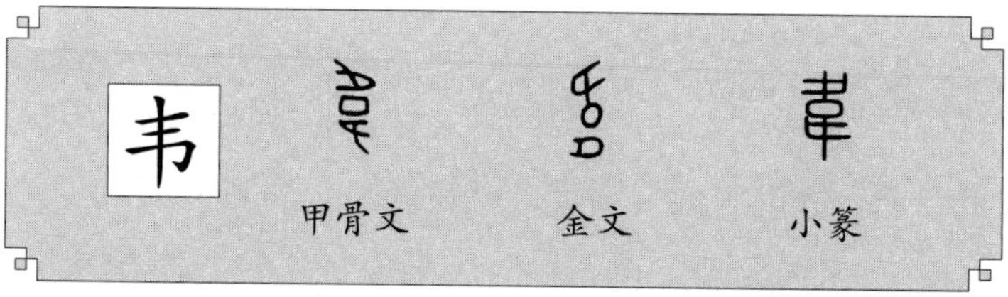

“韦”，原本写作“韋”。《说文》曰：“韋，相背也。从舛囗声。兽皮之韦可以束，枉戾相韦背，故借以为皮韦。”

许慎的解说有两层意思：

第一层意思是，“韦”的本义是“相背”，即“违”的初字。从甲骨文、金文、小篆“韦”的写法来看，基本变化不大：当中的“囗”（读作“围”）或“○”，表示人们居住的城池；上下两只脚印方向不一（不应视为从“舛”），意为走的路线相反。笔者以为，“韦”应当是个指事字。

第二层意思是，这个字假借为“皮韦”之“韦”。先说一下何为“皮韦”。《周礼·天官·掌皮》曰：“掌秋敛皮，冬敛革。”颜师古注：“有毛为皮，去毛为革。”徐锴云：“生曰皮，理之曰革，柔之曰韦。”王筠《说文释例》云：“革韦一物，分生熟耳。”古人用革缕矫枉戾而背之物，而这种既柔软又坚固的皮条就叫“韦”。其后，“韦”字不再表示“相背”之义，“假借专行而本义废矣”（段玉裁语）。

作为皮条的“韦”，在古代有一个非常重要的用处就是串联竹简。《史记·孔子世家》曰："孔子晚而喜《易》……读《易》，韦编三绝。曰：'假我数年，若是，我于《易》则彬彬矣。'"

《汉书·儒林传》云："盖晚而好《易》，读之韦编三绝，而为之传。"颜师古注："编，所以联次简也。言爱玩之甚，故编简之韦为之三绝也。"后遂以"韦编三绝"为读书勤奋、刻苦治学之典故。

除了"韦编三绝"这则成语之外，带"韦"字的成语、典故委实不少，再抄录几例。

韦弦：《韩非子·观行》云："西门豹之性急，故佩韦以自缓；董安于之性缓，故佩弦以自急。故以有余补不足，以长续短之谓明主。"李善注："韦，皮绳，喻缓也；弦，弓弦，喻急也……"后因以"韦弦"比喻外界的启迪和教益，用以警戒、规劝。

乘韦：四张熟牛皮。《左传·僖公三十三年》曰："（秦师）及滑，郑商人弦高将市于周，遇之，以乘韦先牛十二犒师。"杜预注："乘，四韦。先韦乃入牛。古者将献遗于人，必有以先之。"孔颖达疏："遗人之物，必以轻先重后，故先韦乃入牛。"这就是"弦高救郑"的故事。后用"乘韦"比喻先送的薄礼。

韦布交：犹言布衣之交，指不计势位，以平民身份交往的朋友。《明史·襄王瞻墡传》云："士大夫过襄者，皆为韦布交。"

韦丹碑：韦丹，字文明，唐京兆万年人，为江西观察使，政事卓然，德被八州，殁四十年，老幼思之不忘。元和时称治民第一。宣宗时，乃诏观察使纥干臮上丹功状[①]，命刻功于碑。（见《新唐书·循吏传·韦丹》）后来，"韦丹碑"成了为官清廉、政绩卓著的典故。清·王士禛《题施愚山〈卖船诗〉后》诗云："他年韦丹碑，会见留江皋。"

《辞源》云："韦"姓出颛顼大彭后，夏少康封其孙元哲于豕韦。又，萧何使蒯彻匿韩信子于南粤，取韩字之半，改姓韦。

①臮，音 jì，同"暨"。

亦，本义为腋窝

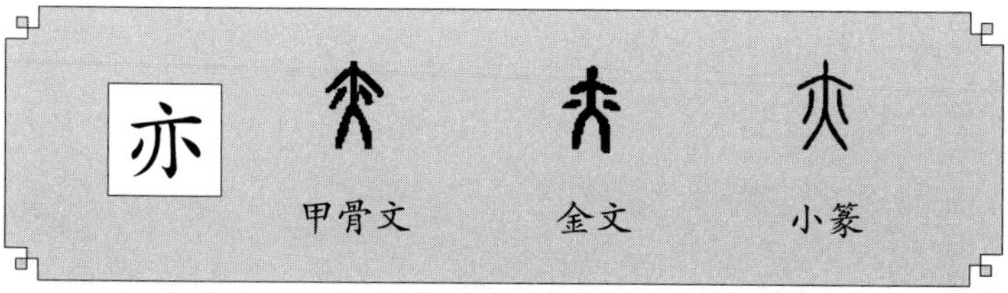

有许多虚词，在古文中原本是实词，本文所说的“亦”字亦然。

你一眼就能瞧出，“亦”是个典型的指事字——“大（表示人）”的左右胳膊中各有一点，意指这儿是“腋窝”。《说文》曰：“亦，人之臂亦也。从大，象两亦之形。”由此可见，“亦”原本是个名词。

徐锴云：“（亦，）人之掖也，八（读作 bié），其处也。”南朝梁·顾野王《玉篇》指出：“今作掖。”那么，为什么要以“掖”取代“亦”呢？这是由于“俗用亦为语词，乃别造此”（《广韵》语）。“亦借为语词，久而为借义所专，故别作掖”（语出《说文解字注笺》）。可见古时候“亦”已用作副词，表示同样、也是，如“亦无不可”“亦步亦趋”；又如，《左传·文公七年》：“先君何罪？其嗣亦何罪？”此处“亦”即为“又”；再如，《论语》开篇曰：“学而时习之，不亦说乎？”“亦”则用来加重语气。

“掖”原义有二：“以手持人臂投地也，从手夜声，一曰臂下也。”（许慎语）这里补充说明一下，后代文字学家指出，“投地”当属衍文。《说文解字义证》云：“僖二十五年左传：‘二礼从国子巡城，掖以赴外，杀之。’《正义》谓持其臂投之城外也……掖本持臂之名，遂谓臂下胁上为掖……《史记·商君传》：‘千羊之皮，不如一狐之掖。’”

“掖”可作“挟扶”解。《诗经·陈风·衡山》序云：“诱掖其君也。”孔颖达疏：“诱谓在前导之，掖谓在傍扶之。”

“掖”又作“旁”解，宫之旁舍曰掖庭，《汉书·百官公卿表》：“武帝更名永巷为掖庭。”殿旁垣曰掖垣，宫阙旁小门曰左右掖门。

甘肃省有地名“张掖”，这个名字大有来头，且寓意大好。史载，汉武帝元鼎六年（前 111 年）置张掖郡。应劭《地理风俗记》云：“张掖，言张国臂掖以威羌狄。”

《红楼梦》言：“你来把我这边的被掖掖罢。”这里的“掖”作“塞进去”解；又言：“黛玉微微地点头，便掖在袖里。”此处的“掖”作“藏起来”解。再如《儿女英雄传》中有“说着，掖上那把刀，迈步出门，往外就走”之语，其中的“掖”表示“插入腰带”。

由于“掖”之义甚广，后人“别作腋为臂腋字”（徐灏语）。《韵会》云：“掖、腋本一字。今扶掖字从手，肘腋字从月（肉）。然古腋字本作亦。”

这就是“亦→掖→腋”的演变过程。

爽，朝旦微明也

问：“常言道‘人逢喜事精神爽’，请问有没有下联？”

答：“有。下联则是‘月到中秋分外明’。”

又问：“语出何处？”

再答：“此联语见于明人冯梦龙《醒世恒言》第十八卷《施润泽滩阙遇友》。”

冯梦龙这一联语有个绝妙之处：上句最后一字“爽”的字义，正好是下句的最后一字“明”。《说文》曰：“爽，明也。从㸚从大。”① 徐锴注：“大，其中隙缝光也。”当代杰出的古文字学家于省吾先生（1896—1984）云：“甲骨文字形，（爽）像人左右腋下有火，表示明亮。”

为什么说“爽”的本义是“明”呢？《尚书·牧誓》有“时甲子昧爽”一语。何谓“昧爽”？徐锴云：“昧爽，微明也。”《段注》：“朝旦之时，半昧半

① “㸚”读作 lǐ，从二爻。《说文解字注笺》云：“爾爽字从㸚，皆离娄通明之义。疑象门户疏窗之形。”《说文解字部首订》云：“从二爻者，取字形以为物形，意在象孔之㸚㸚。”

明，故谓之早昧爽。”由此可见，初露之“明”乃“爽”之本义。

凡属“明亮”者，人皆喜欢，故“爽”的众多引申义为褒义：1. 形容人的性格率直，如爽朗、直爽、豪爽等；2. 形容做事利落，如爽快等；3. 形容感觉舒服，如爽心、爽意、爽目、爽口等。郦道元《水经注 · 庐江水》有“风泽清旷，气爽节和”之句，故气候宜人则用“秋高气爽”“和风送爽”等予以形容。

可是，“爽”还具有贬义。《尔雅 · 释言》曰：“爽，差也，忒也。”扬雄《方言》曰：“爽，过也。”

李商隐《为张周封上杨相公启》云：“郭汲还州，尚不欺于童子，文侯校猎，宁爽约于虞人。”那么，“爽信”“爽约”等贬义是如何产生的呢？《说文解字注笺》的答案是：“昧爽者明晦之际，故引申之义为差。”

此外，“爽”字还有“伤害”之义。《道德经》曰：“五音令人耳聋，五味令人口爽，驰骋畋猎令人心发狂。”《淮南子 · 精神》云：“五味乱口，使口爽伤。”

拙文说“爽”，挂一漏万，不知读者诸君看后“爽目”否？

进，鸟向前行

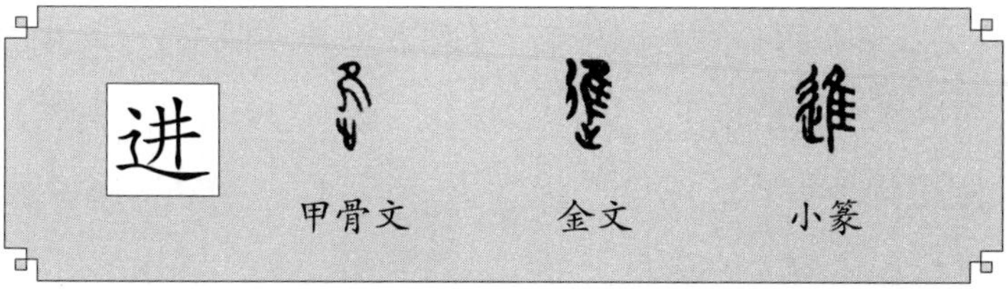

“进”这个字本来写作“進”。《说文》曰：“进，登也。从辵閵省声。”许慎认为它是个形声字。

首先需要弄清楚的是，“从辵閵省声”是啥意思。

“辵”，音 chuò。《说文》曰：“辵，乍行乍止也。”《六书故》云：“辵，循道疾行也。”作为部首，如今写作“辶”，俗称“走之儿”。

什么是“閵省声”？这是个很复杂的问题。先说“閵”，读若“吝”（“閵”加“草字头”就是藺相如的“藺”），古书上说是一种鸟，似鸲鹆（qúyù）而黄。“閵”省掉“門”，则“隹”为声（“隹”是短尾之鸟）。

笔者以为，“進”不是形声字（简化字“进”才是个形声字），“隹”也不是它的读音。“進”是个会意字，应当表述为“从辵从隹”。造字者通过长期仔细观察发现，鸟只会向前方行走而不会后退。于是，将这个极为科学的观察结果作为创造“進”字的依据。《汉语大字典》引高鸿缙《中国字例》云：“字从隹，从止，会意。止即脚，隹脚能进不能退，故以取意……周人变为‘隹’‘辵’，意亦同。不当为形声。”

“进”的本义是“登”吗？笔者以为不是，它的第一义项应该是“前”（《广韵》如是说）。“登”即“入”，当属“进”的引申义，有“登堂入室”一语为证。

“进”作“登”解的典型一例是“进士”一词。《礼记·王制》曰：“大乐正论造士之秀者，以告于王，而升诸司马，曰进士。”郑玄注：“进士，可进而受爵禄也。”隋代始有科举，凡考中进士者，谓之“登科”。

“进”之义众多。可作“奉献”解，《聊斋志异·促织》有“以一头进”之语，就是把一只蟋蟀献给皇上。可作“推荐”解，《汉书·灌夫传》云：“父张孟，尝为颍阴侯灌婴舍人，得幸，因进之。”可作“规劝”解，如“进议”，就是向皇帝进呈议论得失的奏表。可作“饮”解，如“滴水不进”。可作“收入”解，如“进账”“日进斗金”……恕不一一列举。

我华夏先哲造得出这个“進”字，笔者真是叹服至极。你道为何？这说明古人每造一字都是呕心沥血，有着满满的进取精神。

《论语·先进》曰：“先进于礼乐，野人也；后进于礼乐，君子也。如用之，则吾从先进。”这里的“先进”当作“前辈”解。

笔者乃爱好文字学之后进。本文说“进”如有不当，期盼文字学界诸位先进多多指教。

盥，洗手也

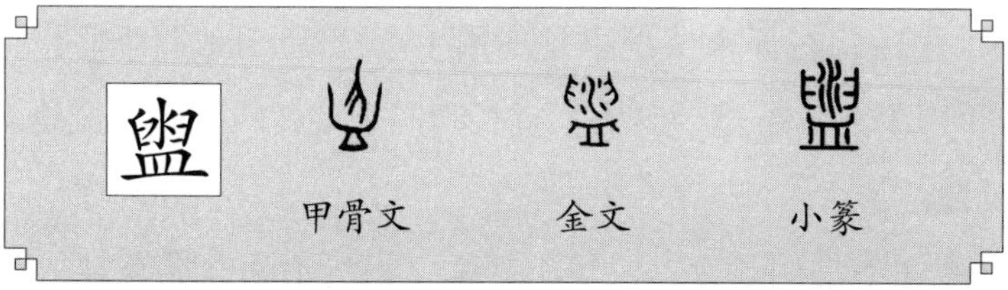

人的双手接触他物，是细菌、病毒传播的主要途径。所以，人们要养成勤洗手的良好习惯；不仅要经常洗手，更重要的是要学会正确地洗手。

据笔者观察，有些人是洗手的，但洗得比较马虎，该怎样洗手，很不得要领。什么，洗手还有要领？这也太小题大做了吧。那好，本文就通过读“盥”，来和各位谈谈洗手的要领。

《论衡·讥日》云：“且沐者，去首垢也；洗，去足垢；盥，去手垢；浴，去身垢。”据此可知，古人是非常讲究卫生的。所以，身体各部位的清洁工作，各有专门的名称。作为去手垢的“盥”字，由三部分组成：下部是“皿”；上中部为水；水的左右是两只手构成的一个“臼”（读作 jú，字形似“臼”，底横中间断开，义为“叉手也”）。盥是个会意字，表示水冲洗双手后流到下面的盘子里去这一过程。从这个字的造字法可以想见，古人对洗手是多么讲究。

《说文》曰：“盥，澡手也。从臼、水临皿。《春秋传》曰：‘奉匜沃盥。’”

这里提到的“匜”，是我国古代的一种盛水器具，形如瓢，前端为流，后部有耳，底下有足。所谓“奉匜沃盥”，段玉裁解释为：“匜者，柄中有道可以注水。《内则》亦云：‘请沃盥。’沃者自上浇之，盥者手受之而下流于盘。故曰臼、水临皿。此引传说字形之意。”

说到这里，笔者觉得应该强调一下，用匜注水浇手，这是很讲卫生的做法，流到盘子里的水就是脏水，不得再把手伸进去了。

古人洗手之后，在通常情况下是不用手巾擦的，而是“挥手令干而已”，目的是防止手巾不洁。不过，老人不宜长时间手湿，故“敬老则盥卒授巾也”。（引语出自《段注》）

“盥”字现在不常用了，一般场所都称之为洗手间，唯有某些较雅的场所，如大酒店、大学生宿舍，才把洗手间称作“盥洗室”。笔者以为，今人不妨多用用“盥”字，诸如“盥漱”啊、“盥洗”啊，从这个字的解读中，悟出“讲究卫生，认真洗手”的道理来。

精，米之上白者

“精”字多义，有褒有贬。说好，好得不得了，人有精英，物有精品，诗文精彩，书画精美；说坏，坏得吓人，什么狐狸精、蜘蛛精、白骨精……尽是妖魔鬼怪。不过，当下“白骨精”吃香得很，那可是网友对“白领、骨干、精英”的简称！

从造字法看，“精”是形声字，“从米，青声”，也就是说，它是“米”属。它是什么米呢？米中最精美的，即为上好的白米。然而，从许慎到段玉裁，对“精”字之义都作“择米”解。

众所周知，古人是用臼将稻舂成米的，于是产生了“舂捣使精”这个成语。《庄子·人间世》云：“鼓策播精。”段玉裁注：“司马云，简米曰精。简即柬，俗作拣者是也。引申为凡最好之称。”

米由粗而精，古时有诸多级别，如粝、粺、毇、精、粲。通常说来，“粝”（即糙米）为 5 斗稻谷得 4 斗米（出米率为 80%），“精”则是 5 斗稻谷得 2.4 斗米（出米率仅为 48%）。由此看来，孔老夫子主张“食不厌精”，那可是要吃上好的白米呀。

上等白米称作“粲”。《诗经·郑风·缁衣》：“适子之馆兮，还，予授子之粲兮。”朱熹注：“粲，粟之精凿者。”古人祭祀时，为表示对神灵、祖先的崇敬，都供之以精粲。

有个词叫“白粲”，它竟是古代的一种刑罚——秦汉时强制女犯为祭祀拣择精米的徒刑。《汉旧仪》记载：“女为白粲者，以为祠祀择米也。”颜师古注引应劭：“坐择米使正白为白粲，皆三岁刑也。”如此说来，古时候对女犯还是挺人道的呢。

白粲（肖玉文绘）

责，偿还债务也

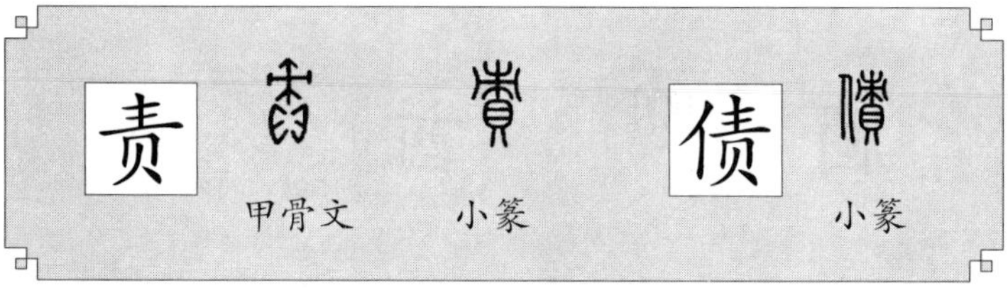

《说文》曰：“债，债负也。从人、责，责亦声。”那么，“债”与“责”是什么关系呢?《周礼·天官·小宰》注：“责即今之举债，古无债字。”《说文解字义证》释“责”：“谓求负家偿物也。”

有道是“欠债还钱，天经地义”，所以说，偿还债务是一种责任，作为讲道德、守信用、负责任的人，有债则还，别无二话；欠债不还是不足取的，除非债主不要了。天下竟有欠债不要还的事？有的。《战国策·齐策四》记载：门客冯谖主动请缨，为孟尝君“收责于薛”。行前，冯谖问：“责毕收，以何市而返？”孟尝君答：“视我家所寡有者。”于是，冯谖至薛地，矫命，“以责赐诸民，因烧其券，民称万岁”。冯谖复命时说：“君云视吾家所寡有者，臣窃计君，宫中积珍宝，狗马实外厩，美人充下陈，君家所寡有者以义耳，窃以为君市义。”后来，孟尝君遭贬，“就国于薛，未至百里，民扶老携幼，迎君道中”。此时，孟尝君恍然大悟，顾谓冯谖：“先生所为文市义者，乃今日见之。”

酉·酋·尊·遵

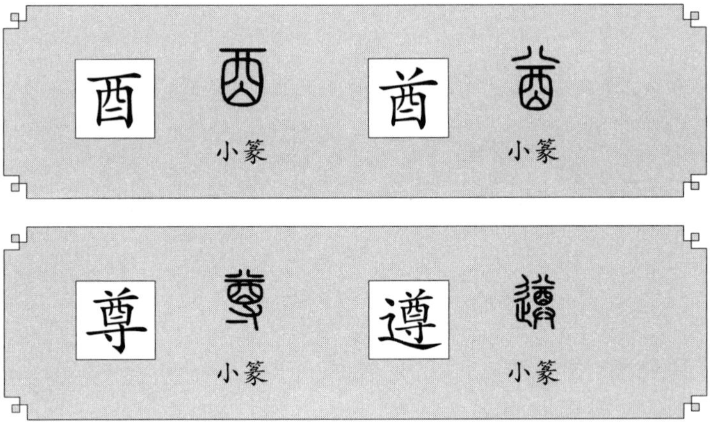

“酉”是个象形字；它的头上多两点（或曰“八”），为“酋”（是个指事字）；“酋”脚下添个“寸”（或作“廾”），成“尊”（是个会意字）；“尊”加“辵（chuò）”旁，是“遵”，它是个形声字。此四字层层加码，从造字法上看，不仅充满智慧，而且相当有趣。

“酉”的本义有几种说法。《说文》曰：“酉，就也。八月，黍成可为酎酒。”也有说“酉”是“象酒在缸瓮中”。郭沫若说：“（甲）骨文乃壶尊之象也。”他的意思是讲“酉”属于盛酒的器皿。徐锴云：“丣，古文酉。丣（卯）为春门，万物已出；丣为秋门，万物已入。‘一’，闭门象也。”（“丣”与“丣”参见本书《“柳”的声旁问题》。）

笔者以为，“酉”的本义当作“酒”解为宜。理由是，许慎释“酒”字也是“就也”。这就是说，“酉”是古“酒”字，后因“酉”用以计时，故又加“水”作“酒”。徐灏说：“酉，醴之通名也……醪醴之类无不从酉。”又，《睡虎地秦墓竹简·秦律·田律》：“百姓居田舍者毋敢酤酉。”

接下来说“酋”，现在多用作酋长之“酋”。土著的酋长，头上插两根野鸡毛，脸上涂野鸡血，还要勾画出线条来，老远看去就像个“酋”字。“酋”原本就是“头头”——造酒者的首领。《说文》曰：“酋，绎酒也。从酉，水半见于上。《礼》有大酋，掌酒官也。”许慎说“酉”上面不是两点，而是半个“水”字。这又是怎么回事呢？饶炯《说文解字部首订》云：“夫酒至久酿，味厚汁浓，盛于尊则满而溢，因从水省，半见于酉上。”这可是经验之谈，好酒是可以高出酒杯的呀。

再说说“尊”字。古人以尊作饮酒之器，对饮之前要用双手将“尊”高举过额，以示相互尊敬。所以，许慎讲它是“从酋，廾以奉之”。“廾”读作“共”，就是双手；“寸”也表示手。

作为酒器的“尊”，古人是有很多讲究的。《周礼》有六尊：“牺尊、象尊、著尊、壶尊、太尊、山尊，以待祭祀宾客之礼。”凡祭祀祖宗，款待宾客，不仅要把珍藏的名贵酒器拿出来，而且有一套敬酒的规矩，这可算得上尊重有加。

最后谈谈“遵”字。《说文》曰：“遵，循也。”义为沿着，依照，按照。不过，笔者觉得，“遵”具有尊重、尊敬之意。《尚书·洪范》曰：“遵王之路，遵王之道。”这里的“遵王之道”则有着自觉的“看齐意识”。

有个名词叫“遵者”，《仪礼·乡射礼》曰：“大夫有遵者则入门左。”《康熙字典》：“言乡之为大夫者，能以礼乐化其民，使遵法之，故曰遵者。”此“遵者”切莫与彼“尊者”混淆。后者是对佛弟子、阿罗汉等的敬称。

从·比·北·化

从

甲骨文

小篆

比

甲骨文

小篆

北

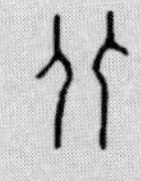

甲骨文

小篆

化

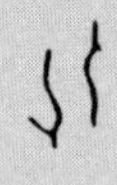

甲骨文

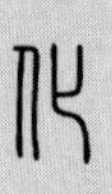

小篆

“从”“比”“北”“化”，每个字都是由二人组成，只不过是“人”的朝向各异而已。

二人同向左为“从”。必须指出，“从”原本不是“從”的简化字。在《说文》里，“从”“從”并存，但释义不同。许慎曰：“从，相听也。从二人。”《说文解字部首订》云：“篆从二人相随指事者，以从字之意，义无违背，故象一人在前，一人在后，则相听之义自见矣。”许慎又曰：“從，随行也。从辵（chuò）、从，从亦声。”这就是说，“从”是“听从”，“從”是“跟从”。对于“从”“從”的分工，《金文诂林》如是说：“彝铭中‘从’‘從’同用，盖古今字也。‘从’从二人，象随行之形，其后泥于行义而加辵以增繁，及随行义为‘從’字所专，遂以相听义属‘从’字。”

许慎之后，情况发生变化，在相当长的时间里，“‘從’行而‘从’废矣”。（段玉裁语）

“从”字不仅有“跟从”之义，还可作“顺”解，如“顺从”；亦可作“自”解，如“自从”；又可作“就”解，如“云从龙，风从虎”；它代指跟班，如“侍从”；它用来称呼同宗，如“从祖父母”。写作“從”时，还与“縱”同，“從横”即“縱横”。古代有姓“從”的，《广韵》称，“汉有将军從公”，据说今日东莞还有人姓“從”。

二人同向右为“比”。通常认为，“比”“从”这两个字应该没啥搭界，谁知一读《说文》，让人大长见识，它俩的关系大了去了。

许慎曰：“比，密也。二人为从，反从为比。”请注意，“反从为比”并非二人不相从，《金文诂林》特地强调指出：此字“象二人携手并肩相亲密之形，此正比之古文。”段玉裁也说：“其本义谓相亲密也。”他举例说，人们要“择善而从之也”，不比怎能知其善？知其善则紧相从，彼此怎能不“亲密”。仔细想想还真是这个道理。

古人往往把“比”和“校（较）”作同义相训。《国语·齐语》云：“比校民之有道者。”通过比较，即显出优劣高下。《韩诗外传》云：“高比，所以广德也。下比，所以挟行也。比于善，自进之阶。比于恶，自退之原。”所以说，凡有上进心的人都应该往高处比，向好者学，这才是“比”的正道。

可是，查阅《现代汉语词典》《辞海》，“比”字条解释虽多，却没有“比，密也”这样的本义。难道说，在今人的眼里，“比”就是两把“匕首”，只剩下“较量”“对抗”的意思了吗?

二人相背为“北”。通常理解，“北”是五方位之一，与“南”相对。其实，它的本义是背靠背的“背”。许慎曰：“北，乖也。”何谓“乖”？徐锴《说文解字系传》“北”字注曰：“乖者，相背违也。《史记·鲁仲连传》：‘士无反北之心。’”段玉裁注：“此于其形得其义也。军奔曰北，其引申之义也，谓背而走也。”

那么，表示“古之背字”的“北”，怎么会假借为朝向的“北”了呢?《说文解字部首订》云：“篆从二人相背，即指其事为违背。初则借为面北之北，继以人面明背暗，又借为南北之北。复因专为南北之称，而面北字又加肉作背以别之。”

“北”可作“败”解，如“败北”。《韩非子·五蠹》云：“鲁人从君战，三战三北。”可作“奔”“逃”解，贾谊《过秦论》云：“追亡逐北，伏尸百万。”

一人正立、一人倒立为“化”。其实，这个字的右半部“人而倒”的“匕(huà)”，本身就是古“化”字。徐灏云：“匕化古今字，相承增偏旁，非有二义。”

许慎曰：“匕，变也。从到(倒)人。”《吕氏春秋》对“人而倒”为什么是“变”有较为详细的解释：“剖孕妇而观其化，此匕之本义。从倒人者，人之初生倒垂而下也，因而化训为生。”

“匕”加个“亻”旁，作“化”。《说文》曰：“化，教行也。从匕从人，匕亦声。”

“化”作“教化”解，其实是它的引申义。教化是人的一种行为，所以要“匕”加“亻”，这也是“变”而“化”之。

对于“教化”一词，段玉裁有句极为精当之言：“教行于上，则化成于下。”这就是说，“教化”乃是上行下效之事。从甲骨文到小篆，“化”都写成左边“正人”右面“倒人”，单从这个字的写法已不难看出造字的用意——倒着的“人”就得向正立的“人”学好样，否则，一直头朝下，那就是愚顽不化。

仁，人之本性

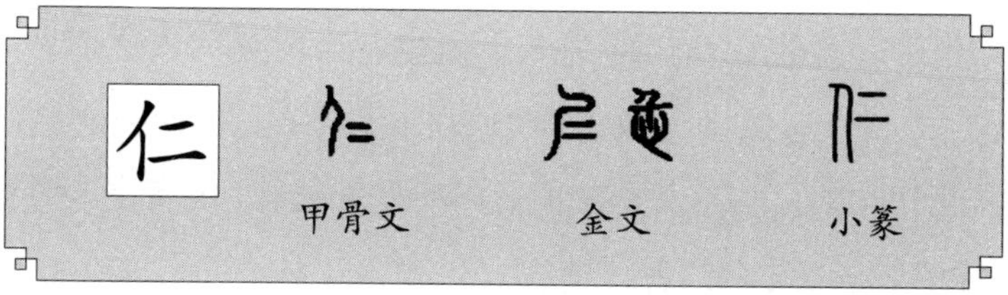

“仁”，从“人”从“二”，是个会意字。别看这个字笔画简单，它的内涵却极为丰富。笔者觉得，若要读懂“仁”字，先得弄清什么是“人”。

对“人”字的解释，古今差别很大。今义（只说第一义项）指“人类”：能制造工具并使用工具进行劳动的高等动物。《新华字典》在这句话的后面补充说：“人是由古类人猿进化而成的。”

“人”的古义是什么？《列子·黄帝》曰：“有七尺之骸，手足之异，戴发含齿，倚而食者，谓之人。”尽管这句话只讲了“人”的外在形状，但是已经注意到猿还不能直立，而人则是完全直立的，二者有着天壤之别，不可不察。

笔者以为，“人”之所以区别于动物，在于他的“精气神”。《礼记·礼运》云：“人者，天地之德，阴阳之交，鬼神之会，五行之秀气也。”又曰：“人者，天地之心也，五行之端也，食味、别声、被色而生者也。按，禽兽草木皆天地所生，而不得为天地之心，惟人为天地之心。故天地之生此为极贵。天地之心谓之人，能与天地合德。”《孝经·圣治章》言：“天地之性人为贵，贵其异于万物也。”

从上述引文不难看出，“人”字的古义要比今义严密，更加人性化，主要体现在讲人性、讲德性。人是万物之灵，而非禽兽草木可比。那么，区别于动物性的“人性”“德性”是什么呢？归结起来就是一个字——“仁”。

“仁”，古文亦作“忈”“忎”。从字面上看，只要有两个人在一起，就势必要处理好相互关系。人与人之间是什么关系呢？《中庸》曰：“仁者爱人。”孟子曰：“仁也者，人也，谓仁即为人之道也，人能尽为人之道斯谓之仁，故因而重之以见义。二有偶义，故引申之有相亲之义。扩而充之则曰博爱之谓仁，千心为仁即取博爱之意。”《韩非子·解老》云：“仁者，谓其中心欣然爱人也。”《吕氏春秋》云：“仁者，情志好生爱人，故立字二人为仁。”郑玄云：“爱人及物曰仁，上下相亲曰仁。”徐铉云：“仁者兼爱。”段玉裁云：“仁者，人之德也。”

上述释“仁”种种，其核心是人与人之间要相亲相爱。如果人与人之间只有争夺，只有打斗，充满戾气，充满仇恨，那与禽兽何异？尤其值得玩味的是，“仁”的读音同“人”，寓意更为深刻：人若不“仁”，非人也！

德，正直之心

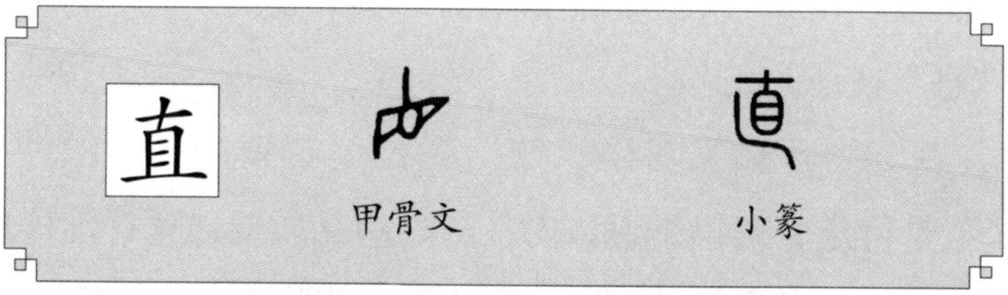

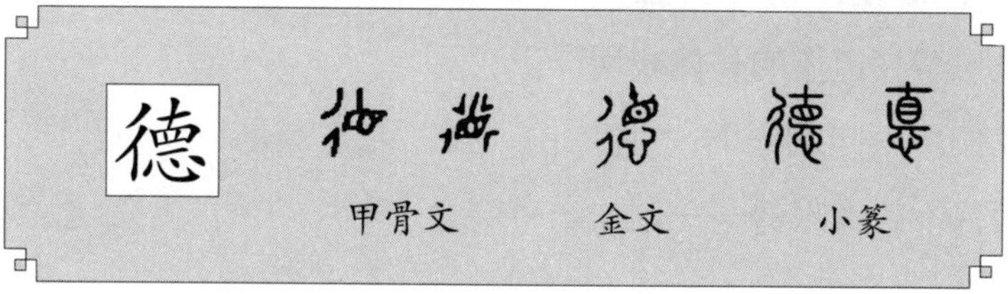

笔者一直觉得，“直”和“悳”（“德”的异体字）不单在字形上，而且在字义上有着密切联系。

先说“直”。《说文》解释为“正见也”。徐锴曰：“十目所见是直也。”正说明这个“直”是很直观的：不弯不曲，堂堂正正，众目所视，结论一致。

不知何故，孔老夫子对“直”的理解与众不同。“叶公语孔子曰：‘吾党有直躬者，其父攘羊，而子证之。’孔子曰：‘吾党之直者异于是：父为子隐，子为父隐——直在其中矣。’”（见《论语·子路》）按他老人家的说法，“直”即“曲”。

“直”字下面加个“心”，就成了“悳（德）”字。《周礼·地官》曰：“悳行，内外之称，在心为悳，施之为行。”《说文》对“悳”的解释是“外得于人，内得于己”。朱骏声云：“外得于人者，恩悳之悳；内得于己者，道悳之悳。”这说明“悳”是一种修为，是人们共同生活及行为的准则和规范，只有见贤思齐，加强自我修养，才能具有高尚的道德品质。

《周易·乾卦》曰：“君子进悳修业。”《诗经·大雅·烝民》云：“民之秉彝，好是懿悳。”《正韵》云：“凡言悳者，善美、正大、光明、纯懿之称也。”简而言之，“悳”就是正直之心。

那么，“悳”为什么又写作“德”呢？笔者猜想：“德”从“彳”从“悳”，“彳”是行走，意思是说，内在的高尚品质要通过行动体现出来。譬如，我们夸某某先生“德高望重”，总得举例说明吧，你所举的一样样事实，正是某某先生崇高道德的具体表现。

现在我们可以归纳一下：“德”由“直”而来，是心灵的升华。做人正直，不弄虚作假，不趋炎附势——这才是有德之人啊！

慈者，仁爱也

金文　小篆

《说文》曰：“慈，爱也。”南宋·毛晃、毛居正《增修互注礼部韵略》云：“慈，柔也，善也，仁也。”《左传·文公十八年》曰：“宣慈惠和。”孔颖达疏：“慈者，爱出于心，恩被于物也。”

通常言之，父母亲怜爱子女为“慈”。《左传·昭公二十六年》曰：“父慈子孝，姑慈妇听。”《管子·形势解》曰：“慈者，父母之高行也。”贾谊《新书·道术》云：“亲爱利子谓之慈，恻隐怜人谓之慈。”

有时，“慈爱”尤指慈母之爱。唐代著名诗人孟郊（751—814），在科举应试的路上遭遇诸多曲折，然而他毫不气馁，屡败屡战，终于在46岁时进士及第，不久出任溧阳县尉。他一到溧阳，即迎母于“溧上”，写下一首《游子吟》以志其事：“慈母手中线，游子身上衣。临行密密缝，意恐迟迟归。谁言寸草心，报得三春晖。”苏轼《读孟郊诗》云：“诗从肺腑出，出辄愁肺腑。”足见《游子吟》留给人们的印象多么深刻，实乃歌颂伟大母爱的千古绝唱。

“慈”这个字“从心兹声”。笔者以为，“慈”不仅读音为“兹”，而且有着“孳生”之义——“慈”是从心头孳生出来的。所以，凡以“慈”组成的词语，无不表示“慈和待人”“恩被于物”这层意思。略举数例如下：

例一，“慈石”，即磁石，又称磁铁。据《精蕴》记载：“山产铁于其阳者，慈石产其阴。”晋·郭璞《慈石赞》：“慈石吸铁，母子相恋也。”

例二，有一种丛生竹，名叫“慈竹”。《竹谱》记述：“竹之丛生，子母相依，曰慈竹。”

例三，有一种蔬果，名为“慈姑”。《群芳谱》解释：“慈姑，一根，岁生十二子，岁闰则十三子，如慈母之乳诸子也。”

例四，佛家有“慈航”一语，意为佛、菩萨以慈悲之心度人，如航船之济众，使脱离生死苦海。

附带说明一下，“慈母”有时特指“养母”。《仪礼·丧服》云：“慈母如母，谓养母也。”

善者，吉祥也

“善”，古文写作“譱”。《说文》曰：“譱，吉也。从誩从羊。此与義、美同义。篆文善从言。”

对许慎的解释，我们是这样理解的：

1.“譱”从“誩”（音 jìng），《说文》解释“誩”为“競言也”。《说文解字部首订》云：“言之通义为直言。誩犹二人直持其说，各不相让，盖争言也。但争者以手，其意有恶无美；誩者以言，其意有恶有美，故争、誩之义相同。部中譱从誩，意取其美；讟（音 dú）从誩，意取其恶，皆可证。”

2.“譱”从“羊”，羊是吉祥的象征，故为“吉也”。

3.“譱”“義”“美”都从“羊”，所以这三字是同一个意思（又，《广韵》释“善”，与“良”“佳”同义）。

不过，《尔雅·释诂》认为“善”从“言”。其曰：“祥，善也。吉言为善，故善从言；善言为吉，故吉从口。”这就表明，直言有“譱”有“讟”，要认真加以辨别。所以，孔子提醒人们要“择其善者而从之，其不善者而改之”。(见《论语·述而》)当然，凡是善言，闻者则应从善如流。

《国语·晋语》曰：“善，德之建也。”意为美好的品德由行善开始。

笔者觉得，正楷的“善”字，还可以从中领悟出更为丰富的含义。我们不妨把“善”拆成“羊、廿、口”，即可会意为“二十头羊”。古代，谁家畜养二十头羊，那可算得上殷实之家。众所周知，羊养得多则食草多；食草多则占用社会资源多；占用社会资源多则应回馈社会多。受上苍眷顾而致富之人要怀善心，行善举，修桥铺路，造福于民。因此，“多多行善”应是当今大力提倡的社会价值观。

文末，作《“善”之歌》一首：

善字写作羊廿口，羊多象征财富有。

致富莫忘帮贫困，积善之家福常留。

吉者，和平也

2017 年是丁酉鸡年。“鸡”的读音同“吉”，故恭贺新禧的流行语就是“鸡年大吉”。还别说，大年初一早上 8:08，笔者打开微信，竟然获得 8.88 元的红包（只是个网络游戏）。这可是个大吉大利的数字！于是一时兴起，就写上一篇《吉者，和平也》之拙文。

说“吉”，绝非叽叽喳喳地啼叫两声那么简单。难道说“吉”这个字还有什么疑难之处？然也！

《说文》曰：“吉，善也。从士、口。”这是按小篆字形说“吉”，上“士”下“口”，会意为“善也”，即美好吉祥。“从士口”怎么会寓意为“善”？《说文解字注笺》云：“从士口，所以异于野人之言也。”（笔者按：古代，将居住在城里的人称为“国人”，散处于郊外之人称为“野人”。）

此外另有一说：据金文字形，“吉”上面的部件是斧形，代表首领、帝王。其义当是：从帝王嘴里说出来的话就是吉言。也有的说，帝王为感谢天地神灵，祭祀时总要说上几句祝颂语，理所当然是吉利之言。

可是，看到甲骨文“吉”后，“士口”说、“王口”说都被彻底颠覆：“吉”字上面既不是“士”，也不是“王”，下面更不是“口”。李孝定《甲骨文字集释》云：“于省吾曰，契文吉字上象句（勾）形，下为凵（音“去”）卢形……本象置句兵于凵卢之中。”（李孝定按，于氏之说较诸说为长，诚如其说，则似可解为置兵于凵卢①，以示措而不用。夫兵，凶器；战，厄事也。既措而弗用，自有吉善之义。）这段话的意思是：甲骨文“吉”字的字形是上像兵器，下像盛放兵器的器具，合起来表示，把兵器收藏到器具中不用，不再战争，人民也就没有危难了。故“吉”的本义是“和平”。天下太平，何等“吉祥”啊！

王筠《说文句读》云：“与凶部说恶也相应，人知善恶即是吉凶，不须再问蓍龟矣。”由此可见，“善”与“恶”相对立，“吉”与“凶”相违背，泾渭何其鲜明！

①《说文》解释“凵卢”，说它是盛饭的器皿，用柳条编制的。

“亲”，要常见

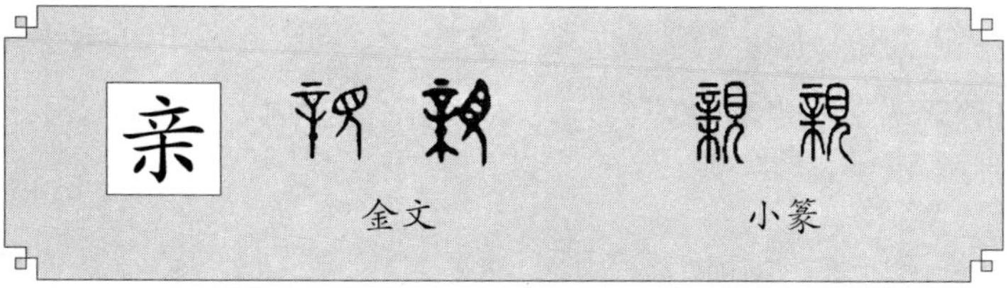

“亲”，原本写作“親”——左边“**亲**”，右边“見”。请注意，“**亲**”原是上“辛”下“木”，李斯刻石省去一画，其文作“亲”。

《礼记·奔丧》：“亲，父母也。”这就是说，“亲”的本义是指父母双亲。《说文》曰：“親，至也。从見**亲**声。”《段注》云：“至部曰：‘到者，至也。’到其地曰至，情意恳到曰至。父母者，情之最至者也。故谓之亲。”怪不得古时候有这样的礼数，每天早上和傍晚，子女都要到父亲母亲的屋子里去“问晨昏”——“早请示，晚汇报”。因此，“亲”字从“见”。如果见都不见，还谈什么“亲”？1999年央视春晚一曲《常回家看看》感动了亿万观众，如今“常回家看看”已经写进了“老年法”。笔者以为，让见成为常态，长幼之间自然就“亲密”起来。

“亲”的概念与宗族文化有着极为密切的关系。《礼记·大传》云：“亲者，属也。”《管子·牧民》曰：“上服度则六亲固。”“亲”泛指有血统或婚姻关系的人，于是有“六亲”“九族”之谓。“六亲”者，父母、兄弟、妻子也。《增修互注礼部韵略》云："（亲，）姻也。"杜预注："亲，九族也。"故古代一人犯罪，株连九族，足见其刑罚是何等残酷。（"九族图"附后，蒋人傑先生提供）

"亲"可作"自""躬"解，如"亲力亲为"。《礼记·文王世子》："世子亲齐玄而养。"郑玄注："亲，犹自也。"《诗经·小雅·节南山》："弗躬弗亲。"郑玄笺："言不躬而亲之也。"

"亲"亦作"近"解。《周易·乾卦》："本乎天者亲上，本乎地者亲下。"诸葛亮《出师表》云："亲贤臣，远小人，此先汉所以兴隆也。"此乃"亲近"之义也。

"亲"有时读作去声qìng，专用于姻亲之称谓，如亲家公、亲家母。

《广韵》云："（亲，）爱也。"《孝经·序》云："亲誉日著。"邢昺疏："慈爱之心曰亲。"于是，引出下一文《"爱"，要用心》。

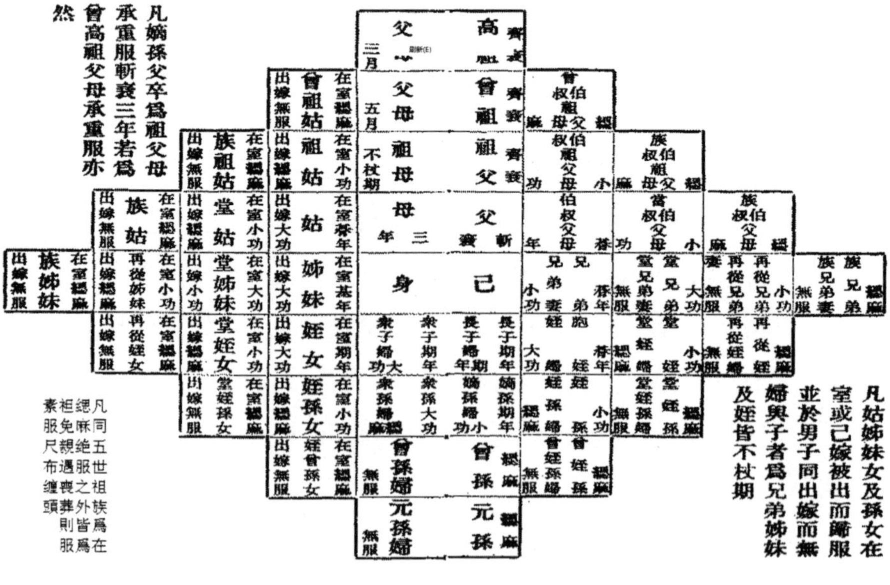

本宗九族五服正服图

“爱”，要用心

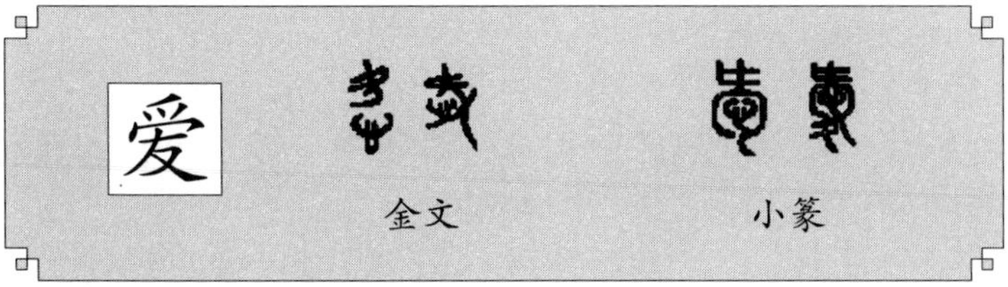

“什么是爱？说也说不清楚。什么是爱？稀里又糊涂……”有一首流行歌曲开头是这样唱的。那么，“爱”能说清楚吗？笔者觉得，从“爱”字的造字原理上看，要说清楚也难。

首先要强调的是，必须以繁体的“愛”进行解说（请注意，它里面有个“心”）。《说文》曰：“愛，行貌。从夊㤅声。”①

“爱”怎么是行走的样子呢？徐锴曰：“古以㤅为慈爱，故以此为行貌。”《尔雅·释诂》曰：“怜、惠，爱也。”徐灏云：“《尔雅·释言》：‘爱，隐也。’然则爱者隐之行也。”《康熙字典》云：“爱……亲也，恩也，惠也，怜也，宠也，好乐也，吝惜也，慕也，隐也。”

恕笔者愚钝，以上诸多解释仿佛并未讲清楚先哲制造“愛”字究竟要传递什么信息。有道是“先哲造字后人猜”。于是，笔者斗胆猜他一猜。

猜想之一，上“旡”下“心”的“㤅”为什么被废掉。笔者猜想，“旡”

① 夊，音 suī，许慎曰：“行迟曳夊夊，象人两胫有所躧也。”㤅，古文“爱”，段玉裁云：“心部曰：㤅，惠也。今字假愛为㤅，而㤅废矣。”

形似古奇字“无”，也许上“无”下“心”的“㤅”，容易看成上“无”下“心”，无心拿什么去“爱”？

猜想之二，从小篆“”的构造看，它是由正反“止”和当中的“冖”“心”四个部分组成。到了正楷“愛”，顶上的“止”变成了“爪”，底下的“反止”变成了“夊”。笔者觉得，上“爪”下“夊”，都应视作“手”。

至此，笔者可以亮出对“爱”字的看法了：一是隐藏在心里的情感（爱心）；二是男女成为伴侣后要相互给以恩惠（爱护），即互相扶持，互相体贴。

文末，作打油诗《读“爱”》二首：

其一

爱字当中有颗心，无心之爱无真情。
夫妻本应心相印，卿卿我我伴终身。

其二

长幼相亲伴侣爱，人间温暖莫忘怀。
亲要常见爱用心，社会才能得和谐。

友，相佐佑也

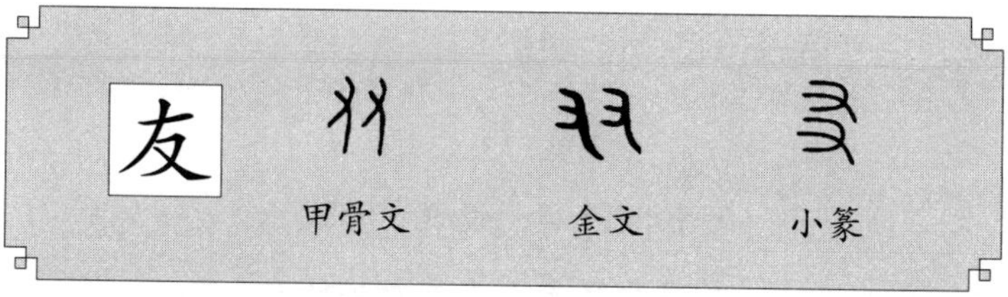

“友”是个会意字，无论是甲骨文，还是金文，直至小篆，都是两个“又（手）”相重叠。许慎曰：“同志为友，从二又。相交友也。”徐锴云：“友，右也，相佐佑也，故于文又又为友，两手相顺也。”段玉裁云：“同师曰朋，同志曰友。从二又相交。二又，二人也。善兄弟曰友。亦取二人而如左右手也。”

儒家视“友”为“五伦”之一。“五伦”即君臣、父子、夫妇、兄弟、朋友。可见“友”在人们心中的地位。《礼记·儒行》云：“儒有合志同方，营道同术，并立则乐，相下不厌，久不相见，闻流言不信，其行本方立，义同而进，不同而退。其交友有如此者，又善于兄弟为友。”宋·司马光《潜虚》言：“天地相友，万汇以生。日月相友，群伦以明。风雨相友，草木以荣。君子相友，道德以成。”

由此可见，“友”情同手足，非一般“气类合同”之辈，如“酒友”“麻友”者也。

笔者以为：

1. 交朋友来不得半点功利。柳宗元《师友箴》说道："为人友者，不以道而收利，举世无友。"

2. 处朋交友，应互相帮助，互相支持。孟子曰："出入相友。"（见《孟子·滕文公上》）《释名》云："友，有也，相保有也。"意即相互合作。

3. 友之至者则当为挚友、诤友。清人刘明东《问说》云："朋友之交，至于劝善规过足也。"

行文至此，笔者诗兴顿起，作《读"友"》一首：

写首顺口溜，说说何为友：
友字两只手，左手加右手；
一横一撇左，一弯一捺右；
左手牵右手，拉手并肩走；
形影不相离，定是好朋友。
两手相顺者，彼此相佐佑；
佐则为帮助，风雨能同舟；
佑为相保护，有难伸援手；
友情似手足，君子意气投；
交友要交心，真诚才为友；
劝善规过失，良师共益友；
朋友手拉手，友谊天地久；
处友不求利，图利世无友！

邻，相连接也

邻

小篆

邻居的“邻”，原本写作“鄰”，从邑粦声。“邑”表示行政区域，凡从“邑”者，其义大都与区域或组织有关。许慎曰：“五家为邻。”这是指周朝地方基层组织的户口单位。《周礼 · 地官 · 遂人》云：“五家为邻，五邻为里。”这就产生了“邻里”一词。

其实，“邻”的本义当为“连”。《释名》曰：“邻，连也。相接连也。”由于居所相连接，故邻里间低头不见抬头见。《小尔雅》释“邻”为“近也”。《广韵》释“邻”为“亲也”。《尚书 · 蔡仲之命》有言：“睦乃四邻。”又，左右辅弼亦曰邻。四邻和睦相处，这是何等友善。古人甚至把“左宰右相”密切配合也形容为“邻”。故段玉裁指出，“（邻）引申为凡亲密之称”。

人们常说：“远亲不如近邻。”为什么“近邻”胜过“远亲”？并非“远亲”不亲，而是不近，一有急事，远亲不及近邻援手之快；更何况邻居彼此常在一起，交往甚密，怎不你关照我，我帮助你，投桃报李，互利互惠。正如《左传 · 襄公二十九年》所言：“邻于善，民之望也。”由于有这层意思，“邻”

可以组词如“邻好”（睦邻友好）、“邻和”（邻国与邻国相和好）。

有一则《三尺巷》的故事，说的是北宋宰相王安石的家乡亲人，在建房时为了一尺半的房基与邻家发生争执，家人写信给王安石，想借宰相的权威迫使对方退让。王安石不愧是大家风范，他回以七言诗一首，云：“千里捎书仅为墙，让他三尺又何妨？万里长城今犹在，不见当年秦始皇。”家人读信后惭愧万分，立即将墙基让出一尺半。邻家得知后，也让出了一尺半，于是就形成了一条三尺巷。①

可是，有个成语叫“以邻为壑”，语出《孟子·告子下》：“禹以四海为壑，今吾子以邻国为壑。”意思是把邻国当作排泄洪水的大坑，后来用“以邻为壑”比喻把困难或灾害转嫁给别人。

唉，做事做到“以邻为壑”的地步，邻里之间哪里还有半点“亲密”之处哇！

文末，作打油诗一首：

《礼记·曲礼》：“君子恭敬撙节退让以明礼。”《字汇》：“先人后己谓之让。”笔者以为，邻里之间当以礼让为先。

心堵源于一堵墙，造房欲进尺半长。
相公回复诗四行，家人读信愧难当。
近邻本应互谦让，各退一步又何妨。
三尺巷成六尺巷，千古佳话万古扬。

① “三尺巷”佳话有五六个版本，本文仅选其一，其他略过。

人言为“信”

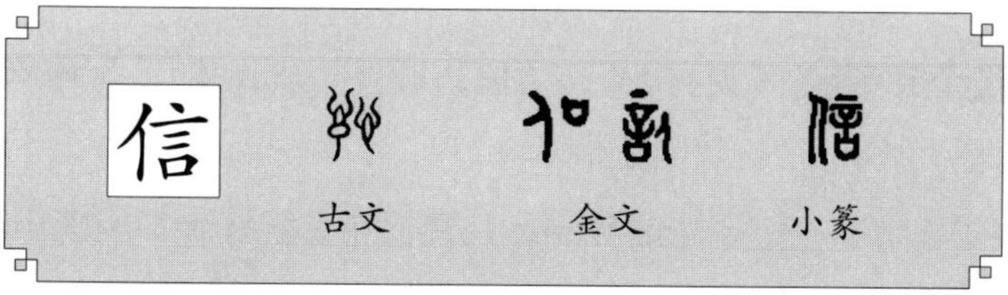

（一）

“信”这个字，从古到今有四种写法：一是古文“訫”，从“言”从“心”，造字意图为，从“心”里出来的“言”是真诚可信的；二是“㐰”，左“人”右“口”，大概是说，从人口里讲出来的话应该是相当可靠的；三是“信”，从“人”从“言”，段玉裁说，“人言则无不信者”；四是“伩”，左“人”右“文”，造出这个字来不知有何寓意，它曾一度被文改委定为“信”的简化字，可是不久即宣告废止。但是，民间还有这样写的，应以不规范视之。

第三种写法的“信”生命力极强，它之所以能沿用至今，是因为“人言为信”的造字理念充分体现了一种道德诉求，应以此作为做人的行为准则。《论语·为政》有言：“子曰：人而无信，不知其可也！”意思是说，作为一个人却不讲信用，不知他怎么可以立身处世啊！《白虎通·情性》云：“信者，诚也，专一不移也。”就是说，讲诚信得贯穿始终，决不是一时之事、权宜之计。荀子认为，不仅个人要讲诚信，国家、政府更要讲信用，“已诺不信则兵弱”，不讲诚信，国家就不能强盛。（见《荀子·富国》）

过去还有个词叫作“信官”，用来称赞诚实不欺的官员。

（二）

“信”是个会意字。《说文》曰：“信，诚也。从人从言。”唯有诚实之言，才可获得信任。故孔子曰：“民无信不立。”

所谓诚实之言，不需要华丽辞藻；凡说得花好桃好者，应当特别注意。故老子曰：“信言不美，美言不信。”

“信”是个多义词。作名词时，一为给予对方的凭证，即信物；二是寄给他人的信件，寄给家人的称为“家书”。杜甫诗云：“烽火连三月，家书抵万金。”以上都是指物。

“信”还特指传递信件者。远古时期没有文字，“信”不是写的，而是请人传达的，即捎带口信。于是，“信”同时兼指传递口信的人，就是“信使”。由于早期是捎口信，传递的“口信”是绝对真实的，可以相信的，毋庸置疑的。段玉裁云：“人言则无不信者。”故邮差美称为“绿衣天使”。这里必须指出，你让信使传话，就要对他无比信赖；信使当然是真诚可靠的、绝不会掺假作伪的人，这就是《白虎通·情性》所说的“信者，诚也，专一不移也”。

（三）

笔者以为，在人与人的交往之中，“诚信”二字最为重要，但现在有些人竟不知“诚信”为何物，故写此感叹之短文。

《说文》曰：“诚，信也。从言成声。”由此可见：“诚”与“信”是一回事，“诚”就是“信”，“信”就是“诚”。不过，从词义看，“信”要比“诚”

复杂得多。

先说一下“诚”字，除了“诚信”之外，还有“真”的意思，《说文解字注笺》云：“诚与伪相对，古言诚，今言真也。”如：真诚、待人以诚；也还有“热心”的意思，如：诚挚。笔者觉得，跟诚实的人相处，心里踏实，既没有猜疑，更不用提防。

在“诚信”“可信”的基础上，“信”产生了许多引申义、比喻义，诸如：

“信任”，你把“信”（包括悄悄话）交给信使，不放心行吗？

“信用”，你对他坚信不疑，才会用他；如果不相信，或是将信将疑，就不值得信用。

“信服”，如果经大家推举出来负责一方面工作的人，事事出以公心，处处做得漂亮，当然人人称赞，个个信服。

由于大家“信服”，既而“威信”大增；久而久之，世人“信仰”；再往后渐渐神化，这就有了“信奉”。

文末，作打油诗一首：

纵观世间事，有乱就有治。
当今怎么样？信任成危机。
社会要和谐，形象重塑起。
所言必实践，诚信为第一！

说“霸”

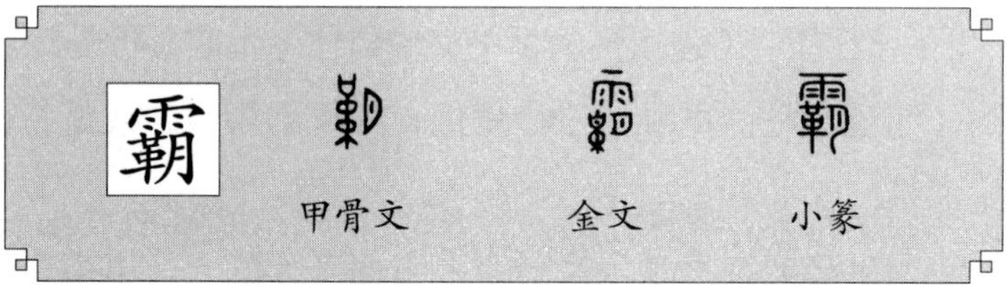

“霸”有一义为“伯”。伯仲叔季，“伯”为长，俗称“老大”。

“霸”，有什么趣事可说呢？笔者以为，可言者有三：一曰西周有一个诸侯国，名“霸”；二曰“春秋五霸”；三曰“西楚霸王”。

（一）

据传，周初分封“千八百国”。但此说不实。据《左传·僖公二十四年》记载，西周初分封的诸侯有：“管、蔡、郕、霍、鲁、卫、毛、聃、郜、雍、曹、滕、毕、原、酆、郇，文之昭也；邘、晋、应、韩，武之穆也；凡、蒋、邢、茅、胙、祭，周公之胤也。”《荀子·儒效》：“立七十一国，姬姓独居五十三人。”《左传·昭公二十八年》：“其兄弟之国者十有五人，姬姓之国者四十人。”此外，还分封了不少异姓诸侯国，如姜姓的齐、厉、吕、申、向、许；妫姓的陈；嬴姓的江、黄；偃姓的贰、轸、蓼；己姓的蓼；子姓的宋；曹姓的郲、邹；曼姓的邓；等等。

前几年，在山西临汾运城间（曲村天马遗址附近），新发现了翼城大河口和绛县横水两个西周时期的墓地。从大河口出土了一批青铜器，其中有一“霸伯豆”，它的内壁底铭文为“霸伯作太庙宝尊彝，其孙孙子子万年永用”；“隹（‘维’的假借字）正月初吉，霸伯作宝甗，其永用”；“霸姞作宝尊彝（霸国为姞姓）”等，由此可以得知，此地域曾为“霸国”这一独立的国族的封地。[①]

（二）

“春秋五霸”应为“春秋五伯”。这里的“霸”不读 bà 。大徐本《说文》：“（霸，）普伯切。”“霸”读作 pò 。颜师古云，“霸，古与魄同”，也就是说，“霸”是“魄”的原字。徐铉又曰：“今俗作必驾切，以为霸王字。”《左传·成公二年》：“五伯之霸也。”孔颖达疏：“伯者，长也。言为诸侯之长也。”（五伯之伯读曰霸。伯者，取牧伯长诸侯之义，后人恐与侯伯字相混，故借用霸字以别之。）郑康成云：“霸，把也，言把持王者之政教，故其字或作伯，或作霸也。”段玉裁云：“汉志所引《武成》《顾命》皆作霸。后代魄行而霸废矣。俗用为王霸字，实伯之假借字也。”

春秋时期称霸者为谁?《荀子·王霸》说是：齐桓、晋文、楚庄、吴阖闾、越勾践。赵岐（约 110—201）《孟子注》说是：齐、晋、秦、宋、楚。看法不一，难以定论。

（三）

《史记·项羽本纪》曰：“项羽自立为西楚霸王。”项羽本是楚国贵族后裔。在吴地避难时，他见到秦始皇出巡的车队，即大呼曰：“彼可取而代也！”公元前 208 年陈胜死，项梁采纳范增的建议，召集各路义军首领在薛城开会，

---

① 以上史料见叶文宪《封建王国时代——夏商周》。

将流落民间牧羊的楚怀王的孙子熊心立为楚怀王，居于盱台（今江苏盱眙东北），重新树立了一面抗秦的旗帜。不久，项梁战死。秦将章邯、王离在巨鹿包围了赵王歇。各路义军前来救赵，但是楚军上将军宋义畏缩不前，项羽杀宋义自任上将军，破釜沉舟，全歼王离军，又急攻章邯，迫使章邯降楚。巨鹿之战前后历时九个月，项羽成为各路义军公认的领袖。公元前 206 年十月，即位仅两个月的公子婴向刘邦投降。秦朝灭亡后，进入了楚汉相争时期。汉高祖五年（前 202）冬十月，汉军 30 万人将项羽包围在垓下（今安徽灵璧东南）。十二月某夜，楚军闻得四面楚歌，军心动摇，项羽只得连夜带领 800 余人骑马突围南走，逃至乌江边上（今安徽和县境），自刎而死。

从史料看，项羽妒贤嫉能，刚愎自用，故而成不了大事。正如刘邦在登基后的庆功宴上所说："夫运筹帷帐之中，决胜于千里之外，吾不如子房。镇国家，抚百姓，给馈饷，不绝粮道，吾不如萧何。连百万之军，战必胜，攻必取，吾不如韩信。此三者，皆人杰也，吾能用之，此吾所以取天下也。项羽有一范增而不能用，此其所以为我擒也。"

尽管项羽乃一介赳赳武夫，但《霸王别姬》一戏倒也脍炙人口，剧中之项羽既威武霸气，亦侠骨柔情。"项王则夜起，饮帐中。有美人名虞，常幸从；骏马名骓，常骑之。于是项王乃悲歌慷慨，自为诗曰：'力拔山兮气盖世，时不利兮骓不逝。骓不逝兮可奈何，虞兮虞兮奈若何！'"人家"西楚霸王"还是位诗人哩，可小觑不得！

（四）

接下来说说"霸（pò）"这个字。它上部是"雨"，下左为"革"，下右为"月"。若按部首检索，《辞海》《现代汉语词典》《新华字典》等都在"雨"部；而《说文》在"月"部。这是因为："霸"的本义是指月亮的一种状态（月光不太明亮，也有的说"月体黑者谓之霸"），与雨无关。

《说文》曰："霸，月始生霸然也。承大月二日，承小月三日。"段玉裁对许慎的这句话解释如下：1. 霸、魄叠韵，“霸然”即“魄然”。2. 何谓“承大月二日，承小月三日”？上个月是大月，则本月初二日生“魄”；上个月是小月，则本月初三日开始生“魄”。3. “魄”是什么?《康诰》注云：“魄，朏也。谓月三日始生兆朏名曰魄。”（朏，音 fěi，许慎说是“月未盛之明”。旧时有“三日曰朏”之谓，农历每月初三的代称。）4.《汉书 · 律历志》有“死霸”“生霸”之语，什么意思？死霸，朔也。生霸，望也。孟康曰：“月二日以往明生魄死。”故言死魄。[1]

① 既生霸（亦作“既生魄”）、既死霸（亦作“既死魄”）：古代以月的圆、缺、晦、明记日期的一种名称。霸（魄），指月未盛明时所发的光。月既生而未大明称之为“既生魄”，指从上弦至望的一段时间。“既死魄”指月之下弦至晦的一段时间。王国维《观堂集林 · 生霸死霸考》：“余览古器物铭而得古之所以名日者凡四：曰初吉，曰既生霸，曰既望，曰既死霸……既生霸，谓自八九日以降至十四五日也。既死霸，谓自二十三日以后至于晦也……盖月受日光之处虽同此一面，然自地观之，则二十三日以后月无光之处，正八日以前月有光之处。此即后世上弦下弦之由分，以始生之明既死，故谓之既死霸。”按，旧说月黑处为魄，望后明死魄生，朔后明生而魄死。

说“熊”

在我国的史学著作里，记载着许多关于做梦的故事。笔者以为，在古代的做梦故事中，当以“周文王梦熊”为最完美的一则，可以毫不夸张地说，这个美梦成真的故事直接影响了中国社会的发展进程。

“周文王梦熊”的故事大致是这样的：商朝末年，周文王姬昌急需一位能文能武的人来辅佐。然而，他苦苦寻找多时，一直未能如愿。某夜，他梦见一头生有双翅的异兽飞进自己的怀中。第二天，他叫巫师占卜之后，便带领人马奔向渭水边，找到了正在用直钩钓鱼的老者。此人姓姜，名尚，字子牙，自号飞熊。于是，姬昌以大礼参拜，并亲自为姜子牙拉车，足足行走了八百步。姜子牙被请入朝中之后，竭力辅佐周文王、周武王。周文王死后，周武王尊姜子牙为“尚父”，兴王师而灭商纣。故姜子牙堪称兴周之第一功臣。

“梦熊”也是生男孩的吉梦。《诗经·小雅·斯干》：“吉梦维何？维熊维罴……大人占之，维熊维罴，男子之祥。”

然而，“梦熊”一语在古籍中多作“梦能”。《左传·昭公七年》：“梦黄能入于寝门。”这是何故？原来，先前没有“熊”字，“能”字就是“熊”字。《说文》曰：“能，熊属，足似鹿……能兽坚中，故称贤能；而强壮，称能杰也。”《说文解字部首订》云：“此篆象形，厶象能头，肉象能身，比象能四足，皆借字形为物形。”

“能”是怎样变成“熊”的呢？段玉裁云：“熊属。《左传》《国语》皆云晋侯梦黄能入于寝门……能似熊……足似鹿，故皆从比也……从肉，犹龙之从肉也……能兽坚中，故称贤能。贤，古文作臤。臤，坚也。而强壮，称能杰也。此四句发明假借之旨。贤能，能杰之义行而本义几废矣。”《说文解字注笺》云：“能，古熊字……后为借义所专，遂以火光之熊为兽名之能。”原来，表示兽类的“能”，被“贤能”“能杰”等假借。据此可知，“熊”字下面的“灬”，不是“鱼”之尾、“燕”之尾，而是火光熊熊之貌。

说“卿”

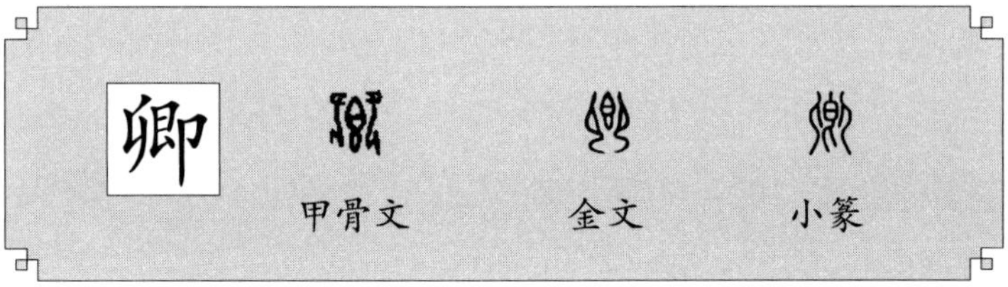

“卿”这个字挺有趣的，看上去就像一幅“简笔画”：左右二人相向跽坐（“卿”从“卯”），中间有一装满食物的器皿“皀”（读若“香”）。容庚《金文编》：“卿，象两人相向就食之形。公卿之卿，鄉党之鄉，饗食之饗，皆为一字。罗振玉说。”

可是，许慎说“卿”属于古代典章制度中的高级别的官职。《说文》曰：“卿，章也。六卿：天官冢宰，地官司徒，春官宗伯，夏官司马，秋官司寇，冬官司空。”《段注》云：“卿，章也，此以叠韵为训。《白虎通》曰：‘卿之为言章也，章善、明理也。’……《周礼》曰：治官之属，太宰卿一人；教官之属，大司徒卿一人；礼官之属，大宗伯卿一人；政官之属，大司马卿一人；刑官之属，大司寇卿一人；其一则事官之属，大司空卿一人也，……即此六卿也。”

我国古代的典章制度是随着朝代变化而变化的。《晋书 · 百官志》：“古者，天子诸侯皆名执政大臣曰正卿，自周后始有三公九卿之号。”先秦时期，各诸侯国视国之大小而设官。《礼记 · 王制》：“大国三卿，皆命于天子；次国三卿，二卿命于天子，一卿命于其君；小国二卿，皆命于其君。”《仪礼疏》：“诸侯兼官，但有三卿：司徒兼冢宰，司马兼春官，司空兼秋官。”往后，行政机构不断扩大，官员也就不断增加。《玉篇》：“汉置正卿九：太常、光禄、太仆、卫尉、廷尉、鸿胪、宗正、司农、少府。”北魏时期，在正卿之下还设有少卿。以后历代相沿，直至清末予以废除。

后来，“卿”字怎么又成了君王对臣子的爱称了呢？《韵会》云：“秦汉以来，君呼臣以卿。”《正韵》解释说：“君呼臣为卿，盖期之以卿也。”

“卿”作为称呼含有期许之意。《韵会》云：“隋唐以来，侪辈下己，则称卿，故宋璟卿呼张易之。”亦有尊崇之意。《汉书·项籍传》有“号为卿子冠军”之语，东汉史学家文颖曰：“卿子，时人相褒尊之称，犹言公子也。”

“卿”作为第二人称代词，在古代用得最多的是夫妻互称，一个“卿卿我我”，显得多么恩恩爱爱，缠缠绵绵。

成语“卿卿我我”源自南朝宋·刘义庆的《世说新语·惑溺》：“王安丰妇常卿安丰。安丰曰：‘妇人卿婿，于礼为不敬，后勿复尔。’妇曰：‘亲卿爱卿，是以卿卿；我不卿卿，谁当卿卿？’遂恒听之。”如此说来，王安丰的太太还真的是思想解放，敢破旧俗，意识超前啊！

说“丘”

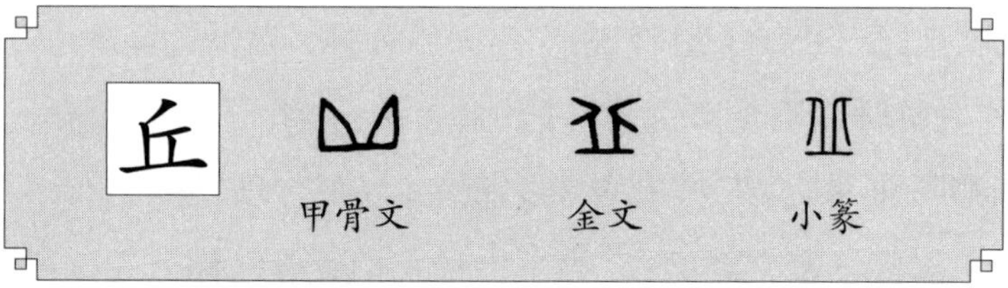

“丘”，笔画只有五画，看似简单，讲解起来比较复杂。不过，说说也蛮有趣味。

首先要说的是，古今释“丘”差别很大。《辞海》释“丘”的第一义项是“小山；土堆”。(《现代汉语规范词典》与之相同；《现代汉语词典》为“小土山；土堆”）这就是说，“丘”的本义有二：一是“小山”这种自然地貌；二是人为的“土堆”。

古人是怎样解说的呢？《说文》曰：“丘，土之高也，非人所为也。从北从一。一，地也，人居在丘南，故从北。中邦之居，在昆仑东南。一曰四方高，中央下为丘。”《尔雅·释丘》云：“非人为之曰丘。”《博雅》云：“小陵曰丘。”以上之言皆强调一点：“丘”是自然地貌，非人力所为。

许慎解释“丘”字与众不同，颇具人文情怀。“从北从一。一，地也，人居在丘南，故从北。”这是按小篆字形说的（甲骨文“丘”是象形字；金文、小篆“丘”是会意字）。“丘”为什么“从北从一”？因为古人崇尚风水，选择丘之南向阳而居。段玉裁云：“仓颉造字之初，取意于此。”

接下来要说的是，历代写“丘”成了难题。自汉武帝“罢黜百家，独尊儒术”之后，孔圣人大名中的“丘”字，就成了避讳字的重中之重。这一来，碰到“丘”字行文就犯难了，有“开天窗”的，有用异体字的，有少写笔画的……笔者就曾在一本古籍中看到将“丘”写成“E”的（少掉第四笔的短竖）。

清代诗人孙原湘（1760—1829）写有《题仲瞿西楚霸王之墓诗后》四首，其四云：“愤王墓上草先秋，如此兴亡一哭休。七十战才余寸土，八千人恨不同邱。时来雉亦烹功狗，事去人争笑沐猴。憔悴孙郎重下拜，江东归去有扁舟。”其中第四句最后一字“邱”是啥意思，难道“八千人”恨只恨他们不是同姓？非也，这里的“邱”本应是“丘”。

孙原湘的这首诗，在评价项羽的诸多诗词之中很是有名。其中三、四两句大致是说：项羽一生历经七十多次战斗，只为自己争得一片坟地。而跟随他的八千江东子弟非但无一生还，而且连葬身何处也无法得知。

那么，为什么“丘”要写成“邱”？《段注》云：“今制，讳孔子名之字曰邱。”原来，因避讳，雍正三年上谕，除四书五经外，凡遇“丘”字，并加“阝”旁为“邱”。至于为什么要加个“右耳朵”？笔者猜想，大概是在提醒所有会写字的人要拉拉耳朵留留神，谁不避讳准没门，哪怕姓“丘”也不行！鉴于此，姓“丘”只好改姓“邱”了。

如今，有相当一部分人恢复“丘”姓；也有一部分人怕麻烦，没把“右耳朵”去掉。这样一来，就出现了“丘”“邱”二姓并存之现状。

说“鲤”

鲤

小篆

据说孔子从收集到的3000多首诗歌中精选出305首，编辑成我国最早的诗歌集《诗经》。在这本诗集里，以鱼为题材的有好几首，而且这些诗篇中都讲到鲤鱼，如《诗经·陈风·衡门》：“岂食其鱼，必河之鲤”；《诗经·小雅·鱼丽》：“鱼丽于罶，鰋鲤”；《诗经·周颂·潜》：“有鳣有鲔，鲦鲿鰋鲤”……

难道孔子对鲤鱼情有独钟吗？然也。据《孔子家语·本性解》记载：鲁昭公九年（前533年），19岁的孔仲尼，娶宋人亓官氏之女为妻，一年后生下一子。鲁昭公闻讯后，派人送来一条大鲤鱼，表示祝贺。国君赐予鲤鱼乃莫大荣幸，为此，孔子就给儿子取名鲤，字伯鱼。

鲤鱼原为亚洲产物。“黄河鲤”则是鲤鱼之佳品。《正字通·鱼部》云：“神农书曰：‘鲤为鱼王，无大小，脊旁鳞皆三十有六，鳞上有小黑点，文有赤白黄三种。’”南朝梁·陶弘景《本草经集注》云：“鲤最为鱼中之主，形既可爱，又能神变，乃至飞越山湖，所以琴高乘之[①]。”唐·段成式《酉阳杂俎》云：“道书以鲤多为龙，故不欲食。”

《埤雅·释鱼》云：“俗说鱼跃龙门，过而为龙，唯鲤或然。”古代传说，黄河鲤鱼跳过龙门（山西省河津市城西北12公里的黄河峡谷中的龙门，今称禹门口），就会变化成龙。笔者以为，鲤鱼喜欢逆流而上，本是一种习性，但跳高并非高手，也就是跳出水面一二米高，哪里跳得过龙门？李白诗云：“黄河三尺鲤，本在孟津居，点额不成龙，归来伴凡鱼。”后来，“鲤鱼跳龙门”用以比喻科举及第等飞黄腾达之事。

然而，孔伯鱼这条鲤鱼并未跳过龙门，没有什么丰功伟绩可言，只给后世留下“鲤庭垂训”这则典故而已。《论语·季氏》：陈亢问于伯鱼曰：“子亦有异闻乎？”对曰：“未也。尝独立，鲤趋而过庭。曰：‘学诗乎？’对曰：‘未也。’‘不学诗，无以言。’鲤退而学诗。他日，又独立，鲤趋而过庭。曰：‘学礼乎？’对曰：‘未也。’‘不学礼，无以立。’鲤退而学礼。闻斯二者。”陈亢退而喜曰：“问一得三，闻诗，闻礼，又闻君子之远其子也。”爸爸未给儿子开小灶，致使孔鲤学识平平，碌碌一生，活到50岁就辞世而去。孔鲤死后倒也享尽殊荣，不仅被孔氏后人尊为“二世祖”，而且被宋徽宗封为“泗水侯”。

由于孔伯鱼名鲤，孔氏后人就要避讳“鲤”字，只得称鲤鱼为“红鱼”，祭祖时也不能用鲤鱼，而改用鲫花鱼。请注意，“鲫花鱼”是鳜鱼，不是鲫鱼。因为鲫鱼是属于鲤科的，孔家祭祖当然不能用鲫鱼了。

① 汉·刘向《列仙传·琴高》：“琴高者，赵人也，以鼓琴为宋康王舍人，行涓、彭之术，浮游冀州、涿郡之间二百余年。后辞入涿水中取龙子，与诸弟子期曰：‘皆洁斋待，于水傍设祠。’果乘赤鲤来，出坐祠中，且有万人观之，留一月余，复入水去。”后因以“琴高乘鲤”为游仙、登仙之典。晋·葛洪《抱朴子·对俗》：“是以萧史偕翔凤以凌虚，琴高乘朱鲤于深渊。”

说“塘”

塘

小篆

《说文》原著未收入“塘”字。大徐本《说文》土部新附字有“塘”，曰：“隄也。从土，唐声。”

“塘”者，堤岸也。按理说，河塘、海塘古已有之，许慎著书之时怎么会不收“塘”字?《段注》云：“凡陂塘字，古皆作唐，取虚而多受之意……堤，唐也。”蒋人傑《说文解字集注》集众多文字学家之说：“毛际盛《说文新附通谊》，古只作唐。《国语·周语》，陂唐污庳以钟其美；韦昭曰，唐，隄也。《吕氏春秋·尊师篇》，治唐圃；高诱注，唐隄以雍水。《汉书·扬雄传》，超唐陂。知唐即塘矣。”

一般说来，“塘”是人工开挖的。《康熙字典》云：“筑土遏水曰塘。”

不过，也有河流称作“塘”，如“钱塘”。《地理志》云：“会稽郡钱塘。”郑玄注：“武林水所出。”然而，这条“钱塘”与人工修筑关系密切。有史为证：

《水经注》曰：“三国吴募筑塘御海潮，致一斛土，与钱一千，因名钱塘。”

古制，一斛为十斗。挑一斛土到工地，就能领到一千钱，有这样的好事，谁不想干？那么，送土去的人拿没拿到钱呢?《钱塘志》的说法是：“曹华信立防海塘，募致土石一斛，与钱一千，来者如云。乃曰：‘不复需土’，皆弃而去。塘成，因名钱塘。”由此看来，“一斛土与钱一千”乃荒唐之言，这些挑土的人想拿的“高薪”都在钱塘江里打了水漂。

大到海边的堤坝，小到方形水池，皆可称作“陂塘”。[①]有“半亩池塘”一语，用以形容池塘之小。宋·朱熹作《观书有感》，诗云：“半亩方塘一鉴开，天光云影共徘徊。问渠那得清如许，为有源头活水来。”请注意，这里的“半亩方塘”用的是比喻义，指的是书本。

现代人读古文有诸多困难，“堤，唐也”就是一例。所以，笔者建议《辞海》等辞书，在“塘”字的注释里，最好加上一句：“‘塘’是个后起字，古皆作‘唐’。”

① 古时候，圆者叫池，方者叫塘。

说“蒿”

中国药学家屠呦呦因发现治疗疟疾的青蒿素，一举荣获 2015 年诺贝尔生理学或医学奖。

《诗经 · 小雅 · 鹿鸣》第二节有云：“呦呦鹿鸣，食野之蒿。”谁也没想到，2500 年后，拯救了千万人生命的药物“青蒿素”，正是由名“呦呦”者发现并提炼出来的，这岂不是“天意”？

“蒿”是草本植物中的一个大类，主要有青蒿、白蒿等品种。《说文》曰：“蒿，菣（qìn）也。从草高声。”《说文》又曰：“菣，香蒿也。”郭璞注：“今人呼青蒿香中炙啖者为菣。”陆玑云：“菣，青蒿也。荆豫之间汝南汝阴皆云菣也。”由此可见，这里所说的“食野之蒿”，是指“蒿”类当中的上乘之品——香蒿。

不过，从《鹿鸣》全诗看，各种各样的“蒿”鹿都吃。第一节“呦呦鹿鸣，食野之苹”，这里的“苹”，《尔雅 · 释草》郭璞注：“今蔌蒿也，初生亦可食。”第三节“呦呦鹿鸣，食野之芩”，其中的“芩”，《说文句读》云：

“《诗》释文引作蒿也。”陆玑说这种“芩”牛马皆喜食之。此外，还有“芹（莣）”，《玉篇》称它为蒌蒿；还有“艾”，《尔雅·释草》郭璞注为艾蒿。

据屠呦呦说，她之所以想到用青蒿治疟疾，得益于我国古代的医药著作。早在1600年前，东晋时的医家葛洪，在他所著的《肘后备急方》中就记述了用青蒿“绞汁”抗御疟疾的方子：“青蒿一握，以水二升渍，绞取汁，尽服之。”如今，屠呦呦提炼出的“青蒿素”，经大量实践证明，可显著降低疟疾患者的死亡率，预计在整体上可以让疟疾患者的死亡率至少下降20%，而在儿童中，则更可以下降30%。仅在非洲，这种疗法每年就拯救了超过10万人的性命。真是功德无量啊！

附录：《诗经·小雅·鹿鸣》

呦呦鹿鸣，食野之苹。我有嘉宾，鼓瑟吹笙。
吹笙鼓簧，承筐是将。人之好我，示我周行。

呦呦鹿鸣，食野之蒿。我有嘉宾，德音孔昭。
视民不恌，君子是则是效。我有旨酒，嘉宾式燕以敖。

呦呦鹿鸣，食野之芩。我有嘉宾，鼓瑟鼓琴。
鼓瑟鼓琴，和乐且湛。我有旨酒，以燕乐嘉宾之心。

说“鼎”

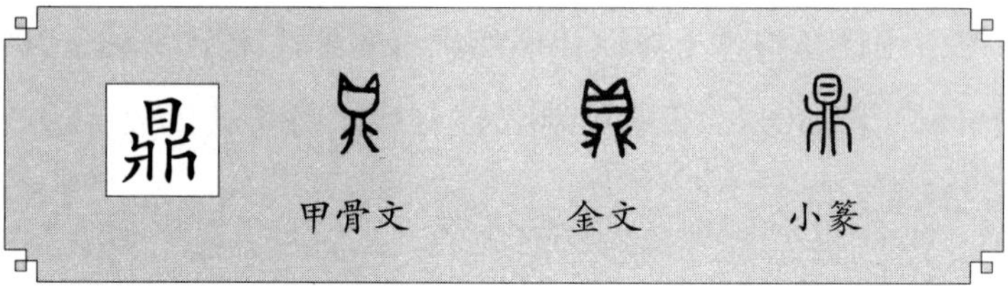

（一）

先说“鼎”这个字在字形上的悬疑。

《说文》曰：“鼎，三足两耳，和五味之宝器也。昔禹收九牧之金，铸鼎荆山之下，入山林川泽，螭魅蝄蜽，莫能逢之，以协承天休。《易·卦》：‘巽木于下者为鼎。象析木以炊也。’籀文以鼎为贞字。”

对于“鼎”的下部“象析木以炊”，向来无异议。但笔者以为这句话比较含糊：所谓“析木”，即木胖（音 pàn，一物中分为二之义）而生“爿”与“片”二部分。木剖成“爿”和“片”，是用作炊具的支架，还是拿来当柴板烧火？依笔者之见，左“爿”右“片”，皆属象形，并非剖木，是为鼎足。

至于上部的“目”是什么，历来分歧较大，有“日”“贞”“鼎腹”三种说法。

“目”为“日”，仅是殷墟卜辞里的不同写法，没多大探讨价值。

“目”为“贞”，又有两种说法：一是表示“鼎”的读音是“贞省声”；二是“鼎贞古文相通”。王国维《史籀篇疏证》云：殷墟卜辞中“鼎”的字形与“贞”同（见金文“鼎”），“其文皆云卜鼎，即卜贞，此以鼎为贞者也。古金文鼎字多有上从卜如贞字者……盖贞鼎二字形既相似，声又全同，故自古通用”。

笔者倾向于“目”表示“鼎腹”这一看法。《说文句读》：“此篆可谓为通体象形，目其腹也，爿之左右上扬者，耳也，下则足也。”笔者以为，“目”的外框就像“和五味”的器皿，里内之二横用以表示烹煮之物。综上所述，若问“鼎”是什么？简言之，上是青铜器皿，内有牛羊之肉；下为三足支架，以利添柴烧火。

再补充两点：一是春秋时期的鼎多为青铜所铸，但也有材质是陶土的；二是三足鼎较多见，亦有四足之鼎，“后母戊鼎”即为一例。

“后母戊鼎”过去称作“司母戊鼎”，于 1939 年 3 月在河南安阳出土。现经考证，“司”乃“后”之误。该鼎系商王祖庚或祖甲为祭祀其母戊所制，现藏于中国国家博物馆，其全称为“后母戊大方鼎”。

（二）

再说两则与“鼎”有关的典故。

1. 问鼎。语出《史记 · 楚世家》：楚庄王伐陆浑之戎，遂至于雒（周之都城，今河南洛阳），观兵于周郊。周定王使王孙满劳楚王。楚王问鼎小大轻重，对曰：“在德不在鼎。”庄王曰：“子无阻九鼎！楚国折钩之喙，足以为九鼎。”王孙满曰：“呜呼！君王其忘之乎？昔虞夏之盛，远方皆至，贡金九牧，铸鼎象物，百物而为之备，使民知神奸。桀有乱德，鼎迁于殷，载祀六百。殷纣暴虐，鼎迁于周。德之休明，虽小必重；其奸回昏乱，虽大必轻。昔成王定鼎于郏鄏，卜世三十，卜年七百，天所命也。周德虽衰，天命未改。鼎之轻重，未可问也。”楚王乃归。这就是“问鼎中原”的来历。

相传，秦灭六国统一天下以后，“九鼎”就下落不明了，其中一只大鼎落到泗水里，秦始皇还专门派人到彭城（今徐州），斋戒沐浴祈祷以后潜到泗水下去打捞这只鼎，结果也没有找到。

2. 染指。语出《左传·宣公四年》：“楚人献鼋于郑灵公。公子宋（字子公）与子家将见，子公之食指动，以示子家，曰：‘他日我如此，必尝异味。’……及食大夫鼋，召子公而弗与也。子公怒，染指于鼎，尝之而出。”这位郑灵公也真有点那个，他请诸大夫分享鲜美的甲鱼，也召来子公入席，却故意不给子公吃，子公既馋且怒，于是就将手指头伸进鼎中，蘸了点甲鱼的羹汤，尝了尝味道，拂袖而去。

由于这则品尝食品的典故十分有趣，故历代骚人墨客引用甚多。如，白居易《答皇甫十郎中秋深酒熟见忆》诗：“未暇倾巾漉，还应染指尝。”又如，皮日休《酒中十咏·酒床》：“开眉既压后，染指偷尝处。”再如，金圣叹《道树遣人送酱醋各一器》诗：“馋子背人先染指，老妻报我只攒眉。”

后来，“染指”引申为参与做某种事情。苏轼《次韵水宫》曰：“高人岂学画，用笔乃其天……丹青偶为戏，染指初尝鼋。”清人钱谦益《〈梅村先生诗集〉序》云：“余老归空门，不复染指声律。”朱自清《〈背影〉序》云：“至于戏剧，我更是始终不敢染指。”

再往后，“染指”则多用来比喻分享利益；渐渐地，“染指”又有了谋求不当利益的比喻义，所以现在都将它作为贬义词。

说“罍”

罍

金文

小篆

罍，酒尊也。《说文解字义证》：“尊有三品，上曰彝，中曰卣，下曰罍。”《尔雅·释器》：“彝卣罍器也。小罍谓之坎。”郭璞注：“罍，形似壶，大者受一斛。”《韩诗外传》曰：“天子玉饰，诸侯、大夫黄金饰，士以梓。”

“罍”，有个或体字“櫑”。《说文》曰：“櫑，龟目酒尊，刻木作云雷象，象施不穷也。从木畾声。”其状小口，广肩，深腹，圈足，有盖，多用青铜或陶制成。这种酒器诞生于商代晚期，盛于西周至春秋中期，绝迹于战国时期，在我国历史上流行时间较短。

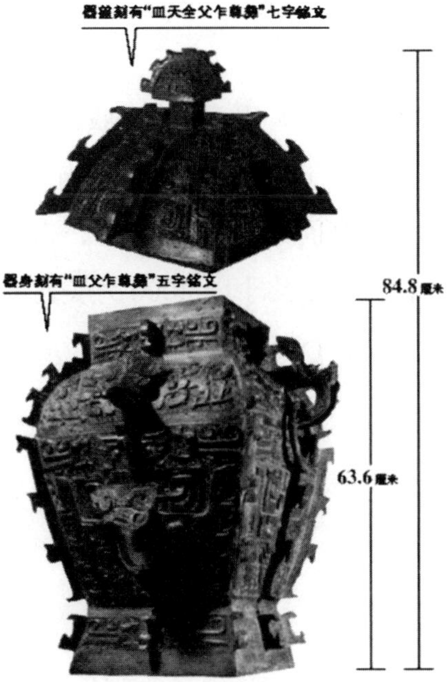

皿方罍

前些日子，笔者听到“青铜重器‘皿方罍’（器身）将回归中国”的好消息。“皿方罍”被称为“方罍之王”，是迄今为止出土的方罍中最大、最精美的一件。该器通高 84.8 厘米，器身高 63.6 厘米，罍盖呈庑殿顶形，形状与盖式相同。罍身作长方口，直颈，高圈足。全器以云雷纹为地，上饰兽面纹、夔龙纹、凤鸟纹。肩部两侧装饰双耳衔环，正面腹部下方置一兽首鋬。四面边角及各面中心均装饰突起的长条钩戟形扉棱。器盖刻有“皿天全父乍尊彝”七字铭文；器身则为“皿父乍尊彝”五字铭文。据湖南省博物馆介绍，“皿方罍是一件历经坎坷的国宝”。1919 年夏天，它被湖南省桃源县漆家河一位农民在无意之中发现。随即，其盖与其身分存异处。器盖于 1956 年收藏在湖南省博物馆，而器身则长期流散在海外，先后被美国石油大亨洛克菲勒和日本收藏家所有。直至 2001 年在纽约佳士得亚洲艺术品拍卖会中，被法国买家以 924.6 万美元的成交价竞得，创下了当时亚洲艺术品在国际市场上的拍卖纪录，迄今仍保持中国高古青铜器国际拍卖市场最高成交纪录。

2014 年，皿方罍重归纽约佳士得拍场，虽标注估价待询，但起拍价约为 1000 万至 1500 万美元。消息传出后，引起华人收藏家群体的高度关注。知名藏家曹兴诚即吁请海内外收藏家和企业家放弃竞买，促成国宝合璧好事。

2014 年 3 月 15 日，湖南省博物馆正式致函佳士得，商购皿方罍事宜。纽约当地时间 3 月 19 日下午，来自湖南的收藏家群体向佳士得正式提出联合洽购皿方罍，终于以 2000 万美元的洽购价，促成此青铜重器“身首合一，完罍归湘”，今后将由湖南省博物馆永久收藏。

说“箸

箸

小篆

民间传说，筷子的发明者是大禹。因治水而长期在外奔波的大禹，某日来到一座小岛之上，又累又饿，急急忙忙架起陶罐煮肉，片刻水开肉熟，正欲食用，却发现忘带羹匙之类的餐具。突然间，他看到身边长着小竹子，就砍了两截，夹起肉来相当方便。从此，用两根小竹棍夹食的方法迅速推广开来。

然而，大禹发明竹筷的说法缺乏佐证，尤其是这个“筷”字，宋代以前的著作中从未见到。那么，国人使用了几千年的“筷子”会有别的名称吗？确实另有大名，它叫“箸”①。

《说文》曰：“箸，饭攲也。从竹者声。”《通俗文》云：“以箸取物曰攲。”

“箸”有个同义字“櫡”（读作 zhù）。

“箸”还有个异体字“筯”。《史记·十二诸侯年表》曰：“纣为象箸，而箕子唏。”《索隐》云：“箸即筯也。”《史记·绛侯周勃世家》：“景帝居禁中

① “箸”，古文同“著”。《说文解字注笺》云：“竹与‘艹’隶属相似，故箸变为著。”如今，“著”作撰写、写作解。“箸”还有诸多引申义，本文从略。

召条侯赐食，独置大胾，无切肉，又不置櫡。”《索隐》：“櫡，《汉书》作箸，食所用也。”

“箸”又称“梜”。段玉裁云：“箸，《曲礼》谓之梜。”《说文解字义证》云：“箸，筴也，饭具也。”《急就篇》云：“箸一名梜，所以夹食也。”

“筷”字出现较晚，据考证约在宋朝之后。既然夹食用的两根小棍子有了箸、筯、櫡、梜（筴）等众多名称，为什么还要再造个“筷”字呢？有一种说法是由于避讳的缘故。明代陆容在他所著的《菽园杂记》中说：“民间俗讳，各处有之，而吴中尤甚。如舟行讳‘住’，讳‘翻’。以箸为‘快儿’……”故改“箸”为“快”（舟行以快捷为宜），后又加“竹字头”为“筷”。

笔者以为，“箸”之所以又称为“筷子”，应和中国饮食文化发展史紧密相关。秦汉以后，面食加工工艺突飞猛进，最为显著的标志是面条的出现。汉代称面条为“索饼”，到了唐代改称“汤饼”（面条的其他称呼从略）。从汤里捞面条，用竹制的小棍子那是又利索又快速，于是就造个上“竹”下“快”的“筷”字来。由于“筷”字形体端庄、读音爽朗、字义明了，具有强大的生命力，叫它不迅速流行开来都难！

话说回来，“箸”字毕竟比“筷”字的历史悠久，所以前者比后者的文化气息要浓厚得多。就拿成语来说，带“筷”字的十分罕见，而带“箸”字的则有许多，最有影响的如：

闻雷失箸：《三国志·蜀书·先主传》：“是时曹公从容谓先主曰：‘今天下英雄，唯使君与操耳。本初之徒，不足数也。’先主方食，失匕箸。”“闻雷失箸”用以比喻借别的事情掩饰自己的真实情况。

无下箸处：晋武帝时，何曾生活豪奢，“每燕见，不食太官所设，帝辄命取其食。蒸饼上不坼作十字不食。食日万钱，犹曰无下箸处。”（《晋书·何曾传》）后用“无下箸处”形容富人饮食奢侈无度。

说“题”

凡写文章，先要立题；学生复习迎考，爱猜考题；参加招聘面试，总得答题；作家深入生活，无不收集题材；历代名画，都有题款；领导视察基层，常常应邀挥毫题词……

一口气说了好几个“题”。那么，这个“题”字究竟是啥意思？这下子“题”字也成了问题。于是，笔者就来写一篇《说“题”》。

《说文》曰：“题，頟也，从页是声。”“頟”即现在的“额”字，就是额头；“页”读作“xié”，也是“头”的意思；什么是“是声”？这个“是”字的古音不读“shì”，而是读“tí”。故“提”“醍”“缇”“瑅”“騠”等，皆读作“tí”。

《辞海》解释“题”字的第一义项：头额。《广韵》对“题”另有一解为“名也”。现在，我们再来想一想什么叫“题目”？额头、眼睛都在人身的最上面；题目不正是在文章的顶上嘛。“题”作“名”解，也好理解，一本书的题目，就是这本书的名字。

笔者觉得，凡带有“题”的词语，文化气息都比较浓。这里举三个例子：

1. 题额：题写匾额。“匾额”，《辞海》解释如下：“亦单称‘匾’或‘额’。亦作‘扁额’。挂在厅堂或亭榭上的题字横牌。《红楼梦》第二十六回：‘上面悬着一个匾额，四个大字，题道是怡红快绿。’”笔者以为，既然“匾额”可单称“匾”或“额”，则二者应有所区别才是。有何区别？笔者猜想，横者为“匾”，竖者为“额”，譬如宫殿正门上的题额都是竖着的。

2. 题凤：语出《世说新语 · 简傲》：“嵇康与吕安善，每一相思，千里命驾。安后来，直康不在，喜出户延之，不入，题门上作‘鳳’字而去。”①“鳳”的写法是外“凡”内“鳥”。吕安书写一个“鳳”字，实为讽刺嵇喜是庸才。后来，“题凤”用作比喻高贵的客人来访。

3. 题糕：这是古代文坛的一则佳话，载于邵博著《闻见后录》：“刘梦得作《九日》诗，欲用糕字，以五经中无之，辍不复为。宋子京以为不然，故子京《九日食糕》有咏云：‘飙馆轻霜拂曙袍，糗糍花饮斗分曹。刘郎不敢题糕字，虚负诗中一世豪。’遂为古今绝唱。”②

行文至此，如果读者发问，“题”字还有什么可说的？这可是给笔者出了个难题。说实话，笔者也就是个“半瓶醋”，再说下去就要跑题了……

① 嵇喜是嵇康之兄。

② 刘禹锡，字梦得。“九日”，九月九日重阳节，有吃重阳糕之民俗。宋子京，北宋文学家宋祁，与欧阳修同修《新唐书》。

文与字

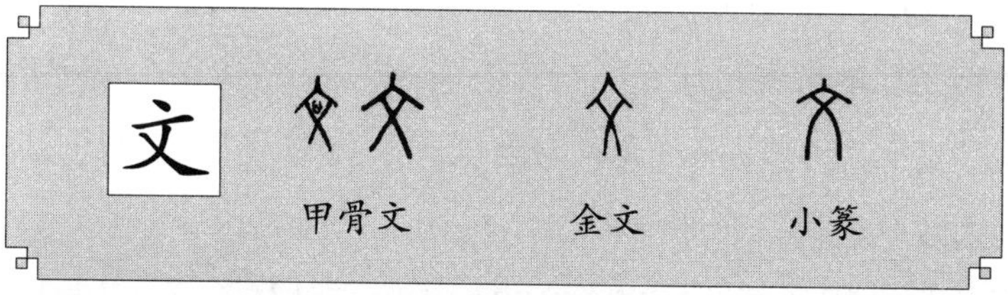

（一）

无论是东汉许慎编撰的《说文解字》，还是现今上海出版的《咬文嚼字》，其中的“文”和“字”都是指用来记录语言的符号。从文字学意义上讲，这两个字“同义”。但严格地说，它俩只是“近义”，即“文”和“字”是有所区别的。

同为记录语言的符号，“文”跟“字”的区别在哪儿呢？笔者以为：“文”生“字”，即先有“文”，后有“字”；独体为“文”，合体为“字”。何以见得？这里引用两句话作为佐证。

其一，许慎《说文·叙上》：“盖依类象形，故谓之文，其后形声相益，即谓之字；字者，言孳乳而浸多也。”

其二，清人孙星衍《孙氏重刊宋本说文序》：“仓颉之始作，先有文而后有字，六书：象形、指事多为文；会意、谐声多为字；转注、假借，文字兼之。”

（二）

然而，上述所说都不是“文”和“字”的本义，而是它们的引申义或比喻义。那么，它俩的本义各是什么呢？

先说说“文”。许慎曰：“文，错画也。象交文。”后来的训诂学者对许说多有注解，大致有这样几个要点：

1. 它是象形。周法高（1915—1994）《金文诂林》云：“朱芳圃曰，文即文身之文，象人正立形，胸前……刻画之文饰也。文训错画，引申之义也。”

2. 与“纹”同。段玉裁注：“象两纹交互也。纹者，文之俗字。”

3.“文身”，不一定是刺字，很可能相当于今天的彩绘。《穀梁传·哀公十三年》：“祝发文身。”颜师古注：“文身，刻画其身以为文也。”《战国策·齐策》：“文，彩绘也。”《汉书·食货志》：“其文龙。”指刺画龙样的花纹。

再说说“字”，就更难以想象了。请看一下“字”的构造：上“宀”下“子”，是个形声字，表示“在屋子里生孩子”。此说有何凭据？举三个例句。

1.《周易·屯》曰：“女子……十年乃字。”三国吴·虞翻（164—233）注：“字，妊娠也。”2.《广雅》云：“字，生也。”3.《山海经·中山经》云：“苦山有木，服之不字。”其意为：苦山上有一种草，女人一旦服用就不会生孩子了。

（三）

“字”，还有一个特殊意义，就是人的称呼，即“表字”。

人的名字，原本是名和字的合称，《史记 · 老子列传》："姓李氏，名耳，字伯阳。"

那么，人的称呼为什么要分"名"和"字"呢？《说文》曰："名，自命也。从口从夕。夕者，冥也。冥不相见，故以口自名。"他是说，"名"，上"夕"下"口"，是会意字。夜晚天黑，人们彼此看不见，为让对方知道自己，就得报出自己的大名。之后的文字学家对许慎将"名"解释为"自命也"，评价极高。张舜徽（1911—1992）《说文解字约注》云："许君云自命者，谓自呼其名也。古者严男女之防，《礼记 · 内则》所云：'夜行以烛，无烛则止。'盖所以间内外者为至密，故禁冥行。冥行则必自呼其名，使人知之，所以厚别远嫌也。此篆说解，足补古代礼制之遗，最为可据。"

古人既有"名"，又有"字"。《礼记 · 檀弓》云："幼名，冠字。"《礼记 · 曲礼》又言："男子二十冠而字。"为什么要取表字呢？《仪礼 · 士冠礼》讲得很清楚："冠而字之，敬其名也。君父之前称名，他人则称字也。"唐人孔颖达对此有个专门解释："始生三月而加名，故云幼名也。人年二十有为人父之道，朋友等类不可复呼其名，故冠而加字。"从上述这些解释可知，男子成人后，唤"名"还是呼"字"则要区分开来。这就是说，除"自名"外，唯君、亲、师可称其名，他人不得直呼其名，直呼其名则为大不敬。

"名"和"字"之间，有个值得注意的现象，即取表字和名有着密切的关系。曹操的"操"，意思是操守、德行；他是长子，老大为孟；故名操，字孟德。再如刘备，"备"的意思是完全、没有缺憾，故名备，字玄德。又如孙权，"权"乃权谋，他是老二，故名权，字仲谋。

土与壤

（一）

笔者曾作打油诗《国学尽在汉字中》：“先哲造字后人猜，美其名曰说与解。说文尚存三分错，集思广益疑窦开。”文友某君读后来电，希望对这首诗作些解释。于是，笔者以“土”及其同义词“壤”（严格地说只是近义词）为例，谈点浮浅的认识。

许慎解释“土”字的时候，没有看到甲骨文，他只得按小篆字形进行一番猜想：“土，地之吐生物者也。二象地之上、地之中，丨，物出形也。”[①] 笔者

① “丨”音读如“棍”。

觉得，许慎的这个拟人化的说解法还是蛮有意思的。他巧妙地用了一个同音字“吐”，一下子就使“土”的字义形象化。至于“土”的造字法，他认为是由“二”和“丨”组成，可以领会到万物从地里吐出这个意思来。

可是，在甲骨文“”字的面前，你一眼就能看出许慎“猜错了”，它上像土块，下像地面；尤其是有个甲骨文“”，土块上还有零零星星的小土粒呢。正如高鸿缙《中国字例》所言：“殆象土块形，一则地之通象也。土本地之初文，秦汉以后始分为二，土为泥土，地为土地。”

（二）

“土”的本义为泥土。然而，泥土有生土、熟土之分。

熟土有个专用名字“壤”。《说文》曰：“壤，柔土也。从土襄声。”《康熙字典》云：“无块曰壤。”《周礼·地官·大司徒》云：“辨十有二壤之物，知其种，以教稼穑树艺。”郑玄注曰：“‘壤’亦‘土’也。以万物自生言则言土，土犹吐也；以人所耕而树艺言则言壤。”笔者以为，荒地（生地）叫“土”，耕地（熟地）称“壤”。

笔者进而觉得，经过耕作的土地称为“壤”，也是有趣事可谈的。许慎说“壤，从土襄声”，是个形声字。笔者认为，“壤”是形声兼会意。何以见得？这个“襄”字从“衣”，段玉裁云：“解衣而耕谓之襄……此襄字所以从衣之本义……今人用襄为辅佐之义，古义未尝有此。”甲骨文“襄”字写作“”，正表示一个人举起双臂呈脱衣之状。

“壤”在古文中与“穰”同。《列子·天瑞》：“一年而给，二年而足，三年大壤。”又与“攘”同。《史记·货殖列传》：“天下壤壤，皆为利往。”

“壤”还有多义，选择三个较为有趣的义项说一下：

1.“壤”与“伤”同义。《穀梁传·隐公三年》曰：“其日有食之何也？吐者外壤，食者内壤，阙然不见其壤，有食之者也。”

2.“壤”也是个数词，泛指极大的数字。《孙子算经》云：“凡大数之法，万万曰亿；万万亿曰兆；万万兆曰京；万万京曰陔；万万陔曰秭；万万秭曰壤。”哇，“壤”这个数字好大好大呀！

3. 有一种古代游戏，名曰“击壤”。《古代汉语词典》（缩印本，2010 年版）第 689 页“壤”的释义是：“器物名。以木为之，形状像履。前广后锐，长一尺四寸，宽三寸。”《辞海》（缩印本，第六版）第 1551 页“壤”第三个义项：“古游戏用具名。”

相传，尧时有一位叫“壤父”的老人，常在道路上玩“击壤”的游戏，他还边做游戏，边唱歌，歌词云：“吾日出而作，日入而息，凿井而饮，耕田而食。帝力何有于我哉！”（见《群书治要》卷十一引《帝王世纪》）这位老人唱的歌就叫《击壤歌》。

清人沈德潜以为，《击壤歌》当属古代较早期的四言诗，于是将它收入《古诗源》，是为《古逸》卷第一首。诗曰：

日出而作，日入而息，
凿井而饮，耕田而食。

菜与蔬

“菜”“蔬”同属“艸”部，二者本为一义。许慎曰：“菜，艸之可食者。从艸采声。”《说文》未收“蔬”字，乃徐铉新附字之一，释义为：“蔬，菜也。从艸疏声。”据考证，先秦无“蔬”字，用“疏”表示；“蔬”是汉魏间字。

从造字的历史来看，“菜”先于“蔬”，而且字义前者已经包容后者，为什么还要再造个“蔬”字呢？这是由于“菜”这个概念的外延在不断地扩大。

上古时期，“菜”只指可食之草，不包括肉类、蛋类食品。其时仅指“五菜”——葵甘、韭酸、藿咸、薤苦、葱辛（见《灵枢经》）。到了中古以后，“菜”就包括肉类、蛋类及熟食在内，成了肴馔的总称。这样一来，“蔬”就成了“菜”的第一义，“凡草菜可食者，通名为蔬”（见《尔雅》注）。

汉语的进化有一个显著的标志，就是单音节词逐渐向多音节词发展，于是就有了“蔬菜”一词，专指可以做菜吃的草本植物，以此来区别于“荤菜”。《韩非子·外储说右下》：“秦大饥，应侯请曰：‘五苑之草著、疏菜、橡果，足以活民，请发之。’”《南史·张齐传》：“齐缘路聚粮食，种蔬菜，行者皆取给焉。”由此可见，粮食严重短缺之时，蔬菜亦可果腹充饥。

菜色指因以菜充饥而营养不良的脸色。《礼记·王制》：“虽有凶旱水溢，民无菜色。”《荀子·富国》亦言：“古禹十年水，汤七年旱，而天下无菜色者。”据此可知，禹、汤等上古有作为之君王是很关心民众之温饱的。（郑玄注：“菜色，食菜之色。”颜师古注：“人专食菜，故肌肤青黄，为菜色也。”）

为避免灾害之年“民有菜色”，为官者平常之时应“布衣蔬食”，富日子当穷日子过，穿布衣，吃粗粮，注重节俭。《汉书·王吉传》记载：“吉俭家居，亦布衣蔬食。”此乃自古倡导的为官之德。

欢度新春佳节，菜肴定然丰盛。笔者草就此文，实为提醒世人：丰莫忘歉，盛莫忘衰，安而思危，幸福常在。

夕与夜

有一个字谜，谜面是：一夜又一夜；谜底是：多。“多”字重“夕”。显而易见，这是利用“夜”与“夕”同义，将“一夕又一夕”改成“一夜又一夜”而制谜的。

严格地说，“夕”与“夜”只是近义词。“夕”和“夜”各有多义，唯有作“日入”这一解释时，它俩才是同义词。

先看“夕”字。《说文》曰：“夕，莫也。从月半见。”段玉裁云：“暮者，日且冥也。日且冥而月且生矣。故字从月半见。旦者，日全见地上。暮者，日在茻中。夕者，月半见。”

其实，“夕”是较为短暂的时间段，简言之即为“黄昏”“傍晚”。《穀梁传·庄公八年》曰：“自日入至于星出谓之夕。”《尚书·洪范·五行》：“初昏为夕。”[①]《康熙字典》则说：“晨之对，暮也。”也可以说，朝之对，夕也。如范仲淹《岳阳楼记》云：“朝晖夕阴，气象万千。”

那么，许慎所说“从月半见”是什么意思呢？徐锴云：“月字之半，月初生则暮见西方，故半月为夕。”这是从造字法上讲的，意思是说，“月”字内有二画，而“夕”字只有一画，减去一半，仅半个“月”字。

“夕”有时可作“夜”解，泛指夜晚。《诗经·唐风·绸缪》云：“今夕何夕？”苏轼《水调歌头》云：“不知天上宫阙，今夕是何年。”也指前一天晚上，即“前夕”。

“夕”还指一年的最后一季或一个月的下旬。《尚书·洪范·五行》：“下旬为月之夕；自九月尽至十二月为岁之夕。”

“夕”又特指某一日。如，农历七月初七称为“七夕”；大年三十称作“除夕”。

“夜”字属夕部，许慎释曰：“舍也，天下休舍也。从夕，亦省声。”段玉裁云：“休舍犹休息也。舍，止也。夜与夕浑言不别，析言则殊。《小雅》：‘莫肯夙夜，莫肯朝夕。’朝夕犹夙夜也。”

《左传·庄公七年》有“辛卯夜，恒星不见”之言，孔颖达疏：“夜者自昏至旦之总名”。这就是说，“夜”通常是指一个通宵，即从今天黄昏到明日天亮。故《康熙字典》讲：“（夜）与昼对。”

① 古时候，十二时辰还有一种叫法，类似于现在的作息时刻表。其名称对应如下：夜半（子时，23时至1时）、鸡鸣（丑时，1时至3时）、平旦（寅时，3时至5时）、日出（卯时，5时至7时）、食时（辰时，7时至9时）、隅中（巳时，9时至11时）、日中（午时，11时至13时）、日昳（未时，13时至15时）、晡时（申时，15时至17时）、日入（酉时，17时至19时）、黄昏（戌时，19时至21时）、人定（亥时，21时至23时）。请注意，辰时（7时至9时）也叫“食时”，申时（15时至17时）也叫“晡时”，都是用餐之时，一天仅吃两餐。唐代以前大概是这样的。

虹与霓

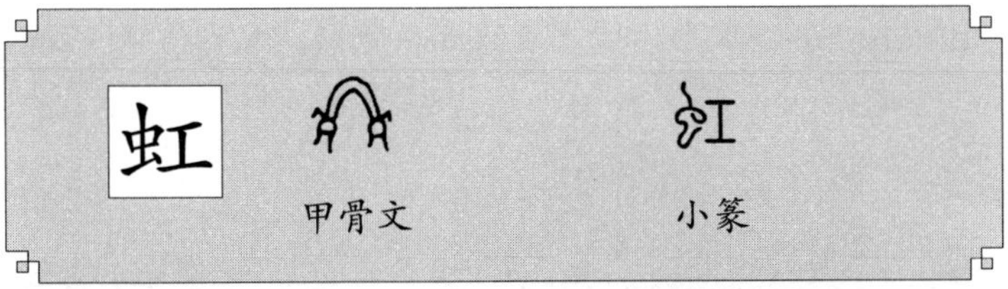

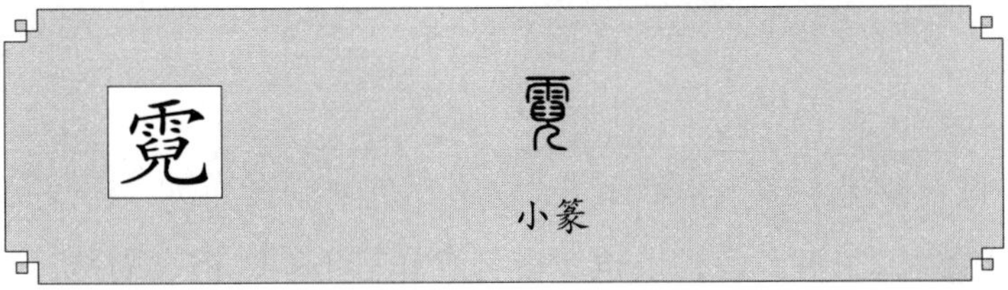

彩虹的“虹”，左“虫”右“工”，也有写成上“工”下“虫”的“”（见《辞海》2009版世博珍藏本744页）；霓虹的“霓”，据《集韵》云：“本作蜺”。这就引出一个问题：作为天象的“虹蜺”（亦称“蜺虹”），为什么“从虫”呢？

其实，只要看一下甲骨文“”，这个问题就不难回答。于省吾先生云：“为虹之象形初文，递演而以形声字之虹代之。字似杠梁形，似古玉璜形，似虺之有两首形。”

即使是以小篆字形解说文字的许慎，也已讲清楚“虹”从“虫”的缘故。《说文》曰："虹，螮蝀也。状似虫。从虫工声。《明堂月令》曰：'虹始见。'，籀文虹从申。申，电也。"笔者以为，许慎所说的"虹始见"，可能漏掉"季春"二字。《礼记·月令》云："季春，虹始见。孟冬，虹藏不见。"它告诉我们，夏历十月至来年二月期间，天空是不会出现彩虹的。唯有"天二气则成虹"（语出《淮南子·说山》）。所谓"二气"，乃"电者，阴阳激耀也"（段玉裁之言）。

"螮蝀（dìdōng）"，虹的别名。《诗经·鄘风·蝃蝀》有"蝃蝀在东，莫之敢指"之句，蝃蝀即螮蝀，是指出现在东边的彩虹。朱骏声《说文通训定声》云："短言之曰蝀，长言之曰螮蝀。"

何谓"霓"？《说文》曰："霓，屈虹，青赤，或白色，阴气也。"《孟子·梁惠王上》有"若大旱之望云霓"之句。这里的"云霓"指的是现于西方的虹霓，往往是下雨的先兆。

旧说，虹常双见。宋人邢昺云："双出，色鲜盛者为雄，曰虹；暗者为雌，曰霓。"段玉裁云："据此，似青赤为虹；白色为霓。然析言有分，浑言不别。"简言之，"霓"是虹的一种，乃外环暗淡较不清楚者，亦称"副虹"，而环内鲜丽较明艳的是"虹"，即"主虹"。

《列子·天端》曰："虹霓也，云雾也，风雨也，四时也，此积气之成乎天者也。"由此可见，对"虹霓"等天象，我华夏之先民是颇为关注且颇有研究的。

舟与船

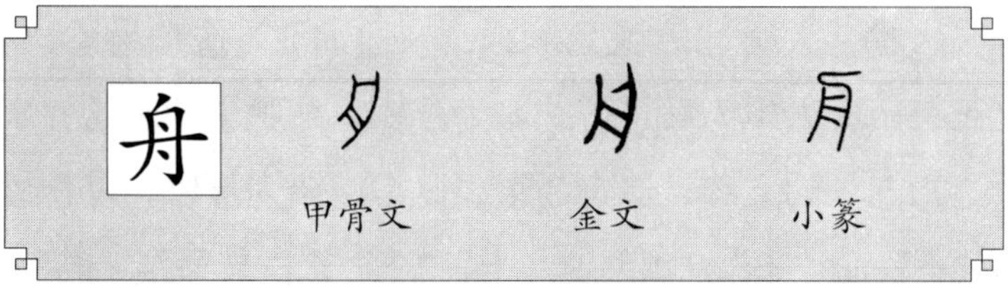

韦应物《滁州西涧》云："野渡无人舟自横。"笔者每每吟诵此句，总会产生一个奇怪的念头："舟"明明是横着的，这个字书写起来却是竖着的，这是什么道理？近日，读朱骏声《说文通训定声》得知："（舟）与目、马、车等字同，横形直作。"所以，无论是甲骨文，还是金文、小篆，"舟"都是直着写的。

甲骨文"舟"，字像船形：两边像船帮，中间的横线将船体划分成船头、船舱、船尾。

"舟之始，古以自空大木为之，曰俞；后因集板为之，曰舟；又以其沿水而行曰船也。"（据《墨子·节用》"舟以行川谷"之按语）那么，集板为舟的发明者是谁呢？历来有多种说法。《世本》云："黄帝臣共鼓、货狄，刳木为舟。”《吕氏春秋》云：“虞姁作舟。”《山海经》云：“淫梁生番禺，是始为舟。”《物理论》云：“化狄作舟。”束皙《发蒙记》云：“伯益作舟。”许慎采用“世本说”，曰：“古者共鼓、货狄，刳木为舟，剡木为楫，以济不通。”《段注》：“共鼓、货狄，黄帝尧舜间人。货狄疑即化益，化益即伯益也。”

《尔雅 · 释水》有言：“天子造舟，诸侯维舟，大夫方舟，士特舟，庶民乘泭。”颜师古注：“造舟者，比船于水，加板于上，即今之浮桥。”“天子造舟”出于《诗经 · 大雅 · 大明》：“文定厥祥，亲迎于渭。造舟为梁，不显其光。”说的是周文王姬昌娶太姒为后，曾并船为浮桥，纳聘于渭水这件事。（文定厥祥的“文”，指占卜的文辞；造舟为梁，此指连船为浮桥，以便渡渭水迎亲；不显其光的“不”通“丕”。顺便说一下，“造”，古文写作“艁”。）

另据考证，周代“比舟为桥”是有定制的：诸侯维舟（维连四船）；大夫方舟（并两船，《说文》曰：“方，并船也，象两舟省总头形。”）；士特舟（单船）；庶民乘泭（木筏）。由此可见，官场等级森严，古已有之。

舟的称谓较多。小舟有“艇”，船狭小而长者；称“蜀艇”者，乃一板之舟；艇中有短而深者谓“艖艀”。有“舠”者，则为形如刀之小舟。据《原仙记》载：唐显庆时，蜀郡青城民入山采药陷地，后得一穴，出见村落。一人惊问得来之由，遂告所以，乃将小舠子渡之。有“舢”者，即舢板，俗称三板。《裨海纪游》解释说：“即脚船也。海舶大，不能近岸，凡欲往来，则乘三板。”有名“舴艋”者，《辞源》注：“小舟也。小舟谓之舴艋，小蝗谓之蚱蜢，义相近也。”

大舟之称有“舸”者，左思《吴都赋》有“弘舸连舳”之语，扬雄《方言》云：“南楚江湘凡船大者谓之舸。”有“舫”者，《战国策 · 楚策一》云：“一舫载五十人。”笔者以为，古时候能载五十人的当属大船了。能在海上航行的都是大船。有称为“舶”的，漂洋过海，与外国人通商贸易，故进口货物称为“舶来品”。有称“艆”者，《辞源》说它是“海中大船也”。

御敌之战船统称军舰，因其铁甲坚固，故取其音为“舰”。古代有一种狭而长的小舰名“艨冲”，或因其阻力小，行动快，便于猛打猛冲，攻击敌舰，故而得名。

既已有“舟”，何必言“船”？扬雄《方言》有一说：“舟，自关而西谓之船。”其实不然。段玉裁作如下解答：“古言舟，今言船。如古言履，今言鞋。舟之言周旋也，船之言溯沿也。”徐灏引《释言》云：“船，循也，循水而行也。”然而，桂馥《说文解字义证》却说：“小曰舟，大曰船。”这就是说，“舟”与“船”是大小有别的。

追与逐

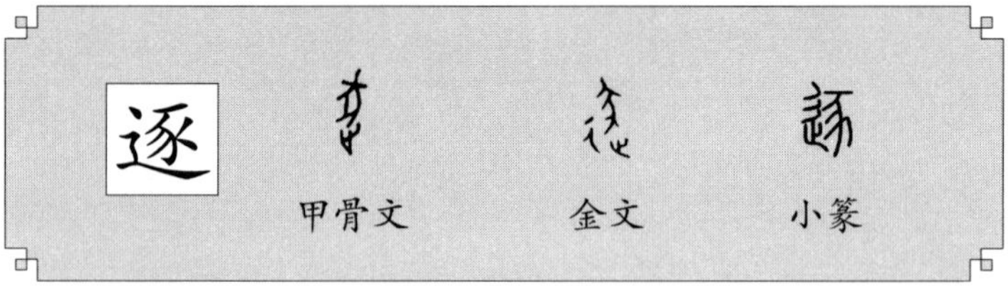

许慎用互训法释“追”“逐”二字，曰：“追，逐也。”又曰：“逐，追也。”由此可见，二者为同义词。

笔者以为，“追”与“逐”实为近义词，也就是说，二者或多或少有所差别，哪怕是极其微小的差别。那么，它俩区别何在？且听笔者慢慢道来。

请先看一下甲骨文的“追”字，上部那个“𠂤”，像一张弓的形状，它的读音是 duī，徐铉曰：“俗作堆。”贾逵、韦昭皆云“小阜”。笔者以为，这个字符可能与“師”有关，用以表示可供部队驻扎的较为隐蔽的地貌。

《周礼·秋官·士师》曰：“以比追胥之事。”郑玄注云：“追，逐寇也。”什么叫“寇”？“寇”即敌之师旅也。《左传·庄公十八年》曰：“追戎于济西。”这里的“戎”，亦指敌军。据此可知，用“追”表示追的对象是人，而不是兽。

“追”是个多义词。《广韵》曰“随也”，于是有“追随”一词。《玉篇》曰“送也”，《诗经·周颂·有客》“薄言追之”，注云：“谓已发上道而追送之也。”《玉篇》又曰“及也，救也”，《尚书·五子之歌》“虽悔可追”，注云：“言虽欲改悔，其可及乎。”《论语·微子》“往者不可谏，来者犹可追”，《康熙字典》云：“凡上溯已往曰追。《诗·大雅》：‘聿追来孝。’《左传·成十三年》：‘追念前勋。’”

古文“追”另有一读，音似“堆”，其义为“治玉”。《周礼·天官·追师》注：“追，治玉石之名。”《诗经·大雅·棫朴》有“追琢其章”之句。

再看看甲骨文的“逐”字，它的上部是“豖”（一头肥猪）。徐锴云：“豚走而豖追之。”成语有“中原逐鹿”，语出《史记·淮阴侯列传》：“秦失其鹿，天下共逐之。”这里的“鹿”只是打个比方，喻指政权。

“逐”字在甲骨文里有多种写法，上部有“豖”，有“犬”，有“鹿”，有“兔”，甚是有趣。正如当代文字学家商承祚先生所说：“此或从豖，或从犬，或从兔从鹿，从止，象兽走圹而追之，故不限何兽。”

“逐”与“追”字义不相同之处还在于，“逐”还有放逐、驱逐之义。《史记·李斯列传》言：“非秦者去，为客者逐。”故李斯上《谏逐客书》。

附带说一下，“逐”另有一读为 zhòu，义为“奔也”。（见《康熙字典》）《山海经》云“夸父与日逐”，说的是：夸父与太阳比赛跑，夸父奔得快，超过了太阳，但累得唇干口燥，喝尽黄、渭二河之水仍感不足，终于干渴而死。可是，今注“夸父逐日”，多作夸父“追赶”太阳解，实因不知“逐”有“奔”义之故也。

颈与项

“页”（繁体为“頁”）作为部首，所属之字大都与人头的部位有关，如顶、额、颅、颊等。

《现代汉语词典》有“颈项”一词，作“脖子”解。那么，“颈”与“项”有没有区别？“颈”和“项”虽然都是“脖子”，但是它俩是有前后之分的。许慎曰：“颈，头茎也。”又曰：“项，头后也。”《广韵》云：“颈在前，项在后。”

颈在前。有个成语叫“刎颈之交”，用剑割自己的脖子，当然只能割前面的部位。

项在后。有“不可望其项背”一语，“项背”代指人的背影。“不可望其项背”的意思是，尾随其后，遥望而不可企及。

顽与玩

有一次，笔者在某报纸上看到一个栏目的题饰，写有“老玩童”三字，便想给他指出，应改成“老顽童”。就在这时，笔者忽然想起，辞书释“顽”有一义项“通‘玩’”。于是，“指瑕”的念头就此打消。不过，笔者还是觉得有些不踏实，那就向“老先生”讨教吧。

先查《辞海》“顽”，果然有“通‘玩’”一说，且有例证：《红楼梦》第二十二回：“谁又参禅，不过是一时的顽话儿罢了。”再翻《新华字典》，“顽”的第四个义项：“同‘玩①②’。”——玩①：游戏，做某种游戏；玩②：耍弄，使用。

尽管如此，笔者依然坚持“老顽童”不应写成“老玩童”。其理由如是：《现代汉语词典》释“顽童”为：“顽皮的儿童。”释“顽皮”为：“爱玩爱闹，不听劝导。”由此可见，形容“顽皮”“淘气”的老者，则应唤作“老顽童”。

笔者一向自称是“老顽童”，故将笔者对这个“顽”字的“研究成果”

（或许仅是“望文生义”而已），与诸位分享。

“顽”这个字造得很有意思，它左为“元”，右是“页”。徐锴云：“元，首也。”朱骏声《说文通训定声》云：“（元）当训首也。从古文‘人’、古文‘上’。首于人体最上，故从人上会意。”许慎曰：“页，头也。”王筠《说文句读》云：“页本即首字。”李孝定解说：“页、首当为一字。页象头及身，首象头及其上发，小异耳。”

笔者引经据典，兜了那么大的圈子，无非想说“顽”这个字就是“头碰头”——两个脑袋相互顶着，谁也不肯让谁，这可算顽皮到家了。笔者小时候也经常跟小伙伴们玩顶脑门的游戏，现在想想真淘气，也挺有趣的。

顺便说一下，“顽”不仅可作“钝”“愚”“痴”解，也还作“坚强”解。陆游《示二子》诗云：“耄期尚有江湖兴，顽健人言见未曾。”不硬朗、不坚强、不乐观，他老人家哪来的“江湖兴”啊？至于“玩”字，它从“玉”，跟“玉”部的“弄”字组合成“玩弄”，那都是些高档玩意儿，似我等愚顽粗鲁之人是根本玩弄不来的。

文末，就“顽”“玩”二字，引用几条成语及其注，一并奉献给读者诸君。

顽廉懦立：谓高尚的节操可以激励人振奋向上。语出《孟子·万章下》：“故闻伯夷之风者，顽夫廉，懦夫有立志。”亦作“廉顽立懦”。明·宋濂《题矫斋记后》：“先生杨文靖公之弟子也，立朝大节，足以廉顽立懦，故文公以刚毅近仁称之。”

痴顽老子：愚蠢迟钝的老头。多用为自嘲、自谦之辞。《新五代史·杂传十六·冯道》：“德光责道事晋无状，道不能对。又问曰：‘何以来朝？’对曰：‘无城无兵，安敢不来。’德光诮之曰：‘尔是何等老子？’对曰：‘无才无德痴顽老子。’德光喜，以道为太傅。”亦省作“痴顽老”。宋·戴复古《送别朱兼佥》诗：“黄堂若问痴顽老，新有登楼十二诗。”

玩人丧德：谓戏弄他人，以致失去做人的道德。语出《尚书·旅獒》：“玩人丧德，玩物丧志。”

脸与面

“脸”，原本指“颜面”。

“颜面”是女子涂脂抹粉的部位。古诗《妾薄命》云：“玉貌歇红脸，长颦串翠眉。”一经妆扮，即增几分“颜色”；若不加修饰，灰头土脸，岂不“丢脸”！

“面”这个字造的时间较“脸”早，现多用于书面语。篆体“面”写作外“囗（音 wéi）”内“首”，象人面形。《说文》曰：“面，颜前也。”《说文解字义证》云：“颜，额也。面在额前，故曰颜前。”《说文句读》云：“首统全头而言，以囗包首外，所以区别其前半以为面。”也有文字学家认为，“面”字从“目”（字内有“目”）。《甲骨文字集释》云：“文从目，外象面部匡廓之形，盖面部五官最足引人注意者莫过于目，故面字从之也。”

综上所述，脸面在颜前，众人以观瞻，若不要面皮，那就很难堪。有民谚说：“人要脸，树要皮，不要脸皮是啥东西？”足以说明“脸面”是何等重要啊！

商与贾

有位文友问："商"与"贾"（音 gǔ）是不是一回事？答：它们实为近义词，两者的本义是有区别的。《说文》曰："贾，贾市也……一曰，坐卖售也。"《周礼·天官·大宰》："九职，六曰商贾，阜通货贿。"有注云："行卖曰商，坐卖曰贾。"

"贾"，原先是买卖的总称。段玉裁云："市，买卖所之也……贾者，凡买卖之称也……引申之凡卖者之所得、买者之所出，皆曰贾，俗又别其字作價。"《说文句读》说道："市本买卖之所，此市则卖也……贾市者谓估定其值而卖之。"据此可知，"贾"有二读，一为 gǔ，一为 jià。有个成语"待价而沽"，语出《论语·子罕》："子罕曰：'有美玉于斯，韫椟而藏诸？求善贾而沽诸？'子曰：'沽之哉！沽之哉！我待贾者也。'"这里的"善贾"说的就是"好价钱"；"待贾"就是等待着卖个好价钱。

这个"贾"字的正楷写法是上"西"下"贝"。于是，有一种说法是，"贾人西面坐"（语出《仪礼·聘礼》），所以上面写作"西"。其实，"贾"的上部“襾”读音是 xià，其义为“覆也”。

“商”字最早写法是“**賫**”，后来为什么以“口”代“贝”？笔者以为，买卖是可以讨价还价的，那当然是要用口“商量”的噢。

瑕与疵

“瑕”字属玉部，其义跟“玉”有关。许慎曰：“瑕，玉小赤也。从玉叚声。”“玉小赤”即白玉之中有微小的赤色斑点，当属美中之不足。《礼记·聘义》有“瑕不掩瑜”之语，郑玄注：“瑕，玉之病也。”《说文解字义证》解释说：“玉尚洁白，故谓小赤为病。”

“疵”字属疒部[①]，其义与“病”有关。那么，“疵”是什么病呢？《广韵》云：“疵，黑病。”也有人说，眼白上的小黑点为“疵”。《淮南子·氾论》有言：“目中有疵，不害于视。”

“瑕”和“疵”是近义词，它们有着共同的引申义，指细小的毛病。如成语“白璧微瑕”“吹毛求疵”，其中的“瑕”“疵”都表示这个意思。后来，这两个字组成了一个词叫作“瑕疵”，亦作“疵瑕”，其义仍然表示“微小的缺点”。

---

① “疒”，音 nè，《说文》释曰：“倚也。人有疾病，象倚箸之形。”

《史记·廉颇蔺相如列传》中有这样的记载：蔺相如对秦王说，“璧有瑕，请指示王”。从此，就有了“指瑕”一词。后来，“指瑕”引申为指摘文章缺点。《新唐书·文艺传上·王勃》云：“王勃……九岁，得颜师古注《汉书》读之，作《指瑕》以摘其失。”

古人读书，每见文中之讹误，即如芒在背，如鲠在喉，“故奋其笔舌，指瑕索瘢，甚至古先贤亦在所不免（语出清人洪昇《〈坚瓠补集〉序》)”。由此可见，“指瑕”乃读者之责任，当义无反顾才是。

南朝梁·刘勰所著《文心雕龙》，其第四十一篇题为《指瑕》，是论述“指瑕”重要性的文学专论。刘勰认为，文章毛病大体有六：1. 用词不当；2. 文义失当；3. 比拟不类；4. 语音犯忌；5. 掠人美辞；6. 注解谬误。

清人章学诚的《文史通义》有一章节叫《古文十弊》，指摘古代文章所犯毛病更详。

当代有学者认为，现在的出版物粗制滥造者众，其毛病大致有四：1. 内容上的毛病，即思想感情上的毛病；2. 体裁上的毛病；3. 用事上的毛病；4. 语文上的毛病。

笔者长期从事图书报刊编辑工作，自以为是肩挑“指瑕”重任的。现在看来，我们也就是个挑挑语文上的毛病的人，只是纠纠白字，改改病句而已。

穷与贫

有个词语叫“哭穷”，意思是向别人哭诉自己如何缺少钱财，已经到了山穷水尽的地步，其目的就是企图骗得对方的同情，从而慷慨解囊，予以救助。实在是“人穷志短”。

“穷”的繁体写作“窮”，许慎解释为“极也。从穴躬声”。上古之时，人皆“穴居而野处”，如果土室狭窄低矮得连人的身子都得弯曲起来，他怎不窘困到极点呢？颜师古云：“极，尽也。”

“窮”简化成“穷”，虽然从形声字变为会意字，但仍可表示在穴中用力，有劲使不出，用它比喻穷尽之意，倒也是十分形象贴切的。由此可见，“穷”的本义并不是“没钱”，而是“无路可走”，或“无处施展抱负”。

可是后来，“穷”与“贫”成了一对同义词，都可用来形容个人或家庭缺财少物，难以度日。不过，笔者以为，这两个字的本义是有很大差别的。《说文》将“贫”列在“贝”部，其义为“财分少也”。因此，笔者觉得，“穷”主要体现在精神层面，“贫”则侧重于物质方面。

《荀子・天论》曰：“强本而节用，则天下不能贫。”这真是至理名言，“哭穷”的人应当自尊自重自强才是啊。

奢与侈

“奢”“侈”二字，原本都从“大”：大者为“奢”；大多为“奓（‘侈’的异体字）”。其义相近：“奢，张也。”（许慎语）“奢者侈靡放纵之义。故曰‘张’，言其张大也。”（徐灏语）“多费谓之侈。”（语出《韩非子·解老》）“侈，掩胁也……一曰奢也。”（许慎语）“掩者，掩盖其上。胁者，胁制其旁。凡自多以陵人曰侈。”（段玉裁语）

现代汉语有双音节词“奢侈”，义为不节俭，挥霍钱财，追求享受。“奢侈”历来为人们所不齿。史载，北宋名相寇准追求奢华的生活方式。他的侍妾蒨桃曾作《呈寇公》诗两首予以讽喻：

一曲清歌一束绫，美人犹自意嫌轻。
不知织女寒窗下，几度抛梭织得成。

风劲衣单手屡呵，幽窗轧轧度寒梭。

腊天日短不盈尺，何似娇姬一曲歌。

近年来，“奢侈品”一词大为流行。何为“奢侈品”？这是一个舶来概念，在国际上被定义为：“一种超出人们生存与发展需要范围的，具有独特、稀缺、珍奇等特点的消费品”，又称之为“非生活必需品”。通俗地讲，就是极少数有钱人用来摆阔炫富的东西。

与奢侈相对立的是节俭。节俭历来是中华民族的优良传统。老子著《道德经》，规劝当政者“去甚、去奢、去泰”。韩非《十过》言：“常以俭得之，以奢失之”，把奢侈列为“十过”之一。司马光作《训俭示康》，告诫世人曰：“以侈自败者多矣。”

然而，也有人鼓吹“奢侈论”，认为富人的奢侈可以增加穷人的谋生手段。梁启超曾批评崇俭思想是“上古不得已之陋俗”；严复竟然说，“滞财之致贫，其害烈于侈靡”。笔者以为，“奢侈论”荒唐至极，应予抵制！

现如今，“奢侈论”甚嚣尘上，“超前消费”大有市场；某些人把穿戴奢侈品作为“成功”的象征。

惊闻，中国不久将超过日本，成为世界第一奢侈品消费大国。这也要争第一?!

于是，作《奢与侈》一文予以劝诫。

上和下

古文“上”写作“丄”；“下”写作“丅”。这对反义词都是指事字。《说文·叙上》曰：“一曰指事。指事者，视而可识，察而见意，上下是也。”《段注》云：“指事者，不泥其物而言其事，丄丅是也。”《说文解字注笺》云：“上下无形可象，故于一画作识，加于上为上，缀于下为下。”

《说文》曰：“丄，高也”；“丅，底也”。这就是说，“上”和“下”是相对而言的，凡垂直的物体，上在下之上，下在上之下。（笔者此言简直就是一句废话。）

从一般的角度来理解，“上”比“下”权重，皇上总是驾驭臣下，上司可以驱使下属，官员有功即可上位，一旦有错轻者下放，重者下狱，甚至于取下项上人头；“上”比“下”高贵，优者称之为上乘、上品，劣者斥之为下等、下品；“上”比“下”光鲜，如在城市建设方面，地上建筑总比地下设施受到重视，所谓“面子工程”，就是要让人们看得见它的华丽之处；表现在经济方面，那更是“上”比“下”强，股指接连大幅上升，就夸之为“牛市”，如不断下降，则叫它“熊市”。

不过，上述种种并不是绝对的，有时竟是“下”比“上”好，“下”比“上”重要。譬如，领导者切莫眼睛向上，而应不耻下问，现在提倡下基层，接地气，十分忙碌；造高楼，下部基础要坚固，上部建筑才稳当；搞经济，一旦大干快上过了头，尽快下马是良策。

有许多事物，“上”与“下”是相辅相成的，谁也离不开谁。你家如果住的是高楼，电梯上上下下，给你带来方便，电梯下，你可以外出，电梯上，你可以进屋；“下”有时比“上”管用，树干下部粗，是大木料，栋梁材，树顶上的枝条，只能当柴烧。

有些日常生活用语，“上”和“下”还会反着讲。例如，到饭馆去用餐，通常说成“下馆子”；去卫生间行方便，竟然说是“上厕所”。你也许会说，这是语言习惯。笔者以为不然。过去，有地位的人家办婚典、做寿诞等喜事，都在自家府上举行，那样更显得气派，而一般性的应酬则到酒馆饭店，实际是等而次之，上不了大台面，这才说成“下馆子”。至于内急时去解手出恭，那是绝对不能说这个“下”字的。你道为何？据考证，古代家家养猪。在住宅东侧建有两层小筑，雅号叫“溷”（音 hùn），俗称“厕所”，上层是供人“行方便”，下层为猪舍。如果说成“下厕所”，岂不是要掉进猪圈里了。

说到这里，笔者觉得有义务提醒大家，如果有人尽说“上”比“下”好，你得警惕，小心上当。

综上所述，笔者无非是想说明一个观点，即：越是简单的，越要想得复杂一点。君不见，现在的字典辞书，对“上”“下”二字的解释那可是详之又详的，本义、引申义、比喻义，名词、动词、形容词，各有几十个义项，只要一查，都能知道，本文就不再啰唆了。

古和今

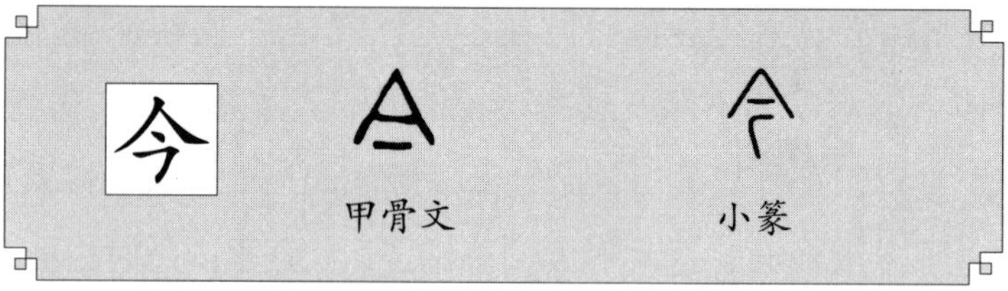

苏东坡曾经说过："古今之事，非知之难，言之亦难。"（语出《乞相度开石门河状》）大智慧者尚觉难言，我等平庸之辈岂敢说古论今！笔者之《古和今》，只是讲点有关"古""今"二字的趣事而已。

历史是从古到今。于是，本文先说"古"，然后论"今"。

《说文》曰："古，故也。从十、口。识前言者也。"徐铉对"识前言"作注云："十口所传，是前言也。"段玉裁亦言："识前言者口也，至于'十'则展转因袭，是为自古在昔矣。"

对于久远的历史事件，因无文字可考，史书所记往往加上"相传"二字，正表明史学家治史之严谨。史学家有"三古"之说。何谓"三古"?《玉篇》

云："古，久之言也。伏羲为上古，文王为中古，孔子为后古。"

至于"古"字"从十、口"，许慎以为是会意，即口口相传。但是，饶炯在他的《说文解字部首订》中却有独到之见："当云从十，口声。十下说数之具，古篆从十，即谓其事已成而时已去，本对今为义，犹言久也，遂寄音于久而从口声。缘古人读口为苦，世人不解古音，而误以口为意。"此说一出，"古"竟是"十分之苦"也——昔有大禹治水"三过家门而不入"，足见古代的领导何等辛苦。

然而，在甲骨文""的面前，"古"的造字意图明白无误地显现出来，口中传下来的、没有文字记载的历史久远之事，则为古史。

故笔者赞成"古"的造字法是会意。于是，作打油诗一首。诗云：

远古之时无文字，口口相传靠记忆。
一传十而十传百，古事辗转成故事。

"今"与"古"乃相对而言。"今"字通常作"现在"解。《说文》曰："今，是时也。"段玉裁说："今者对古之称。古不一其时，今亦不一其时也。云是时者，如言目前。则目前为今，目前已上皆古。如言赵宋，则赵宋为今，赵宋已上为古。如言魏晋，则魏晋为今，魏晋已上为古。"古，始于何时；今，止于何日，那是无法界定的。故《圆觉经》有偈语唱道："无起无灭，无去来今。"

历史是条长河，人生犹如朝露。然而，人生再短暂，多少总有点痕迹。至于能留下什么痕迹，那就要看各人的作为了。笔者觉得，当然得留点光鲜的为好；但愿别被钉在历史的耻辱柱上。为此，特引用明代文学家、思想家冯梦龙的两句话作结："劝君莫作亏心事，古往今来放过谁。"

多和少

“多”“少”二字很是平常，不知有啥趣事好讲。是否有趣，听听无妨，说得不好，敬请原谅。

“多”字怎么解释？历来有所争议：一是“重夕”说；一是“二肉”说。

《说文》曰：“多，重也。从重夕。夕者，相绎也，故为多。重夕为多，重日为叠。”段玉裁力挺许慎，云：“重者，增益也。故为多。多者胜少者，故引申为胜之称。战功曰多，言胜于人也。从重夕，会意……夕者，相绎也，故为多。相绎者，相引于无穷也。抽丝曰绎；夕绎叠韵。”

持“重夕”说者甚众。王筠《说文句读》言：“重复则多也。”宋育仁《说文解字部首笺正》在“夕”字上做足文章，他说：“夕而又朝，朝而又夕，相引无穷，故制多字取义于夕。”综上所述，仿佛“重夕”说是有理有据的。

但是，且慢！“二肉”说的理由也得认真对待。王国维说：“多从二肉，会意。”徐中舒认为：“多象两块肉形。古时祭祀分胙肉，分两块则有多，义自见。”也许由于古代物质匮乏，谁要是吃上两块肉，那当然比别人多了。从另一方面来说，分肉之人可得主持公道，不得偏袒私情啊！

“少（shǎo）”是“多”的反义词。许慎解曰：“少，不多也。从小丿声。”段玉裁亦说：“不多则小。故古少小互训，通用。”

然而，“少”另有一读“shào”，如“少男少女”，人有老少之分。其实，这里的去声“少（shào）”，也是由上声“少（shǎo）”引申而来的。《说文解字注笺》云：“老少之义因乎多少，如言某少（shǎo）于某若干岁是也。”这里正是用的“小”的意思。

“多”与“少”是相对的；“相对的”就表明，两者之间不是一成不变的。照这么说，难道还有多比少少，少比多多的情况？这不是抬杠吗！不过，这种情况还真的会出现。

有一则谜语，谜面说道：“一家分二院，二院子孙多。多的倒比少的少，少的倒比多的多。”打一物。谜底是“算盘”——上档珠少，下档珠多；但上档的总数值是下档总数值的两倍呢！

这正是：

是多是少仔细看，弄清字义非等闲。
咬文嚼字实有趣，掩卷会意笑开颜。

凹和凸

凹凸都是象形字，解凸释凹挺容易。
凹的形状呈洼陷，四周高而中间低。
凸字与凹正相反，周围低而中突起。
凹凸词义为不平，七高八低要留意。

有位文友问：“凹”“凸”两字各是几画，书写顺序如何？

关于“凹”“凸”这两个字的笔画问题，笔者觉得很值得一议。这两个字笔画里都带有“折”，书写的注意点就是要弄清楚“折”。弄清这些“折”后，笔画多少自明。

提起“折”这个笔画，本来“品种”较多，现在又把“弯钩”归到“折”类，这个家族就更加显得人丁兴旺。经粗略统计，“折”有二十来种。但大致可分为横折（ㄱ乛㇋等）、竖折（亅乚等）、撇折（𡿨ㄥ等）三种。所以有人讲：“不怕笔画复杂，就怕七弯八折。”

现在回到“凹”“凸”这两个字的笔画顺序上来：

先说“凹”：凹字两处折，折在二四笔，二笔横竖横，四笔是横折。① 这个字是五画。

再说“凸”：凸字一处折，此折很独特，横折复横折，一笔抵四笔。② 这个字也是五画。

如前所述，这两个字的笔画弯来曲去，东拐西折，它怎能不“凹凹凸凸”！

---

①“凹”的笔画顺序为：1. 竖；2. 折（横竖横）；3. 竖；4. 折（横折）；5. 横。

②“凸”的笔画顺序为：1. 竖；2. 横；3. 竖；4. 折（横折连着横折）；5. 横。

内和外

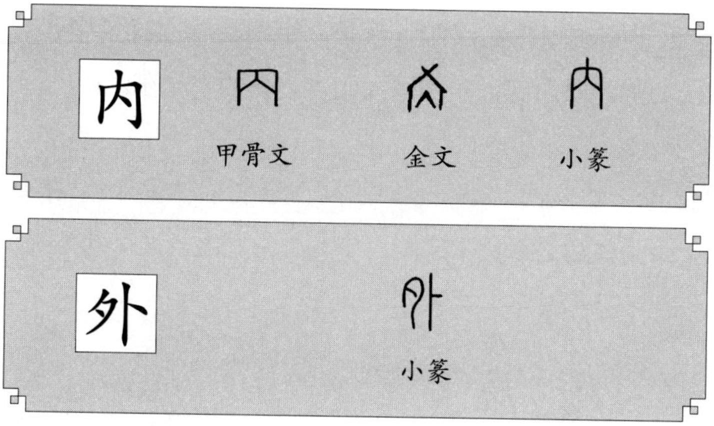

（一）

首先要说明的是，“内”原本写作“內”（“人”与“入”之别）。《说文》曰：“內，入也。从冂入，自外而入也。”

其次要讨论的是，“内”究竟是从“冂”（音 jiōng），还是从“宀”（音 mián）。

什么是“冂”？“冂”即“同（冏）”。许慎曰：“邑外谓之郊，郊外谓之野，野外谓之林，林外谓之冂。象远界也。”《尔雅·释诂》云：“从同者多训远。”《说文解字部首订》云：“冂象远界之表，犹今邑界所桀（义为‘禁’）木石，俗名界牌者。”综上所述，仿佛“内”之义与“冂”相去甚远。

什么是“宀”？许慎曰：“宀，交覆深屋也。象形。”段玉裁注：“古者屋四注，东西与南北皆交覆也。有堂有室，是为深屋。”王筠言：“（宀）乃一极两宇两墙之形也。”简言之，“宀”像房屋的形状。金文“内”写作“”，它的外框“”不是正像屋形吗？林义光《文源》云：“象屋形，入其中，为内象。”据此，笔者赞同“从宀”说。

“内”有一义为皇宫（大内），亦可作为“从宀”之佐证。《韵会》云：“房室曰内，天子宫禁曰内。汉制，天子内中曰行，内犹禁中也。唐有三内，皇城在长安西北隅，曰西内。东内曰大明宫，在西内之东。南内曰兴庆宫，在东内之南。”

“内”（音 nà）古文同“纳”。周法高《金文诂林》云：“张日昇曰：‘金文从宀从入，疑为休盘之入门本字。引申为外内之内，又孳乳为出纳之纳。’”

（二）

《康熙字典》云：“外……内之对。”笔者以为，既然“内”之义是“自外而入也”，则“外”之义就应该是“自内而出也”。

可是，《说文》释“外”则是：“远也。卜尚平旦，今夕卜，于事外矣。”

许君之言颇为费解。经反复揣摩，笔者觉得，他是说“外”的本义有二：一为“远”。诸如外地、外国、海外、域外，都是相当遥远的。其二，“外”字“从夕卜”，会意为“例外”。徐锴注：“古者君子重卜者决疑于神明，当尚早，今夕卜，是于事疏外也。”张舜徽《说文解字约注》云：“卜尚平旦，乃常例也。若遇急难，则不暇择时，即以夕卜之，此乃稀有之事。许云‘于事外矣’犹今人言例外也。”

“外”的引申义众多，择其要者：

1.《尔雅·释亲》：“母之考为外王父，母之妣为外王母。”旧时称母亲、妻子方面的亲属为“外戚”。

2. 疏远。《周易 · 泰卦彖传》："内君子，而外小人。"

3. 外表。《庄子 · 天下》："是故内圣外王之道，闇而不明，郁而不发。"

4. 古代，夫妻以内外互称，丈夫称妻子为"内子"；妻子称丈夫为"外子"。清人钱大昕《恒言录》云："夫妇相称曰外内，晋、魏以前无之。"

表和里

一到冬季，人们为御寒保暖，都得由表及里添衣加衫。

“表”和“里（裏）”，原本都属“衣”部，它们都是衣服，或是衣服的一个组成部分。

“表”是个会意字，小篆字形为“衣”字中间加个“毛”字。《说文》曰：“表，上衣也。从衣从毛。古者衣裘，以毛为表。”许慎所说“上衣”，并非今天的上装，而是指穿在最外面的衣服。段玉裁注：“上衣者，衣之在外者也。”

这里值得一表的是，古代物质匮乏，衣裘不易；官府为了表示清廉，特地立下规矩，“表裘不入公门”。（见《礼记·玉藻》）于是，官员们纷纷用“上衣”套在外面以遮人耳目，这就是典型的表面文章。久而久之，套在外面的那件“上衣”就成了礼服。

由于“表”有套在外面的衣服这层意思，就引申出“表相”“表征”“外表”等词语；“表”又引申为“表率”“榜样”等。包拯《乞不用赃吏》云：“廉者，民之表也。”这里的“表”也可通“标”。

“里（裏）”，原意是“夹里”，可别理解为“内衣”。许慎解释为“衣内也，从衣里声。”《急就章》云：“衣外曰表，内曰里。”《诗经 · 邶风 · 绿衣》有“绿衣黄里”之句，用现在的话说，就是绿色的面子，黄色的里子。

“表”和“里”连在一起就有了“内外”之义。有个成语“表里山河”，语出《左传 · 僖公二十八年》：“若其不捷，表里山河，必无害也。”是说内外都有山河之险要可以作为防守。

另一则成语“表里如一”，朱熹说：“行之以忠者，是事事要着实，故某集注云：‘以忠，则表里如一也。’”他的意思是说：说到做到，表里如一，这才叫“忠”。同理，如果表里不一，那就是不忠！

值得一提的是，“裏”及其异体字“裡”在简化时把它的外衣脱得精光，只剩下“里”了。

“里”字古已有之，其义有二：

1. 作里程解，《正韵》云：“路程，今以三百六十步为一里。”如今以五百米为一里。

2. 代指居住的区域，《周礼 · 地官 · 遂人》云：“五家为邻，五邻为里。”《风俗通》则说：“五家为轨，十轨为里。里者，止也，五十家共居止也。”

在这里，有必要提醒一下爱写繁体字的书法家，如果题写街坊牌匾，千万别把“永安古里”写成“永安古裏”，也不要把“三元里”写成“三元裏”哦！（参见本书《“上海裡”在哪里》）

快和慢

“快”和“慢”这对反义词，通常理解为运动速度上的差别。前者形容迅捷，如：脚步极快，车速飞快。后者表示迟缓，如：他步子渐渐放慢，他车子越开越慢。

然而，这不是“快”“慢”二字的本义，它们既不属“走”部，也不是“车”旁，而是从“心”，同属心理活动。

“快”的本义为“高兴”“痛快”。《说文》曰：“快，喜也。从心夬声。”《战国策·秦策》曰：“文信侯去而不快。”《广韵》云：“快，称心也，可也。”《后汉书·盖勋传》：“王允曰：‘欲得快，司隶校尉谁可作者。’”由“痛快”又引申为“舒畅”，如宋玉《风赋》：“快哉此风。”又引申为“爽快”“豪爽”，如《颜氏家训·勉学》：“人见邻里有佳快者，使子弟慕而学之。”

形容动作迅速，只是“快”的通俗用法，已与心理活动无关。《正字通》云：“俗谓急速曰快。”例如，《晋书·王湛传》：“此马虽快，然力薄不堪苦行。”再如，《世说新语·汰侈》：“彭城王有快牛，至爱惜之。”由“速度快”

引申出“锋利”之义，如李商隐《行次西郊作》诗云：“快刀断其头。”又引申出“接近”“将要”之义，如：天快亮了，她快七十岁了。

“慢”，作形容词时其义为“懒惰”；作动词时其义为“轻慢”。《说文》曰：“慢，惰也。从心曼声。一曰慢，不畏也。”《广韵》云：“慢，怠也，倨也，缓也。”诸葛亮《出师表》：“责攸之、祎、允等之慢。”其中的“慢”则表示“怠惰”。《左传·昭公二十年》曰：“政宽则民慢，慢则纠之以猛。”这里的“慢”即为“傲慢”（不畏惧）。

“慢”与“快”相对时，即表示速度缓慢，白居易《琵琶行》诗有云：“轻拢慢捻抹复挑。”亦表示动作迟缓，如“慢条斯理”。有“慢声”一词，作曲调悠扬、节奏舒缓解。又有“慢工细活”一语，用以形容操作仔细，产品精致。

“慢”还有一义为“不尊重”。《荀子·君子》曰：“敬贤者存，慢贤者亡。”《左传·庄公八年》曰：“君使民慢，乱将作矣。”

巧和拙

“巧”与“拙”是一对反义词。在通常情况下，“巧”为褒义，“拙”为贬义。其实，无论是“巧”字，还是“拙”字，各自都有褒、贬两端。此话怎讲？请看拙文。

先说“巧”。《周礼·冬官·考工记》曰：“天有时，地有气，材有美，工有巧。合此四者，然后可以为良。”何谓“工有巧”？《说文》：“巧，技也。从工丂声。”《说文》：“技，巧也。从手支声。”这就是说，工匠必须具有精美的技艺。

《广韵》释“巧”为“好也”。此乃引申义。于是就有了：巧手、巧匠、巧思、巧构、巧夺天工、巧妙绝伦等词语。还有个词叫“巧笑”，语出《诗经·卫风·硕人》：“巧笑倩兮，美目盼兮。”用以形容美人的笑容。《文选·曹植〈七启〉》云：“南威为之解颜，西施为之巧笑。”

以上诸多“巧”义，皆为褒义无疑。至于“巧合”“巧遇”等，当属中性，无所谓褒贬。

“巧”，在特定的语言环境里是会成为贬义的。譬如“巧言”，最初见于《诗经·小雅·雨无正》：“哿（gě）矣能言，巧言如流，俾躬处休。”用以夸赞能说会道之人。可是，“巧舌如簧”“巧言令色”“巧语虚言”之类，都是给“出言虚伪，厚颜无耻”者写照用的。再如巧佞（奸诈机巧）、巧媚（机灵而善谄媚）之徒，其嘴脸之丑陋无不令人作呕！

再说“拙”。《说文》曰：“拙，不巧也。从手出声。”段玉裁注：“拙，不巧也，不能为技巧也。”

《广雅》云：“拙，钝也。”是为迟钝、笨手笨脚之义。

《释名》云：“拙，屈也。使物否屈，不为用也。”《战国策·齐策四》云：“教人而不能，则谓之拙。”《墨子·贵义》云：“不利于人谓之拙。”这里的“拙”是无用的意思。

唐·陆龟蒙《酒樽》诗云：“黄金即为侈，白石又太拙。”这里的“拙”作粗劣解。

……

说了“拙”的那么多的不是，都属贬义，哪里有什么褒义？有，当然有！先读两句李白的诗句：“拙妻好乘鸾，娇女爱飞鹤。”（见《题嵩山逸人元丹邱山居》）诗中的“拙”乃自谦之词。“拙妻”与“拙室”“拙妇”“拙荆”同义，皆为对自己的妻子的谦称。

舞文弄墨之人爱称自己的作品是“拙作”“拙著”。谁知道说的是不是真话，或许是嘴上这么说，心里却是乐滋滋的呢。

《道德经》第四十五章有“大巧若拙”之语，由此而产生成语“藏巧于拙”，意思是说有才能而不显示出来。明·洪应明《菜根谭》云：“藏巧于拙，用晦而明，寓清于浊，以屈为伸，真涉世之一壶，藏身之三窟也。”

成语“弄巧成拙”的意思是说，本想取巧，结果反而显露出笨拙之象，实在是枉费心机。语出黄庭坚《拙轩颂》：“弄巧成拙，为蛇画足。”也许有朋友会问：既然“巧”与“拙”是一对反义词，那么，能不能反其意而用之，说成

"弄拙成巧"？笔者觉得，尽管"弄拙成巧"不能当作成语，却也是有故事可言的。岳飞之孙岳珂著《桯史》，内有《徐铉入聘》篇，正是"弄拙成巧"一语的最好印证。

徐铉（917—992），五代宋初文字学家。字鼎臣，扬州广陵（今江苏扬州）人。初仕南唐，后归宋，官至散骑常侍。与其弟、文字学家徐锴并称"大小二徐"。徐铉曾与句中正等校订《说文》，世称"大徐本"。

徐铉不但精通文字学，而且口才特别好，名噪一时。故南唐后主李煜多次遣徐铉使宋。赵匡胤自知宋朝廷臣中论口才无人能敌徐铉，便心生一计，选了一名不识字的殿侍之人，让他去接待南唐使者徐铉。招待宴席之上，徐铉果然"词锋如云，旁观骇愕"，而主持接待的殿侍者始终"唯唯"，别无他语。陪同数日，都是如此。至此，徐铉"亦倦且默"，就像秋后的茄子——蔫了。

以拙对巧巧亦拙，乃"三句不开口，神仙难下手"之精髓也。

易和难

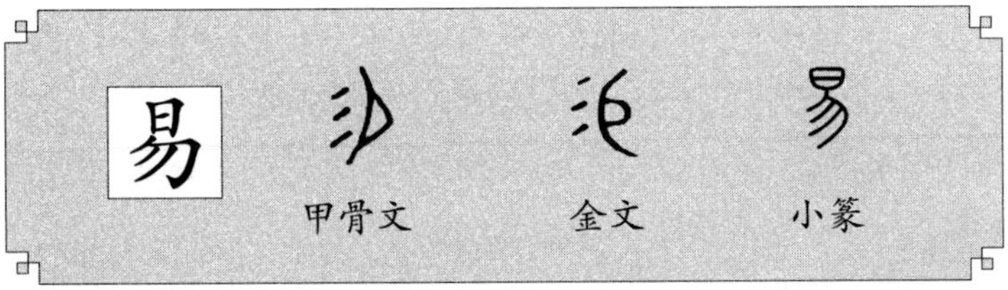

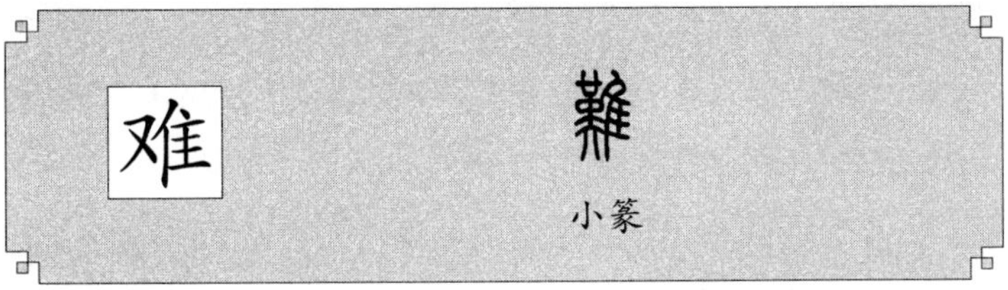

（一）

现在的字典辞书，“易”字的第一个义项往往是：容易；不费力；与“难”相对。

有个成语叫“易如反掌”，源于《孟子·公孙丑上》：“以齐王，由反手也。”赵岐注：“以齐国之大，而行王道，其易若反手也。”《汉书·枚乘传》：“变所欲为，易于反掌，安于太山。”

笔者以为，若欲解说“易”字，绝非“易如反掌”之事。

《说文》曰：“易，蜥易，蝘蜓，守宫也，象形。祕书说①：‘日月为易，象

① 后人有将“祕书说”当成“《祕书》说”，进而将《祕书》说成“纬书”。大谬也！“祕书”即贾祕书，或称贾侍中，乃许慎之师贾逵。许慎尊师重教，故避恩师之名讳。

阴阳也。'一曰从勿。"笔者先把许慎的这段话分析一下。他认为"易"有两说：一说"易"是象形字，它"上象首，下象四足"，就是蜥易（蜥蜴），也叫蝘蜓、守宫；另一说是会意字，据贾逵说，这个字"上从日象阳，下从月象阴。日月为易，刚柔相当"。郭沫若认为"易"是"晹"的初文，"惟易原意为乍晴乍阴，故引申为变易、交易等意"。

众所周知，许慎编著《说文》之时，没有见到过甲骨文字，故以"上'日'下'勿'"的小篆字体解说。后来的人看到的甲骨文"易"，跟小篆"易"简直是天差地别，正如李孝定在《甲骨文字集释》中所言："许君并举二说，正见其无所适从，契文、金文均不象蜥易之形，亦与日月若勿字绝远。"

那么，先哲造甲骨文"易"的初衷是什么？笔者忽然想到荆轲吟唱《易水歌》的悲壮故事：荆轲即将西行刺杀秦王，燕太子丹在易水之滨为他饯行。高渐离击筑，荆轲和而歌之："风萧萧兮易水寒，壮士一去兮不复还！"

咦，甲骨文的"易"字就是一幅"易水"的简略图形啊！何以见得？据《辞海》说：易水有中易、北易、南易之分，其源皆出于河北省易县境，汇合后入南拒马河，东南流注大清河。你瞧甲骨文的""，不正是描绘的三条河水向一处汇合之状吗？

值得注意的是，"易"在古文中常常是"赐"的假借字（参见《盂·盂》插图说明："疆土易女"即"疆土赐汝"）。

（二）

解"難"字，难在哪里？这个字不属隹部，而属鸟部。此一难也。《说文》曰："鶧，鸟也。从鸟堇声（徐铉注音：那干切，即 nán）……或从隹。"它的形旁原本是"鸟"，从"隹"是或体字。笔者倒觉得，"改鸟为隹"，大有好处：如今声符"堇"简化成"又"，它若从鸟，岂不是"难""鸡"不分了吗？

作为“支翅鸟”（此说见《汉典》）的“難”，怎会成为“不易”之“難”的？此二“難”也。清代邵瑛所撰《说文解字群经正字》云：“今经典从或体而又讹作難，并假借为難易之難，或厄難之難，或诘難之難，此亦从汉碑始。”段玉裁云：“今为難易字，而本义隐矣。”

“难”有三读，且各有多义，解说起来难免挂一漏万。此三难也。

一读 nán，困难之“难”。如今是个“造词的时代”，这个“难”字常作为后缀，加在词或词组的后面，表示办某些事存在较大困难，如：上学难、看病难、买房难，难得一塌糊涂。形容艰难之极的诗句，莫过于李白的“蜀道之难，难于上青天！”于是就有了“比登天还难”这个说法。

二读 nàn，灾难之“难”，《广韵》曰：“难，患也。”通常指人为产生的祸害，尤其是战乱带来的不幸。《易传·否》云：“君子以俭德辟难，不可荣以禄。”《孙子·谋攻》云：“三军既惑且疑，则诸侯之难至矣。”有“发难”一词，特指发动反抗或制造叛乱。《汉书·项籍传》曰：“天下初发难，假立诸侯后以伐秦。”

三读 nuó，古同“傩”。

最后说一下“难字”和“难句”，切莫以为它俩是近义词，二者的意思大相径庭。“难字”者，指生僻的、不容易辨识的字。“难句”可不是理解不了的语句，而是指难得的佳句。

收和放

（一）

“收”“放”二字原本同属“攴（pū）”部。《说文》曰：“收，捕也。从攴丩声”；“放，逐也。从攴方声”。

先说说“攴”。许慎说它是形声字：“小击也。从又卜声。”也有学者认为，“攴”是个会意字，“又”就是手，“卜”像一小锤（或小棍），手里拿着个小锤子（或小棍子），则表示敲击，是一种教刑，也有“扑打”“挞伐”之义。

再看看许慎对“收”“放”的定义：“收，捕也”；“放，逐也”。由此可见，它俩都与刑事有关。假设有一位司法官员，把小锤子一敲，下令“收”，就是叫捕快去收捕犯人，或将犯人收监；把小锤子一敲，下令“放”，就是叫手下把关押的犯人放逐（或释放）出去。直到今天，法官宣判时仍敲击法槌以定音。

可是，后来的字典辞书将它们分属两个部首：“收”在“攴”部，“放”在“方”部。

（二）

每当深秋之时，放眼田野，稻浪翻滚，遍地铺金，正值收获季节。

秋收，是一个极为美妙的词语，经由春播夏管，辛勤劳作，终于取得收获，务农之人怎不欣喜万分？笔者想，此时此刻，是无须法官用小锤子敲击的；如果有小锤子或小棍棒，那也是用它敲锣打鼓，放飞喜悦之情，借此庆贺。

也许是出于勤俭，庄稼收割时有句口号叫“颗粒归仓”，意思是稻穗一点儿也不能丢弃在田地里。不过，古人是不主张“颗粒归仓”的，在收割时总是有意无意地将一些稻穗散落在地里，这样，就可以让孤寡之人去拾取，也可让除虫有功的鸟雀啄食。

在“收”的时候“放”掉一点儿，足见我们的先民何等“宅心仁厚，慈悲为怀”呀。

孟·盂

《说文》曰："伯，长也。"又曰："孟，长也。"这就是说，"伯""孟"都是老大。那么，"伯"和"孟"有区别吗？有。《礼纬》云："嫡长曰伯，庶长曰孟。"乃嫡、庶之分。

"孟"是上"子"下"皿"。这个字表示旧时的接生方法，"皿"是接生用的盆子。时至今日，人们还把生小孩称作"临盆"。第一次生产，见小孩子安安全全地掉进盆里，猛地一阵惊喜，于是老大就叫他（她）"孟"吧。古代有"孟姜女"者，她就是姜家生的老大。

"盂"是上"于"下"皿"，《说文》解释为"饭器也"。《段注》云："饮器也……杅即盂之假借字……杅盛汤浆。"《史记·滑稽列传》云："操一豚蹄，酒一盂。"扬雄《方言》云："宋楚魏之间，盌谓之盂。"故和尚用的饭碗名为"钵盂"。通常而言，"盂"为圆形，亦有方形。《韩非子·外储篇》云："君犹盂也，民犹水也。盂方水方，盂圆水圆。"

上海博物馆曾有青铜器"大盂鼎"，乃该馆的镇馆之宝。这尊宝鼎系周康王时期的功臣“盂”所铸，于清道光初年在陕西眉县礼村出土。

大盂鼎高 100.8 厘米，口径 78.3 厘米，重 153.3 千克。该鼎内壁有铭文 291 字，内容为：周王告诉盂，殷代因酗酒而亡国，周代忌酒而兴，命令盂一定要很好地辅助他，敬承文王武王的德政。铭文还详细记载了康王给盂的赏赐：“给你一卣香酒、头巾、蔽膝、木底鞋、车、马；赐给你先祖南公的旗帜，用以巡狩，赐给你邦国的官员四名，人众自驭手至庶人六百五十九人；赐给你异族的王臣十三名，夷众一千零五十人……”赐予如此之丰，足见恩典之隆。①

与大盂鼎同时出土的小盂鼎，原器已经佚失，现存铭文拓片，计有 390 字，漫漶不清。

打油诗云：

形近之字要当心，十目一行细辨认。
盂盂差别在子于，细微之处见精神。

① 图为大盂鼎铭文（局部），系叶文宪先生提供。第一行“曰盂廼召夹”；第二行“我一人粈四方”；第三行“疆土易女邑”。笔者按：“易女”即“赐汝”。

汨·汩

打油诗曰：

汨汩二字难区分，实因字形太相近。
汨旁日者细高个，屈原汨罗江中沉。
汩从曰字形体扁，汩汩摹仿水流声。
打油一首意难尽，写篇杂谈献诸君。

“汨”，音 mì。它是名词，乃河流之名称。《说文》释义为：“长沙汨罗渊，屈原所沉之水。”

“汨罗”实为二水，《一统志》云：“汨罗，江名，在湘阴县北十里。源出豫章，流经湘阴，分二水，一南流曰汨水，一经古罗城曰罗水，至屈潭复合，故曰汨罗。西流入湘。”

值得一提的是，“汨”的读音 mì，是由于“日”有一个读音为 mì。汉武帝时，有位名臣叫金日磾。“日磾”二字读作“mìdī”，千万千万不能读成“rìdān”。

“汩”，音 gǔ，它的本义为治水、疏通。现多用于“汩汩”。

象声词“汩汩”，古今运用甚广，其义大致有五：

1. 形容水或其他液体流动的声音。《文选·木华〈海赋〉》：“崩云屑雨，浤浤汩汩。”李善注：“浤浤汩汩，波浪之声也。”元·康进之《李逵负荆》第二折：“那老儿拿起瓢来，揭开蒲墩，舀一瓢冷酒来，汩汩的咽了。”《老残游记》第三回：“池中流水，汩汩有声。”又形容水急流貌。《文选·枚乘〈七发〉》：“恍兮忽兮，聊兮慄兮，混汩汩兮。”吕延济注：“混汩汩，相合疾流貌。”唐·韩愈《流水》诗：“汩汩几时休，从春复到秋。”

2. 盛貌。唐·寒山《诗》之八十八：“不肯信受寒山语，转转倍加业汩汩。直待斩首作两段，方知自身奴贱物。”唐·元结《咸池》诗：“至德汩汩兮，顺之以先。”

3. 沉没；沦落。晋·王羲之《用笔赋》：“没没汩汩，若濛汜之落银钩；耀耀晞晞，状扶桑之挂朝日。”宋·林逋《杂兴》诗之二：“一壑等闲甘汩汩，五门平昔避炎炎。”

4. 动荡不安貌。唐·杜甫《自阆州领妻子却赴蜀山行》诗之一：“汩汩避群盗，悠悠经十年。”宋·王安石《答王逢原书》：“不见已两月，虽尘劳汩汩，企望盛德，何日忘之？”

5. 比喻文思源源不断或说话滔滔不绝。唐·韩愈《答李翊书》：“当其取于心而注于手也，汩汩然来矣。”邹韬奋《患难余生记》第一章：“不，他还有奇谈汩汩而出。”

拙文《汩·汩》，也就是“掉书袋”而已，绝不是什么“汩汩而出”之奇谈，如有不妥，敬请读者诸君鉴谅。

沁·泌

（一）

“沁”的意思有：

1. 水名。《说文》曰：“沁，水。出上党羊头山，东南入河。”据《汉书·地理志》记载：“羊头山世靡谷，沁水所出，东南至荥阳入河，过郡三，行九百七十里。”段玉裁注：“三郡，上党、河内、河南也。”

2. 地名。河南省西北部有沁阳县，因地处沁水下游之北岸（水北为阳）而得名。1989 年 9 月 27 日撤县设市。沁阳市直属于河南省，由焦作市代管。

3. 渗入或透出。一般指香气。朱骏声《说文通训定声》云：“（沁）假借为浸。按唐人诗咏为沁脾字，此渍灌之意。”唐彦谦《咏竹》诗云：“醉卧凉阴沁骨清，石床冰簟梦难成。月明午夜生虚籁，误听风声是雨声。”

4. 汲水。韩愈、孟郊《同宿联句》云：“义泉虽至近，盗索不敢沁。”颜师古注：“北人以物探水为沁。”

（二）

“泌”的意思有：

1.《说文》曰：“泌，侠流也。”段玉裁注：“侠流者，轻快之流，如侠士然。”《玉篇》云：“泌，狭流也。”意即：水从狭隘处急流而出。《康熙字典》云：“泌……一曰泉貌。”《诗经·陈风·衡门》：“泌之洋洋，可以乐饥。”孔颖达疏：“泌者，泉水涓流不已，乃至广大也。”

2. 河流名。有两条名“泌水”的河流：一在河南省西南部，唐河上游的别称，现称之为“泌阳河”；一在山东省中部，源出肥城，流入汶水，现称“卫鱼河”。

3. 县名，即泌阳县，位于河南省南部，泌阳河北岸。西汉时设比阳县，比也作沘，是泌河的原名。比阳县治即今泌阳县城。①

（三）

民国时期，曾因将“沁”误写成“泌”，从而铸成大错，导致一场战争失败。事情是这样的：

1930 年 5 月，冯玉祥跟阎锡山联手，与蒋介石在河南南部进行了一场中原大战，双方投入了 100 多万兵力。战前，冯阎会商，各派精锐部队到河南西北部的沁阳会合，然后集中兵力一举歼灭驻守在河南的蒋军。会后，冯玉祥属下的一名作战参谋拟定紧急命令如下：“命令某某部，昼夜兼程，直插泌阳，与阎锡山部会师……”

冯玉祥部下奉调集结参战的部队长官接到调动军令后，非常惊讶：总部到底是怎么搞的，怎么要到泌阳与阎锡山部会师，那儿可是靠近蒋介石势力范围的地方啊！但是，由于冯玉祥平时治军甚严，部下早已养成“军人以服从命令

① “泌”，音 bì。又读作 mì，是分泌之义。此义不在本文讨论范围，从略。

为天职”的习惯，故未向总部询问，立即带领部队星夜赶赴远离真正会师地点沁阳 300 多公里的泌阳。这样一来，就使冯玉祥的军队误入泌阳，因而贻误了聚歼蒋军的有利战机，让蒋军争得了主动权。

在近半年的中原大战中，冯玉祥的军队处处被动挨打，最后导致中原大战以蒋的胜利、冯阎联军的失败而告终。那名粗心大意的参谋也因“多一撇”而受到军法处置，断送了性命。

冷·泠

泠冷二字形相近，书写之时须留神。

两点三点细区分，前人早已作提醒。

泠字三点乃河水，长江支流在宣城。

冷属仌部义为寒，天寒地冻水结冰。

以上八句乃笔者即兴所作打油诗，自以为已能讲清楚辨别“冷”“泠”之法。转念一想，实乃挂一漏万，大有展开之必要。

先说“泠”，它的本义指“泠水”。《说文》曰：“泠，水。出丹阳宛陵，西北入江。从水令声。”段玉裁云：“丹阳郡宛陵……今安徽宁国府附郭宣城县，汉故县也……泠水即今宣城县西六十里之青弋江……经芜湖城南而西北注之……此水三源：东南源出旌德南；南源出太平南；西南源出石埭西北。”然而，除安徽宣城的那条“泠水”外，《康熙字典》还列出好几条同名河流：“又关中有泠水。《水经注》：泠水，出浮胏山。又零陵有泠水。《水经注》：泠水，南出九疑山，北流经泠道县。又桂阳曲江县有泠水。《水经注》：泠水出泠君山。又清泠，水名。张衡《西京赋》：耕父扬光于清泠之渊。注：在南阳西鄂山上。”

“泠”用以形容轻妙之貌。《庄子 · 齐物论》曰：“列子御风而行，泠然善也。”有清凉之义。李白《登太白峰》诗云：“愿乘泠风去，直出浮云间。”

有“泠泠”一词。1. 作状声词，摹拟清脆激越之声。陆机《文赋》：“文徽徽以溢目，音泠泠而盈耳。”2. 作清澈解。宋玉《风赋》：“清清泠泠，愈病析醒。”刘长卿《听弹琴》诗：“泠泠七弦上，静听松风寒。”3. 形容言谈清逸脱俗。《醒世恒言 · 灌园叟晚逢仙女》：“举目看，十八姨体态飘逸，言词泠泠有林下风气。”

“泠”古通“伶”。《左传 · 成公九年》曰：“晋侯见钟仪，问其族。曰：‘泠人也。’”《正义》云：“泠氏世掌乐官而善，故后世名乐官为伶官。”

“冷”较“泠”易解。《说文》曰：“冷，寒也。”它与“热”“暖”相对。白居易《乌夜啼》诗：“画堂鹦鹉鸟，冷暖不相知。”

“冷”可作“冷遇”解。杜甫《醉时歌赠广文馆学士郑虔》：“诸公衮衮登台省，广文先生官独冷。”不畅销的货物，叫作“冷货”；报刊上不常见的字，称为“冷字”；书市里不热门的书，就叫“冷书”……

“冷”与“泠”字形相近，《六书正讹》特地指出：“（冷）别作泠，非。泠乃水名。”这里所说的“别”，是指“别字”。

文末，说一则当代文坛趣事。启功先生曾担任西泠印社社长。在印社举行的某次例会上，启功谈及“西泠”下一步该如何如何时，竟有一位“文化人”轻轻地提醒他：“不是‘西泠’，是‘西冷’。”启功大师笑呵呵地回应那位“好心人”说：“你冷，我不冷。”

章·竟

“章”和“竟”，字形很相近，字义有关联。本文只说“章”，下篇再说“竟”。

首先要谈的是“章”这个字究竟是上“立”下“早”，还是上“音”下“十”？《现代汉语词典》《新华字典》在“立”部和“音”部都有“章”字；而《辞海》《现代汉语规范词典》里，“章”只在“音”部。

笔者一向不赞成一个字从属两个部首，那样做简直就是浪费资源。笔者以为，“章”字理应属于“音”部，这是由“章”的本义所决定的。

《说文》音部曰：“章，乐竟为一章。从音从十。十，数之终也。”段玉裁注：“乐竟为一章；歌所止曰章。从音十，会意。”徐灏云：“《诗·颂》：‘十篇为什。’按：乐曲十篇为一章，此章之本义，因之为篇章。”弄清了“章”的本义，其从属于“音”部无疑矣。

徐灏又说：“（章）引申为条理节目之称。”这就表明，“章”的引申义众多：

由乐曲“篇章”之义，引申出“章节”，则可用以称诗歌之段落。《诗经·豳风·东山序》云：“一章言其完也；二章言其思也；三章言其室家之望女也；四章乐男女之得及时也。”亦可用以表示散文的段落，如长篇小说之“章回”。

“章”可作“采”解。《周礼·冬官·考工记》：“画绘之事，青与赤谓之文，赤与白谓之章。”于是引申出“文章”之义。《诗经·小雅·裳裳者华》云：“维其有章矣。”又特指红白相间的丝织品，如《古诗十九首》有名句：“终日不成章，泣涕零如雨。”

“章”又作“条”解，多用于法规。如《史记·高祖本纪》：“约法三章”；又如《史记·太史公自序》：“张苍为章程。”《集解》引如淳注：“章，历数之章术也。”

“章”还特指“奏章”。蔡邕《独断》云：“凡群臣书通于天子者四：曰章，曰奏，曰表，曰驳议。”还专指“印章”。《汉官仪》云：“吏秩比二千石以上，银印龟钮其文曰章，刻曰：某官之章。”

更加意想不到的，“章”竟是一种纪年法。《左传·僖公五年》曰：“日南至。”孔颖达疏：“步历之始，以朔旦冬至为首，历之上元，其年是十一月朔旦冬，至十九年闰月尽，复得十一月。朔旦冬至，故以十九年为一章，积章成部，积部成纪。治历者以此章部为法，以知气朔。”

此外，“章”还用于官名，如：汉代有千章侯；还是姓氏，如：秦将章邯；还是国名，“谢，章，薛，舒，吕，祝，终，泉，毕，过，此十国皆任姓。”

“章”之义要想一一说清爽，肯定是大费周章。笔者才疏学浅，难道其详，敬请读者多多原谅。

竟·竞

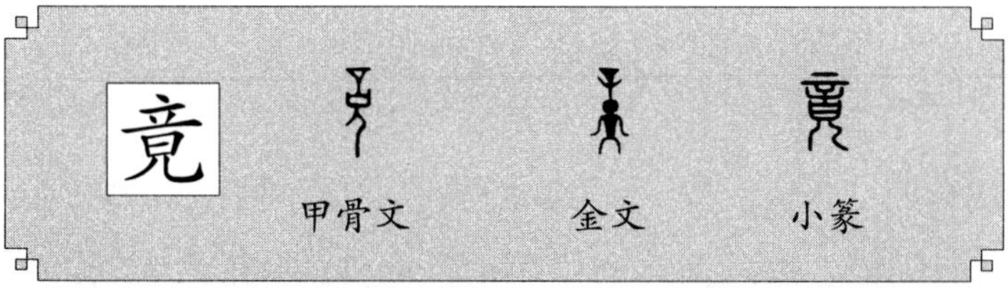

“竞”和“竟”字形酷似。不过，“竞”是个简体字，它原本写作“競”（两个“竞”相并立）。显而易见，繁体的“競”的字形跟“竟”毫不相干。

从造字的最初意图来看，“競”是不宜简化成“竞”的。《说文》曰：“竞，强语也。一曰逐也。从誩（jìng），从二人。”这就是说，“竞”有二解：一解为二人争辩。（段玉裁云“强语谓相争”，如小篆字形所表示。）《颜氏家训》云：“前在修文令曹，有山东学士与关中太史竞历。”王利器《颜氏家训集解》：“竞历，谓争论历法。”另一解为角逐、竞赛（如甲骨文字形所表示）。李孝定《甲骨文字集释》：“按：卜辞‘竞’疑为二人接踵，有竞逐之义。”无论是争辩，还是角逐，总是要有对象才行，只剩下一个人是不成的。

“竟”这个字属“音”部，表示它跟乐曲有关。《段注》云：“乐曲尽为竟，曲之所止也。引申之凡事之所止、土地之所止皆曰竟。《毛传》曰：‘疆，竟也。’俗别制境字。”

《康熙字典》云：“竟……穷也，终也。《史记·项羽纪》：‘籍大喜，略知其意，又不肯竟学。’《高祖纪》：‘岁竟，两家常折券弃责。’《前汉元帝纪》竟宁元年[1]，师古注：‘竟者，终极之言，言永安宁也。’《霍光传》：‘县官重太后，故不竟。’师古注：‘竟，穷竟其事也。’”

《左传·庄公二十七年》：“卿非君命不越竟。”《集韵》：“竟与境同，界也。”有个成语叫“入竟问禁”，现在写作“入境问禁”。语出《礼记·曲礼上》：“入竟而问禁，入国而问俗，入门而问讳。”孔颖达疏：“入竟而问禁者……竟，界首也。禁谓国中政教所忌。凡至竟界，当先访问主国何所禁也。”后来也作“入境问俗”，意思是要尊重当地的风俗习惯。

① 公元前33年。

怒·恕

“怒”和“恕”，同属心部，且字形相近，然而，二者其义相去甚远。

“怒”，《说文》曰“恚也”（恚音 huì）；《增修互注礼部韵略》曰“愤也”。本义是指“生气”“愤怒”这种心情。有道是“怒从心头起，恶向胆边生”，故历来都是劝人制怒、戒怒，正如颜师古《匡谬正俗》所云：“怒……从心从弩省，怒若强弩之发，人怒则面目张起，凡怒当以心节之。”

怎样才能做到不向他人发怒，这就用得着“怒”的形近字“恕”了。《说文》曰：“恕，仁也。从心如声。”段玉裁云：“是则为仁不外于恕。析言之则有别，浑言之则不别也。”

儒家认为“恕”是宽仁之道，当忖度其义于人。《论语·卫灵公》：“子贡问曰：‘有一言而可以终身行之者乎？’子曰：‘其恕乎！己所不欲，勿施于人。’”

厍·库

“厍（shè）”，一是用于地名，作村庄解（方言）；二是姓，东汉有厍钧。这个字属“厂（hǎn)”部。许慎曰：“厂，山石之崖岩，人可居。”徐灏云：“厂即岸字之省，厂厈岸皆相承也。”看到这个“厂”（不读 chǎng），则远古之人穴居之景象依稀可见。

“库”，兵车藏也，从车在广下。段玉裁云：“此库之本义也。引申之凡贮物舍皆曰库。”这个字属“广（yǎn）”部。《说文》解释为：“因广为屋，象对剌高屋之形。”徐灏云：“因广为屋，犹言傍岩架屋，此上古初有宫室之为也。”不难想见，古之“库”者，当属背后以岩当墙较为简单之建筑。

风 · 凤

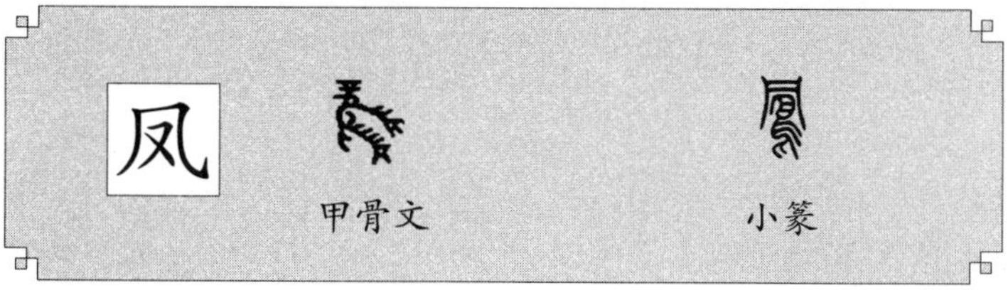

因为“风”和“凤”都是简化字，这才使两者的字形极其相似。而繁体的“風”“鳳”二字，除外衣相同外，几无相似之处。可是，追溯到甲骨文，它俩岂止字形相近，竟然就是一个字——在卜辞中，往往假借“鳳”为“風”(见右图)。

首先要提及的是，小篆体的“風”与“鳳”，都是形声字：“風”，从虫凡声；“鳳”，从鳥凡声。也就是说，它俩是同音字。

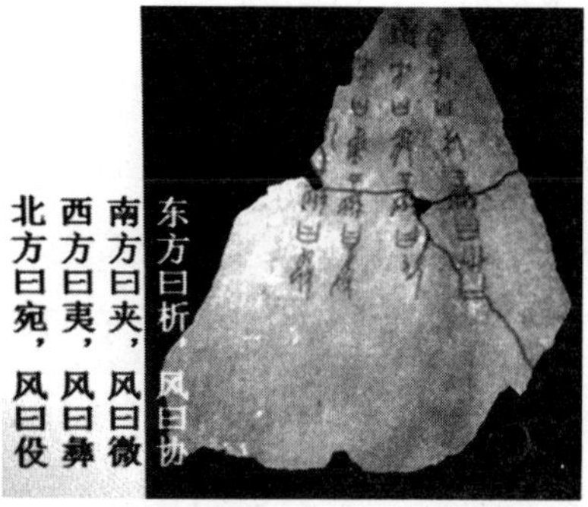

图片说明：这是近代大收藏家刘体智先生收藏的 28450 片甲骨中的一片牛肩胛骨，上面残存了 24 个甲骨文。1944 年，胡厚宣先生对其进行考证后，发表了有名的《甲骨文四方风名考》一文。他对这片牛肩胛骨的释文是：“东方曰析，风曰协；南方曰夹，风曰微；西方曰夷，风曰彝；北方曰宛，风曰役。”(以上文字引自叶文宪先生所著《趣味文字》一书)

接下来，笔者试以《“凤”为鸟之王》和《“风”从八方来》为题，简述“凤”“风”二字。

“凤”为鸟之王

“凤”和“龙”，是古人虚构出来的神鸟、神兽。在古代封建社会喻皇帝为龙，喻皇后为凤，即有“龙凤呈祥”一说。

如若仔细推敲，“龙凤呈祥”之说实在不妥。《庄子·逍遥游》言，北冥有鱼，其名曰鲲；化而为鸟，其名为鹏。“鹏”即古“凤”字。宋玉《对楚王问》云：“鸟有凤而鱼有鲲，凤凰上击九千里。”《尔雅·释鸟》云：“鶠凤，其雌凰。”以上所引例证足以说明，“凤”是神鸟“鹏”之雄者，“凰”是雌者。如是，“龙凤呈祥”岂不成了“同性恋”！

许慎曰：“凤，神鸟也。天老曰：‘凤之象也，鸿前麐后，蛇颈鱼尾，鹳颡鸳思，龙文虎背，燕颔鸡喙，五色备举。出于东方君子之国，翱翔四海之外，过崐崘，饮砥柱，濯羽弱水，莫宿风穴。见则天下大安宁。’从鸟凡声……凤飞，群鸟从以万数，故以为朋党字。鹏，亦古文凤。”后来的文字学家对《说文》的这一解释有作注的，有指疵的，有订正的。作注的如：“天老，黄帝臣”，“思”为古“腮”字，“崐崘”今作“昆仑”等。订正的如“鸿前麐后”当为“麐前鹿后”，“龙文虎背”应是“龙文龟背”。“莫宿风穴”中的“风穴”属严重差错，“凤”怎么会暮宿于生风之穴？原来，是把“丹穴”误作了“风穴”。《山海经》云：“丹穴山，鸟状如鹤，五采而文，名曰凤。”《孔演图》言之更详：“凤为火精，生丹穴，非梧桐不栖，非竹实不食，非醴泉不饮，身备五色，鸣中五音，有道则见，飞则群鸟从之。”

《大戴礼》云：“羽虫三百六十，凤凰为之长。”凤凰凭什么能成为羽虫之长？这是因为它的“五音”很是吉祥。《广雅》曰：“雄鸣曰即即，雌鸣曰足足，昏鸣曰固常，晨鸣曰发明，昼鸣曰保长，举鸣曰上翔，集鸣曰归昌。”尤为值得称道的是，凤凰具有“五德”：“五德其文者，首文曰德，翼文曰义，背

文曰礼，膺文曰仁，腹文曰信。”（语出《山海经·丹穴山》）

凤凰乃“五音”“五德”兼具之鸟，它怎不是神鸟，怎不成百鸟之王？然而，神鸟之“凤”，其字之构造竟是“凡鸟”。由此看来，造字之人的心情是相当矛盾的呀。

“风”从八方来

有首名叫《风从哪里来》的歌，笔者听了好几回，也没听清楚风究竟是从哪里来的。

《河图》云：“风者，天地之使。”那就是说，风是从天地间生出来的。《元命包》云：“阴阳怒而为风。”实际上是冷热空气碰撞而形成的，其威力之大，“以动万物也”。庄子很浪漫，在《齐物论》里发出感叹：“大块噫气，其名为风！”不过，笔者的《“风”从八方来》仅是小品文，绝非“大块文章”。

笔者发现，“风”跟“八”有特多关联。

先说“八方”：成语有“八面威风”。但八方之风并不都是威风凛凛，有的很温暖，有的很柔和。许慎参照《淮南子·天文》与《史记·律书》解说“八风”：“东方曰明庶风，东南曰清明风，南方曰景风，西南曰凉风，西方曰阊阖风，西北曰不周风，北方曰广莫风，东北曰融风。”按段玉裁的话说，“八风”就是“八卦之风也”。

再说“八音”：“风”有声响，于是又有了“八音”之说。《左传》服虔注云：“乾音石，其风不周；坎音革，其风广莫；艮音匏，其风融；震音竹，其风明庶；巽音木，其风清明；离音丝，其风景；坤音土，其风凉；兑音金，其风阊阖。”不同的风声，就如同用不同材质制成的乐器奏出之音，奇异无比。宋代大文豪欧阳修的《秋声赋》，堪称用文字模拟风声的绝世佳作。

八个方向刮来的风，又与八个时令紧扣，即什么时令刮什么风。《史记·律书》记载：“东北方条风，立春至。东方明庶风，春分至。东南方清明风，立夏至。南方景风，夏至至。西南方凉风，立秋至。西方阊阖风，秋分至。西北方不周风，立冬至。北方广莫风，冬至至。”

八个时令的风，各自的作用不同。《白虎通》有言：“条者，生也；明庶者，迎众也；清明者，芒也；景者，大也，言阳气长养也；凉，寒也，阴气行也；阊阖者，咸收藏也；不周者，不交也，言阴阳未合化矣；广莫者，大莫也，开阳气也。”

“风”为什么会从“虫”？它既具体，又无形，象形造不出，指事也难成，要造此字，真伤脑筋。先人发现，条风主生，东北风立春而至后八日，昆虫则纷纷化出。《大戴礼记》云：“八主风，风主虫，故虫八日化也。”段玉裁云：“谓风之大数尽于八，故风之字从虫。”

秀·秃

许慎著《说文》之时亦有苦衷，主要是有的字不能解释、不好解释。

东汉开国之君光武帝刘秀的“秀”字，许慎说是“上讳”[①]。这个字忌讳，不作解释。不过，即使不避讳，“秀”字也不便解释。你道为何？这是因为“秀”有一解是“秃”——没头发。如果按此义解释，光武帝不就成了“光头皇帝”。许慎老儿有几颗脑袋？

“秀”，本指禾类植物开花或结实。《论语·子罕》：“子曰：‘苗而不秀者有矣夫，秀而不实者有矣夫！’”朱熹注：“谷之始生曰苗，吐华曰秀，成谷曰实。盖学而不至于成，有如此者，是以君子贵自勉也。”成语“秀而不实”出于此，谓庄稼生长却不吐穗扬花，比喻人资质优异而终无结果。

那么，“秀”怎么会跟“秃”等同的呢？先看一下《说文》释“秃”：“无发也。从人，上象禾粟之形，取其声。”值得注意的是，禾粟的“粟”是个替

① 通观《说文》，东汉帝名言“上讳”者计有五处：禾部“秀”，光武帝刘秀；艸部“庄（莊）”，明帝刘庄；火部“炟”，章帝刘炟；戈部“肇”，和帝刘肇；示部“祜”，安帝刘祜。

代字,《段注》云:“粟当作秀,以避讳改之也……象禾秀之形者,谓禾秀之颖屈曲下垂,茎屈处圆转光润如折钗股。秃者全无发,首光润似之……其实秀与秃古无二字,殆小篆始分之,今人秃顶亦曰秀顶,是古遗语。凡物老而椎钝皆曰秀。如铁生衣曰锈。”《说文解字注笺》亦云:“秀读曰透,声转为秃,实本一字。《尔雅·释草》曰:‘不荣而实者谓之秀。’人首无发即是不荣,因谓之秀。”段、徐二位不是生在东汉,故诠释“秀”字已无顾忌。

“秀”与“秃”古代既是一字,照此类推,“秀发”不就成了“秃发”?不可!《现代汉语词典》说:“秀发,美丽的头发。”《辞海》注解:“秀发,谓植物生长茂盛。语出《诗·大雅·生民》:‘实发实秀,实坚实好。’……形容人或诗文的神采。”

笔者以为:《现代汉语词典》和《辞海》对“秀发”的解释,如能合二而一,岂不更好?

现在,“秀”无处不在,诸如:舞台时装秀、电台脱口秀、荧屏达人秀……这“秀”、那“秀”,千万不能说成这“秃”、那“秃”哇!

侩·僧

“侩”的繁体字是“儈”。繁体的“儈”，字形与“僧”何其相近，稍不留神，就会搞混。怎样才能细分辨？弄清字义是关键。

“侩”“僧”二字，许慎《说文》未收，被徐铉按新附字收入。

先说“侩”。徐铉云：“侩，合市也。从人会，会亦声。”《汉书·货殖传》曰：“子贷金钱千贯，节驵侩。”颜师古注：“侩者，合二家交易者也。”段玉裁有一段解释“驵”的文字，云：“《史记》‘节驵会’，《汉书》作‘节驵侩’。驵（zǎng），马侩也。《广韵》引晋令，侩卖者皆当著巾，白帖额，言所侩卖及姓名，一足白履，一足黑履。盖驵者，本平侩买卖马之称。”由此，则有“侩牛”（撮合买卖牛的交易）、“侩豕”（撮合买卖猪的交易）之谓。

再说“僧”。徐铉云：“僧，浮屠道人也。从人曾声。”《康熙字典》云：“沙门也。梵音云僧伽，从浮屠教者，或称上人。梵语僧伽邪三合音，俗取一字，名曰僧。”确切地说，“僧”是指削发修行的男性佛教徒，俗称“和尚”；削发修行的女性佛教徒则称之为“比丘尼”，俗称“尼姑”。

细看“儈”和“僧”的字形，区分的关键点在于：“儈”字的声部“會”，它的顶部“亼”是向上合拢的；“僧”字的声部“曾”，其顶部是倒着的“八”，向上分开。

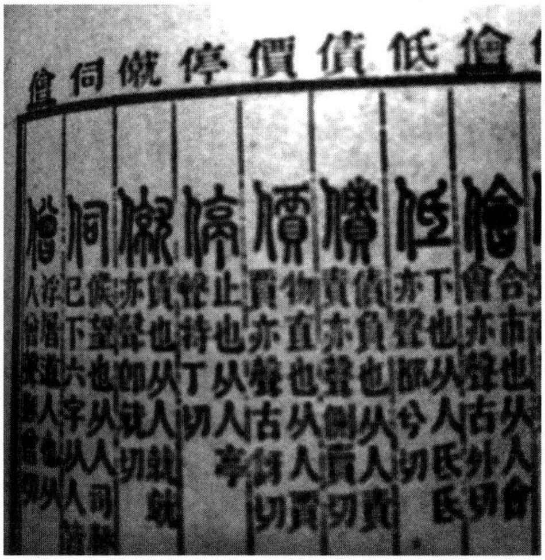

如此说来，分辨“儈”“僧”二字不难。然而，要做到还真不容易。如果不信，笔者试举讹误一例。

中华书局1963年12月第1版、1981年6月北京第6次印刷《说文解字（附检字）》，第168（上）页，就出现了将“僧”条字头错印成“儈”的瑕疵（见图，左首第1行）。权威字书尚且如此，怎不叫人扼腕？

有道是“无错不成书”，此言不虚啊！

（后记：此差错已于2003年第21次印刷时改正。）

读“中”

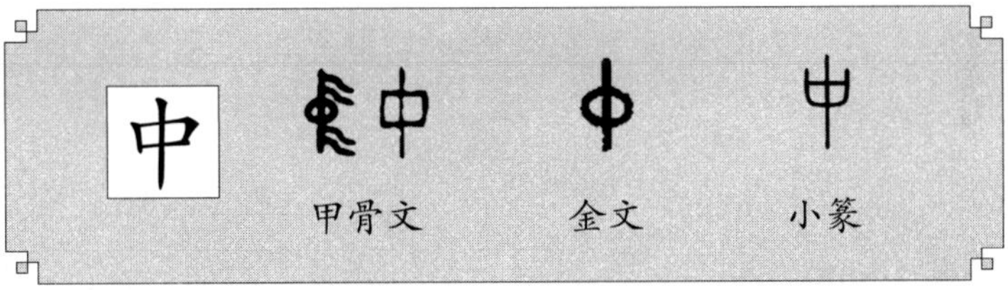

某一个字有两个、三个甚至更多读音的，我们就称它为“多音字”。能举几个例子说一说吗？中！

就拿“中”来说吧，这个字一读 zhōng ，“当中”的“中”；另读 zhòng ，即“命中”的“中”。

同一个“中”字为什么会有两个读音呢？笔者以为，应该从这个字的结构讲起。“中，内也。从口丨，上下通。”段玉裁说：“口”像射侯（靶子）形，“丨”像矢形，横穿为毌（“贯”的本字），从（纵）通为中。他的意思是说，箭射到靶子上，所以是“命中”的“中”。此说例证如下：1.《礼记》云：“射矢至的曰中。”2.《史记·周本纪》：“养由基去柳叶百步，射之，百发百中。”3.《文源》：“口”应为“○”（见金文“中”），象正鹄（gǔ，射箭的靶子），所以“本义当为射中的中”。

作为上中下的“中”，说法很多，只能择其要者。

先看一下许慎的解释：“中，内也。”《段注》云：“内者入也，入者内也。

然则中者别于外之辞也，别于偏之辞也。”这句话可理解为：既不在外，也不偏离，那就是“当中”。儒学著作《中庸》的“中”，正取不偏不倚之义。

有位顾实先生，写了篇《释中史》，文中说道：“上中下三字，盖从一以截其上端则为上字，从一以截其下端则为下字，从〇以环其中间则为中字。”

还有位尤莹先生，在他的《说中》一文里讲，籀文“”字的“丨”上下各有“二”（表示旗子），两旗之间则为“当中”。

笔者以为，“中”的两个读音是有着密切联系的：射到靶子为“命中”，射穿靶心在“当中”。[①]

附带说明一下，用以回答“好”“行”“能”“可以”的“中”，既不读 zhōng，也不读 zhòng，而是读作 zhēng。刘贡父《诗话》云：“关中读‘中’为‘烝’。”

① 本文只讲“中”的本义，引申义等从略。

读“的”

小篆

通常而言，大凡多音字，每个读音各有一个义群。“的”有 dí 、dì 、de 三读，于是就有三个义群。

首先要说明的是，“的”字最早写作“旳”——左“日”右“勺”。

“旳”的读音是“dì”。许慎曰：“旳，明也。”徐铉言：“旳，光旳然也。”段玉裁云：“旳者，白之明也，故俗字作的……引申为射旳。”从许、徐、段的上述解释看：

1.“旳”的本义是“明”，是“白”（鲜明、明亮的样子）。

2. 引申义是“箭靶”。《玉篇》云：“射质也。”《正韵》云：“射侯之中。”《荀子 · 劝学》云：“质旳张而弓矢至焉。”杨倞注：“质，射侯也。旳，正鹄也。”

3.“的”是“旳”的俗体。考古得知，“汉隶尚有作‘旳’者”，然而多数已写成“的”了。

作为名词的“的（dì）”，有十多个义项，这里仅举几项：

1. 马名“的颡”。《周易 · 说卦》云：“其于马也……为的颡。”孔颖达疏：“白额为的颡。”亦称“的卢”。古人认为这种马妨主。伯乐《相马经》云：“马白额入口至齿者，名曰榆雁，一名的卢。奴乘客死，主乘弃市，凶马也。”可是，蜀主刘备乘的卢，每每脱险。《三国志 · 蜀书 · 先主传》云：“表疑其心，阴御之。”裴松之注引《世语》：“备屯樊城，刘表礼焉，惮其为人，不甚信用。曾请备宴会，蒯越、蔡瑁欲因会取备，备觉之，伪如厕，潜遁出。所乘马名的卢，骑的卢走，堕襄阳城西檀溪水中，溺不得出。备急曰：‘的卢，今日厄矣，可努力！’的卢乃一踊三丈，遂得过。”

2. 莲子曰的。《尔雅 · 释草》：“荷，芙蕖。其茎茄，其叶蕸，其本蔤，其花菡萏，其实莲，其根藕，其中的，的中薏。”（详见本书《读荷》）

3. 妇人面饰曰的。《释名 · 释首饰》：“以丹注面曰的。”王粲《神女赋》：“施华的兮结羽仪。”《仙经》：“鲍姑以艾灼龙女额，后人效之，谓之龙的。”作为古代女子脸上装饰的红点，“的”还有一个特定的含义。《史记 · 五宗世家》注引《释名》云：“此本天子诸侯群妾当以次进御，其有月事者止而不御，重以口说，故注此于面，灼然为识。女史见之，则不书其名于第录也。”

“的”读 dí 时乃副词，其义为：确实；的当；的确。

“的”的第三个读音 de，它的用法有：1. 指称之词，相当于文言文中的“者”。如，红的是花，绿的是叶。2. 作语助，表示修饰或领属。如，你的笔，他的书。3. 用在句子末尾，表示肯定的语气。如，老刘说的这句话是很正确的。

读“好”

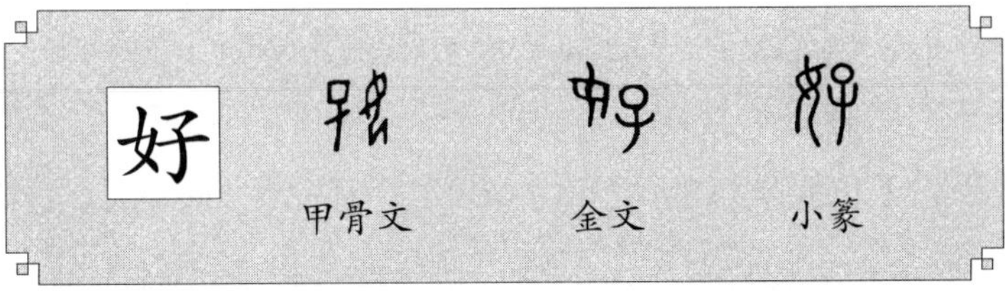

好读书，读书好，爱好读书好爱好。

好读书，读好书，好读好书是正路。

以上这段绕口令，读起来好生拗口。你道为何？这是因为“好”字有二读（一读 hǎo；二读 hào），读得快的话就反应不过来，怎不拗口？

不同声调的“好”，各有一个义群。

先说上声的“好”。《说文》曰：“好，美也。从女、子。”《康熙字典》云：“好……美也，善也。《诗·郑风》：‘琴瑟在御，莫不静好。’”段玉裁云：“媄也。各本作‘美也’，今正……好本谓女子，引申为凡美之称。”析言之，“好”和“美”是有所区别的：“好”是指女子颜色美好；“今通用‘美’者，甘美字也。”①

不久前，央视举办《中国诗词大会》，夺冠的上海小姑娘名叫武亦姝。

① 语出清·钱坫（1744—1806）《说文解字斠诠》。

《说文》曰："姝，好也。"桂馥《说文解字义证》云："颜氏《字样》：'媄，颜色姝好也。'"由此看来，"好""媄""姝"三字一义，都是用来夸赞女子容颜俏丽。

再说去声的"好"。许慎解说爱好之"好"曰："爱而不释也。女子之性柔而滞，有所好，则爱而不释，故于文，女子为好。"段玉裁云："引申为凡美之称。凡物之好恶，引申为人情之好恶，本无二音，而俗强别其音。"如此说来，将汉字的读音强行加以区分，乃是某些语言文字学者的一种嗜好。

行文至此，笔者忽然觉得，上述所引诸位文字学大家之言似有可商榷之处。他们认为，无论是美好的"好（hǎo）"，还是爱好的"好（hào）"，其义都由"从女子"而生（金文、小篆"好"皆写作左"女"右"子"），故"好本谓女子"。可是，甲骨文的"好"亦有"从子女"（左"子"右"女"）者。这样看来，"子＋女"岂不是应该会意成男女结合，组成家庭，是为安好；抑或会意成膝下子女双全，是为完美之意。笔者以为，"好"之义并非"女子"专属也。以上之言，乃笔者一孔之见，未经考证，仅供诸位读者参考。

"好（hào）"有一义是指"玉璧之孔"。《周礼·冬官·考工记》："璧羡尺好，三寸以为度。"颜师古注："羡，径也；璧羡，以起度也。好，璧孔也。"《尔雅·释器》曰："肉倍好谓之璧，好倍肉谓之瑗，肉好若一谓之环。"圆形货币当中的孔也称之为"好"。

读“行”

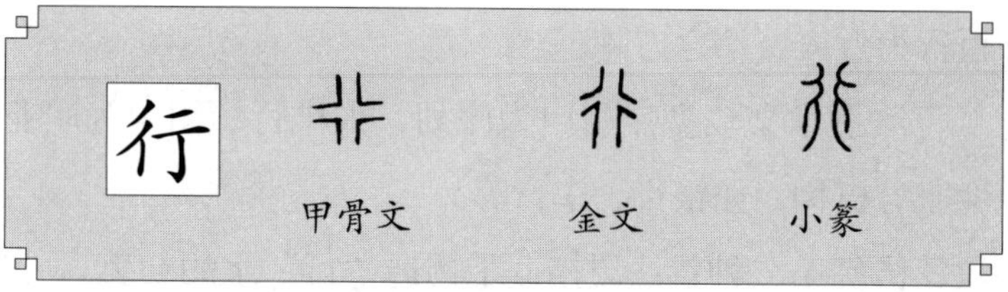

“行”，一读 xíng，行走之“行”；二读 háng，行列之“行”。

通常而言，每一个字都有它的本义。那么，“行”的本义究竟是“行走之行”，还是“行列之行”？围绕这个问题，历来众说纷纭，莫衷一是。

第一种看法，“行”是“行（xíng）走之行”，属动词，会意字。《说文》曰：“行，人之步趋也。从彳从亍。”段玉裁云：“人之步趋也。步，行也。趋，走也。二者一徐一疾，皆谓之行。统言之也。《尔雅》：‘室中谓之时；堂上谓之行；堂下谓之步；门外谓之趋；中庭谓之走；大路谓之奔。’析言之也。”《韵会》云：“从彳，左步；从亍，右步也。左右步俱举，而后为行者也。”

第二种看法，“行”是“行（háng）列之行”，属名词，象形字。《集韵》云：“音杭。”《类篇》云：“列也。”容庚《金文编》、商承祚《殷虚文字类编》、罗振玉《增订殷虚书契考释》等著作，则从甲骨文“卝”、金文“卝”字形进行分析，认为：“象四达之衢，人所行也。”马叙伦《说文六书疏证》进一步认为：“行，道也。此行之本义也。”马先生还引用《吕氏春秋·下贤》的一段话作佐证："桃李之垂于行者，莫之援也；锥刀之遗于道者，莫之举也。行与道对文，亦行即道之证。"

"行（háng）"，亦为军旅队列之称。《诗经·大雅·常武》："左右陈行，戒我师旅。"郑玄注："直排为行，横排为列。"《左传·隐公十一年》曰："郑伯使卒出豭，行出犬鸡。"杜预注："百人为卒，二十五人为行。行亦卒之行列。"《国语·吴语》云："吴王陈士卒百人以为彻行百行。"韦昭注："以百人通为一行，百行为万人，谓之方陈。"

行列之"行"引申义较多：引申为序列，如排行；引申为职业，如行业；引申为专业性服务机构，如银行、车行等。

两相比较，仿佛第二种看法更接近于创造"行"字的初衷。可是，有的学者认为，这些都不是它的本义。那么，"行"的本义是什么呢？无论是甲骨文的""，还是金文的""，横竖相交的笔画都聚集到一处，那就是通向四面八方的十字路口，这个交叉口的名称就叫"行（háng）"。谁知，秦人在制造小篆""字时，却将如同四个直角的笔画，讹误成"彳"和"亍"。这样一来，其本义就此消失。

笔者以为，如果"象四达之衢"是"行"的本义的话，它的读音就应该是"háng"，理由是："衢"字义通"巷"。

读“朝”

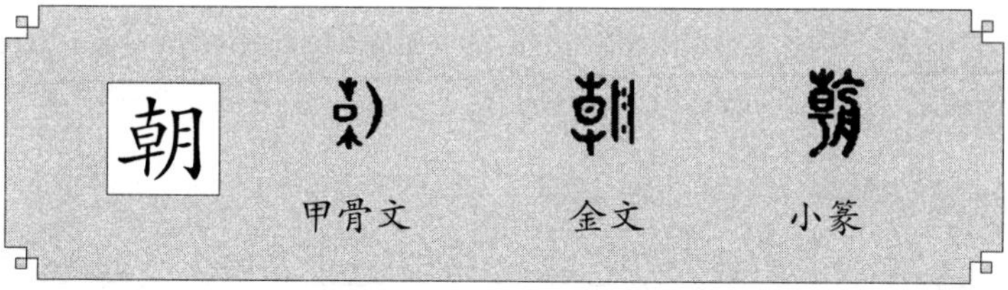

（一）

既然本文题目叫《读“朝”》，那咱们就先来读读这两副“朝”字特别多的对联。

温州江心寺联：

云朝朝朝朝朝朝朝散

潮长长长长长长长消

上联读作：云朝（zhāo）朝（cháo），朝朝（zhāozhāo）朝（cháo），朝（zhāo）朝（cháo）朝（zhāo）散。

下联读作：潮长（cháng）长（zhǎng），长长（chángcháng）长（zhǎng），长（cháng）长（zhǎng）长（cháng）消。

北戴河孟姜女祠联：

海水朝朝朝朝朝朝朝落

浮云长长长长长长长消

上联读作：海水朝（cháo），朝朝（zhāozhāo）朝（cháo），朝（zhāo）朝（cháo）朝（zhāo）落。

下联读作：浮云长（zhǎng），长长（chángcháng）长（zhǎng），长（cháng）长（zhǎng）长（cháng）消。

据考证，温州江心寺联是南宋王十朋（1112—1171）所撰。王十朋，字龟龄，南宋著名学者，绍兴二十七年（1157）进士第一，官至太子詹事，以龙图阁学士致仕。一生著作颇丰，有《梅溪集》32 卷、《会稽三赋》、《东坡诗集注》等。

（二）

“朝”这个字，从甲骨文到小篆，字形变化的过程较为复杂。甲骨文“”是“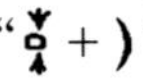”，所表示的意思是“早晨”——太阳刚从草丛中钻出来，残月还未落下。由此看来，它应当读作 zhāo，如朝阳、朝霞。金文“”将残月变成了“（川）”。小篆的“”字变化更大，竟成了“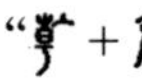（倝+舟）”[①]。由于金文有了“川”这个构件、小篆有了“舟”这个构件，它所要表达的意思则与流动、方向相关。笔者以为，这时的“朝”应读作 cháo。

读作 cháo 的“朝”义项众多，择其要者有五。

1. 面对着某个方向，如朝东、朝天等。唐·贾至《早朝大明宫呈两省僚友》诗云：“银烛朝天紫陌长，禁城春色晓苍苍。”

① 倝（gàn），日始出金光灿烂。

2. 省视父母。《礼记·内则》云：“昧爽而朝。”意思是说，天一亮就去父母处问安。《说文解字注笺》云：“晨见曰朝……子于父母、妇于舅姑皆是。”

3. 旧时，臣见君曰朝。《礼记·曲礼》云：“天子当中而立，诸公东面，诸侯西面，曰朝。”

4. 朝代，指某一同姓帝王连续承袭王位的时代。杜牧《江南春杂句》诗云：“南朝四百八十寺，多少楼台烟雨中。”

5. 特指某一帝王的统治时期。杜甫《蜀相》诗云：“三顾频烦天下计，两朝开济老臣心。”

读“乐”

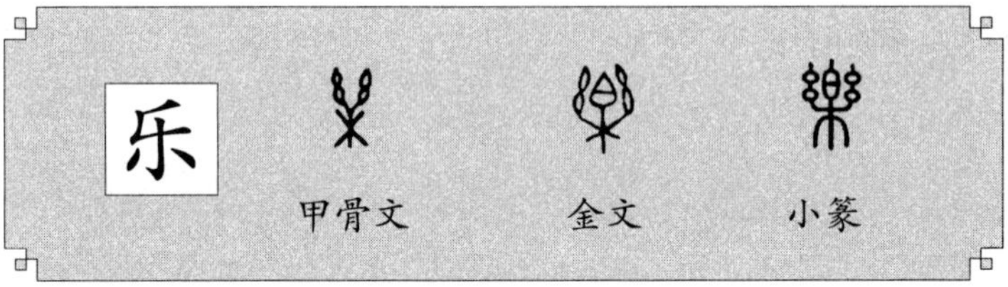

“乐”的繁体是“樂”。

看到这个“乐（yuè）”字，谁都“乐（lè）”。你道为何？笔者觉得这个字忒有喜感，简直就是在逗人快乐。

“乐”，从金文到小篆，写法基本一致：上面“幺”“白”“幺”，下面“木”——木架子上头有一面大鼓和两串小鼓。

《乐记》曰：“感于物而动，故形于声；声相应，故生变；变方成，谓之音。比音而乐之，及于戚羽旄，谓之乐。象鼓鼙，鼓大鼙小，中象鼓，两旁象鼙也。”后面这句话的意思是说，“樂”的上部“幺”“白”“幺”就像鼓和鼙，当中大的像鼓，两旁小的成串的像鼙。

《说文》曰：“乐，五声八音总名。象鼓鼙，木，虡（jù）也。”悬挂钟、磬的木架，其两侧的柱叫“虡”，悬挂的横梁叫“笋”。

商承祚《殷虚文字类编》云：“从丝坿木上，琴瑟之象也，或增‘白’以象调弦之器，犹今弹琵琶阮咸者之有拨矣。”周法高《金文诂林》谓“白”是拇指。“白”怎么是“拇指”，有点难以理解。蒋人傑《说文解字集注》云：“调弦之器即‘拨’；‘拨’音与‘白’相近。弹拨乐以拇指拨，其余各指为弹；拇指为大，‘大’即为‘伯’；‘白’乃古‘伯’字。”

由此可见，创造文字的先哲为造这个“乐”字，真是动足脑筋，不得不令笔者打心眼儿里佩服。

以上所说之“乐”，都读作 yuè 。那么，“乐（yuè）”这个字怎么又读成“乐（lè）”的呢？笔者以为，听到了优美的音乐（yuè），你不就感到快乐（lè）了嘛。

读“角”

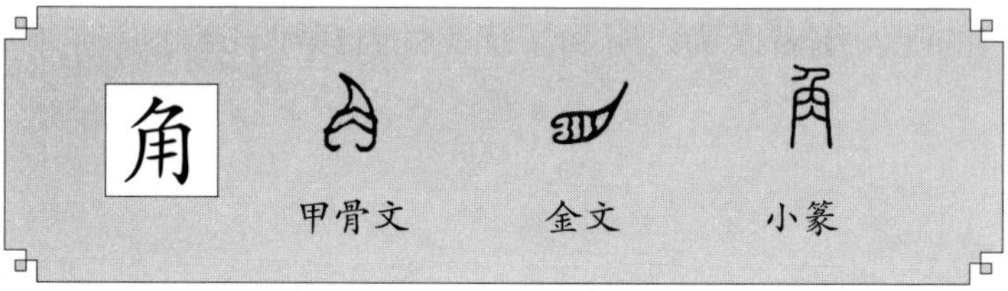

“角”字的读音较为复杂。通常认为“角”有 jiǎo、jué 二读；《康熙字典》说“角，古音禄（lù）”；《辞海》说它还有个读音 gǔ，如韩愈《此日足可惜一首赠张籍》：“百里不逢人，角角雄雉鸣。”诗中的“角角”训作“禽鸣声”。这就是说，“角”有 gǔ、jiǎo、jué、lù 四读。

《说文》曰：“角，兽角也。象形，角与刀鱼相似。”《玉篇》云：“角，兽头上骨出外也。”《康熙字典》云：“音觉。《说文》‘角，兽角也。’本作‘甪’，从⺈从肉。”《辞海》把“角”解释为“有蹄类动物头顶或鼻前所生的突起物”。综上所述，笔者以为“角”的造字本义是指牛、羊、鹿等头上弯曲而坚硬的自卫器官，基本读音应该是 jiǎo。

许慎所说的“角与刀鱼相似”之语该如何理解？有望文生义者认为，这句话是说，角刀鱼三者，物形相似；更有甚者竟说：“‘角’是一个针对形状而言的象形字。这个形状就是刀鱼的形状，凡外形像刀鱼一样的就可以叫作角形。”真是荒谬之极。殊不知，早有文字学家对此作了说明。段玉裁云：“角与刀、鱼相似，其字形与刀、鱼相似也。”清·吴善述《说文广义校订》云：“古文角刀鱼三字，各象其物之形，字形并不相似。自篆文变而其首皆似刀字。许云角与刀鱼相似，言字形相似，非言其物形相似。”

“角（jiǎo）”义项众多（《辞海》列出 13 个义项），笔者难尽其详，只选择较为有知识性、趣味性之三项：

1. 兽角。有蹄类动物头顶或鼻前的角可分为三种：a. 犀角类。系表皮角，由角质纤维凝结而成，无角柱，终生不脱换。李商隐《无题》诗云：“身无彩凤双飞翼，心有灵犀一点通。”灵犀即犀角。据传，犀牛是灵异之兽，它的角中有白纹直通两端。b. 牛角、羊角类。属空角，又称洞角、虚角，由骨质的角柱和包围角柱的角鞘所组成。c. 鹿角类。系实角，由角柱和外包有毛茸的皮肤所组成，后来皮肤脱落，露出角柱，生殖前脱换新角。唯独长颈鹿的角终生包于皮肤中，永不脱换。

2. 额角。《逸雅》云：“角者，生于额角也。”据《后汉书·光武帝纪上》记载：“（刘秀）身长七尺三寸，美须眉，大口，隆准，日角①。”《论语撰考谶》云：“颜回有角额，似月。”由此看来，颜回的长相也是比较另类的。刘秀是“日角”，颜回是“月角”，故段玉裁云：“人体有称角者，如日月角、角犀丰盈之类，是假借之辞耳。”

3. 古代未成年之人，头顶两侧束发为髻，状如牛角，作为妆饰，称为总角。《礼记·内则》云：“剪发为鬌，男角女羁。”郑玄注：“夹囟曰角，两髻也；午达曰羁，三髻也。”孔颖达疏：“两旁当角之处，留发不剪。”

“角（jué）”义有五：1. 角力。《说文解字注笺》云：“兽戴角者以角相抵，故因之为角斗角胜负之角。”2. 角色。戏剧中的行当，如旦角、丑角。3. 宋代称色艺出众的名妓为“角妓”。4. 五音之一，“宫商角徵羽”之“角”（相当于简谱的“3”）。5. 古代一种青铜酒器之名，形似爵而无柱，两尾对称，

① 额头中央隆起如日，称之为“日角”，古人认为是帝王或贵人之相。

有盖，用以温酒和盛酒。《礼记·礼器》：“卑者举角。”孔颖达疏云：“四升曰角。”《段注》云：“《异义》云：‘今《韩诗》一升曰爵。尽也，足也。二升曰觚。觚，寡也。饮当寡少。三升曰觯。觯，适也。饮当自适也。四升曰角。角，触也。不能自适，触罪过也。五升曰散。散，讪也。饮不能自节，人所谤讪也。’”

最后说一下“角（lù）”，又写作“甪”。为名词，有人名“角里”，又作“甪里”。李济翁《资暇录》云：“汉四皓，其一号角里先生。”《史记·留侯世家》：“四人前对，各言名姓，曰东园公，角里先生……”据范成大《吴郡志》所载，角里先生姓周，名术，字元道，太伯之后。

有地名“甪直”和“甪里堰”。甪直镇位于江苏省苏州市，该镇有全国重点文物保护单位“甪直保圣寺罗汉塑像”。甪里堰在浙江省海盐县。

需要注意的是，这个“甪”字是“角”少掉个“⺈”，故《辞海》解释“甪”字为“‘角’字的变体和异读”。

读“解”

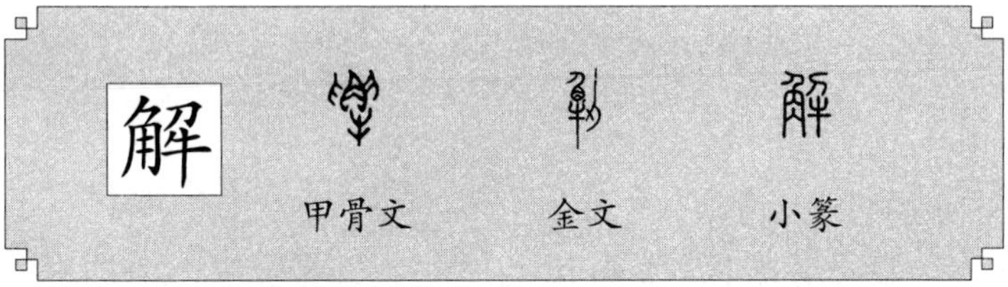

笔者当过兵。我国军队的全称叫“中国人民解放军”，所以咱们对“解”字忒有好感。然而，“解”这个字很难解，这是因为：

一是多音：（1）读 jiě，如解剖、解析；（2）读 jiè，如解差、押解，京剧《苏三起解》中的“解”就读去声；（3）读 xiè，有姓“解”者，如《水浒传》中的解珍、解宝。山西省有解湖。

二是其义甚多，作动词时，就有二十几个解释；作名词时，亦有四五个解释；以“解”字组的词更是数不胜数，难道其详。笔者释“解”，只得走“三择”之快捷方式，即择其要者、易者、趣者，略微说它一下。

先从“解”的造字法说起。它是个典型的会意字。小篆“解”，左部“角”，右边上“刀”下“牛”。许慎曰：“解，判也。从刀，判牛角。”其实，这个字有一个复杂的演变过程：最早见到的金文是左边上“角”下“牛”，右部“刃”；近代发现的甲骨文则是上下结构，上部左右为“手”，当中为“角”，下方为“牛”。如此说来，“解”本应从“手”，后来为什么从“刀”

了呢？《殷虚文字类编》对此有详细解释：“此象两手解牛角……卜辞从‘手’之字或省从‘⺈’，与刀形相似而非刀字也。”

从甲骨文“解”的写法还可引出一个问题：“一角之兽”是什么动物？这是传说中一种名叫“廌（音 zhì）”的神兽，全名解廌，亦称獬豸、觟觽。《说文》曰：“廌，解廌，兽也，似山牛，一角，古者决讼，令触不直。”《论衡·是应》云：“儒者说云：‘觟觽者，一角之羊也，性知有罪。皋陶治狱，其罪疑者令羊触之。有罪则触，无罪则不触……’”故许慎释“解”，另有“一曰，解廌，兽也”之语。

接下来谈谈字义。“解（jiě）”用作名词，训诂不难。有“见解”一词，即为“见识”，如《南齐书·张融传》：“融玄义无师法，而神解过人。”有一种文体称为“解”，如韩愈的《进学解》。道家有个术语叫“尸解”，他们认为，修道者死后魂魄脱离尸体而成仙，《史记·封禅书》曰：“为方仙道，形解销化，依于鬼神之事。”数学有个专用名词叫“求解”，这里的“解”则是指代数方程中未知数的值。

“解（jiě）”用作动词，义项繁多，实难尽解。对于喜爱“咬文嚼字”者来说，“解释”一义运用的频率最高。此词大概是从“剖解”引申而来，韩愈《师说》云：“师者，所以传道受业解惑也。”乃是取“解答”“说明”之义。

要解释清楚“解释”一词并非易事。粗略列出七个义项如下：

1. 解开；解除；免除。汉·陆贾《新语·慎微》：“诛锄奸臣贼子之党，解释疑滞纰缪之结。”晋·袁宏《后汉纪·献帝纪二》：“灵帝末，君子多遇祸难。颙岁中率常再三私入洛阳，为人解释患难。”宋·李纲《申省措置酌情处断招降盗贼状》：“遣人赍发旗榜，人贼说喻，供状款伏，听从号令，解释器甲，束缚枪杖，依限出参，有悔过自新之意，此招降也。”

2. 解救；解脱。汉·焦赣《易林·坎之睽》：“解释倒悬。”《西游记》第十一回：“堕落千年难解释，沉沦永世不翻身。”

3. 开释；释放。《后汉书·王允传》：“书奏，得以减死论，是冬大赦，而允独不在宥，三公咸复为言。至明年，乃得解释。”《北齐书·孝昭帝纪》：“文宣乃立帝于前，以刀环拟胁。召被帝罚者，临以白刃，求帝之短，咸无所陈，方见解释。”

4. 消除；消解。《汉书·王莽传下》：“兴到部，欲令明晓告盗贼归田里，假贷犁牛种食，阔其租赋，几可以解释安集。”李白《清平调三首》：“解释春风无限恨，沉香亭北倚栏杆。”《红楼梦》第二十八回：“真不知此时此际，如何解释这段悲伤！”

5. 消溶；松散。《后汉书·郎𫖮传》：“又顷前数日，寒过其节，冰既解释，还复凝合。”明·宋应星《天工开物·乃粒》：“凡北方厥土坟垆易解释者，种麦之法，耕具差异，耕即兼种。”

6. 劝解；疏通。晋·司马彪《九州春秋》：“及李傕之叛，允乃呼文才、整修使东解释之，不假借以温颜。”《续资治通鉴·宋太祖开宝五年》：“昭辅惧罪，诣开封府见皇弟光义，乞于帝前解释，稍宽其罪，使得尽力，光义许之。”

7. 分析；说明。《后汉书·徐防传》：“解释多者为上第，引文明者为高说。”宋·朱弁《曲洧旧闻》卷十：“石林既为《春秋》书，其别有四：其解释旨义曰传，其订证事实曰考，其掊击三传曰谳，其编排凡例曰例。”

行文至此，不得不实话实说，笔者对“解”，尚有诸多不解之处。这里，借用《〈艾青诗选〉自序》里的一句话作结。他说：“把自己不理解的，或者是不能解释的东西，一律当作不存在，或者是认为非科学，这样的人只能居住在螺蛳壳里。”也许，笔者正是“居住在螺蛳壳里”的一知半解之人。

读“说”

说

小篆

解了“解”字，势必要说一说“说”字。“解”不易解，“说”也不好说。“说”不好说的原因，同样是由于它是个多音字，不同的读音，有着不同的含义。

“说”一读 yuè 。《说文》曰：“说，说释也。”请注意，“说”读若“阅”。段玉裁云：“说释也。说释即悦怿。说悦释怿皆古今字。许书无悦怿二字也。说释者，开解之意。故为喜悦……儿部曰：‘兑，说也。’……此从言、兑，会意，兑亦声。”《论语·学而》曰：“学而时习之，不亦说乎？”这里的“说”同“悦”。

“说”又读 shuō 。《说文》又曰：“一曰谈说。”这表示，“说”还有一义是“谈说”。《释名·释言语》曰：“说，述也，序述之也。”《说文通训定声》云：“《秦策》，王不闻夫管与之说乎。注：言也。”

“说（shuō）”与“解”同义，“说文解字”就是解说文字。《礼记·檀弓下》：“而天下其孰能说之？”郑玄注：“说，犹解也。”

按理说，谈说、叙述应是“说”的基本义。可是，这一义古人通常用“曰”，用“云”，正如《说文六书疏证》所言：“《诗》《书》《易》诸经无以说为谈说者；《国语》中说字有可以为解义者；《墨子·经》始言‘说，所以明也’，盖战国时始以说为谈说也。”

“说”还读 shuì 。战国时期以前，“说”多作说服、游说解，即用话劝说别人，使其听从自己的主张，此时的“说”是去声。《孟子·尽心下》：“说大人，则藐之。”《史记·苏秦列传》：“游说六国。”又《史记·魏公子列传》：“公子患之，数请魏王，及宾客辩士说王万端。”

文末，来一个余兴节目。

《韩非子·外储说左上》里有一则“郢书燕说”的故事，原文曰：“郢人有遗燕相国书者，夜书，火不明，因谓持烛者曰：‘举烛。’而误书‘举烛’。举烛，非书意也。燕相国受书而说之，曰：‘举烛者，尚明也；尚明也者，举贤而任之。’燕相白王，王大说，国以治。治则治矣，非书意也。今世学者，多似此类。”

请问：1.“燕相国受书而说之”的“说”怎么读，怎么解？2.“王大说”的“说”怎么读，怎么解？

读“不”

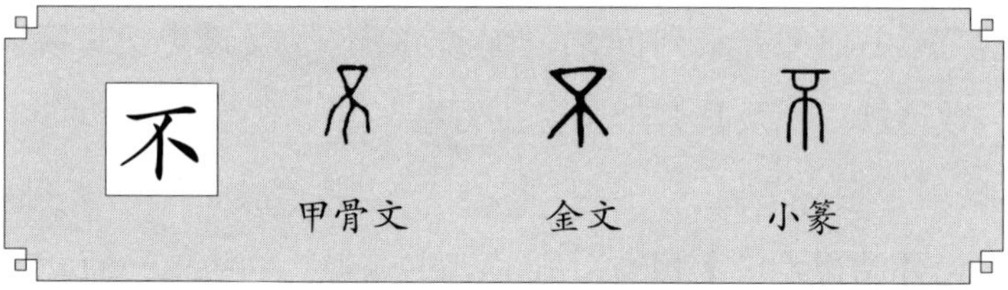

“不”是个很难解说的字。难在哪里？其难有二：

1. 读音特别多，读 bù ，表示否定；读 fōu，古代姓氏，晋代有不准；读 fǒu，同“否”；读 fū ，为“柎”的本字；读 pī ，通“丕”，义为“大”。

2. 关于“不”的造字法，学者的认识有分歧。一说象形，近代王国维、当代郭沫若说它像花萼；另一说为象形兼指事，许慎、段玉裁等说“不”上面的“一”犹天，下部像鸟尾。

笔者以为，许、段所说之“不”，读作 bù ；王、郭所说之“不”，读作 fū 。不同的读音，就有了不同的造字法，也就产生了不同的字义。本文想从这方面略加阐述，纯属斗胆尝试，如有不当，敬请方家不吝赐教。

许慎曰：“不，鸟飞上翔不下来也。从一，一犹天也。”段玉裁解释：“一”在上犹天，其下部“象鸟飞去而见其翅尾形”。以上所言，归纳起来是说，鸟在天上飞翔时只见其翅尾，它还不想落到地面上来。因此，这个“不（bù）”是副词，表示否定。

与“不，鸟飞上翔不下来”之说相映成趣的是一个“至”字,《说文》曰：“至，鸟飞从高下至地也。从一，一犹地也。象形。不，上去；而至，下来也。”据此可以想见，先哲造“不”“至”二字时，一定是通过注视鸟儿的动静而产生灵感的。

在《诗经 · 小雅 · 常棣》里有这样两句：“常棣之花，鄂不韡韡①。”郑玄注：“承华者曰鄂。”鄂即萼。王国维云：“不者，柎也。”他说这里的“不（读作 fū ）”是个名词，就是花蒂。郭沫若从甲骨文“不”的字形进行分析，认为它从上到下像花的三个部分，即子房、花萼、花蕊，“余谓不者，象子房犹带余蕊；房熟则盛大，故不引申为丕；其用为不是字者，乃假借也”。

说到这里，笔者不得不喟然太息：以上两种释“不”，一个是副词，一个是名词；一个在天上，一个在地下；一个是飞鸟，一个是花朵；一个不肯下来，一个随手可摘……它的字义差别咋就那么大呢？

---

① 韡韡，音 wěiwěi，鲜明茂盛的样子。

读“荷”

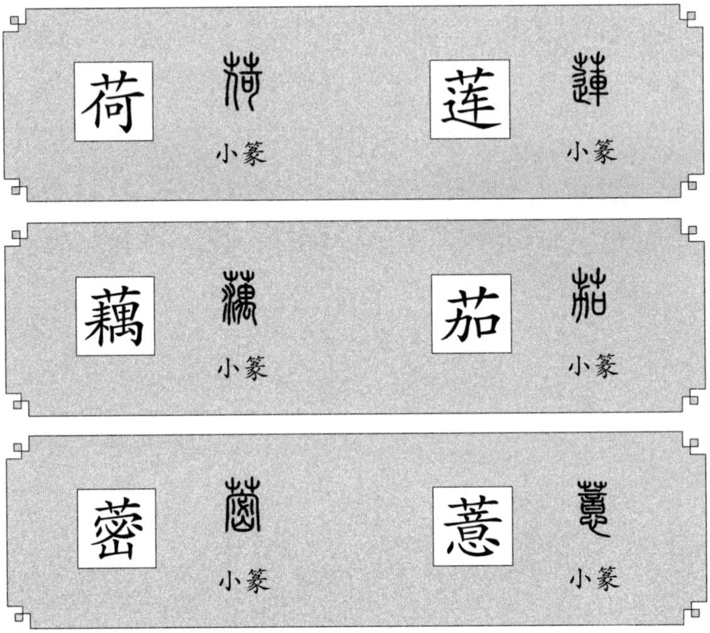

《尔雅 · 释草》：“荷，芙蕖。其茎茄，其叶蕸，其本蔤，其花菡萏，其实莲，其根藕，其中的，的中薏。”乍看起来，这一解释极为详尽。然而，笔者觉得,《尔雅》释“荷”，概念较为混乱，所以试作本文，予以梳理。

首先要说明的是，“荷”也是个多音字。它有三个读音：一读 hé，即本文所说荷叶、荷花之“荷”；二读 hè，即荷锄、荷枪实弹、荷载之“荷”；三读

kē，《汉书·郦食其传》："握齱好荷礼。"颜师古注："荷与苛同，苛细也。"

言归正传。笔者以为：混言之，荷、莲、藕三个名称实为一物；析言之，"莲"当属此水生植物之总称，而"荷""藕"则是"莲"的某些部分。就语言习惯而言，其各部位都可以"莲"冠之，如莲叶、莲花、莲蓬、莲子、莲心、莲藕；却不说"荷蓬""荷子""荷心""荷藕"，或"藕蓬""藕子""藕心"等；佛教语有莲台、莲座，而不称之为"荷台""藕座"……故宋人周敦颐作《爱莲说》，而不立题为《爱荷说》或《爱藕说》。

《尔雅》云"荷，芙蕖"；《说文》曰"荷，芙蕖叶"（徐锴本"芙蕖"写作"夫渠"）。为何有一"叶"之差？许慎认为，"荷"只是"莲"的叶子。段玉裁注："盖大叶骇人，故谓之荷。大叶扶摇而起，渠央宽大，故曰夫渠。《尔雅》假叶名其通体。"叶子大，负荷则大，如王莲之叶可以载人。

"芙蕖"者，莲花也。颜师古注："别名芙蓉，江东人呼荷。"许慎却说："未发为菡萏，已发为芙蓉。"徐锴注："菡犹含也，未吐之意。"

接下来说"藕"。《辞海》解释说："亦称'莲藕'。荷的地下肥大根茎，由莲鞭先端膨大而成，横生于泥土中……根茎中有管状小孔，折断后有藕丝相连。可食用及制淀粉，藕节入药。"

"藕"字本来写作"蕅"（见小篆体）。许慎曰："蕅从艸、水，禺声。"说明它是个会意字。"蕅"为什么是个会意字？笔者猜想，从泥中挖出的莲藕一般都是两两而生的。一双为"耦"，故莲的根茎称作"蕅"。

《尔雅》称"其本蔤……其根藕"，此处概念尤为混乱。其实，根和本是一回事，也就是说，"蔤"即"藕"。《段注》引郭璞之语"（蔤，）茎下白蒻在泥中者"，按："蔤之言入水深密也。"李时珍《本草》云："莲藕，荆、扬、豫、益诸处湖泽陂池皆有之。以莲子种者生迟，藕芽种者最易发。其芽穿泥成白蒻，即蔤也。长者至丈余，五六月嫩时，没水取之，可作蔬茹。"

此外，还有"茄"，《说文》释为"芙蕖茎"，即莲叶、莲花、莲蓬之茎。还有"薏"，"薏，中心也"，此乃莲子的心，即莲子中的青嫩胚芽。

综上所述，可见“芙蕖”之叶（荷）、茎（茄）、根本（藕、蔤）、花（菡萏）、实（莲子）、子中心（薏），通体相连，为之取名“莲”，这个概念何等严密，何等形象啊！

爰·援

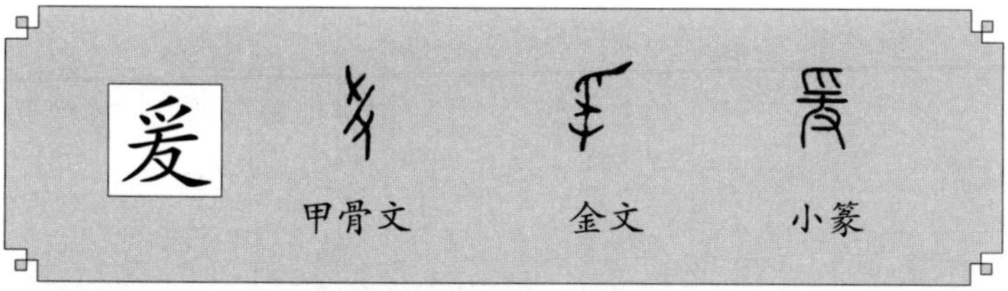

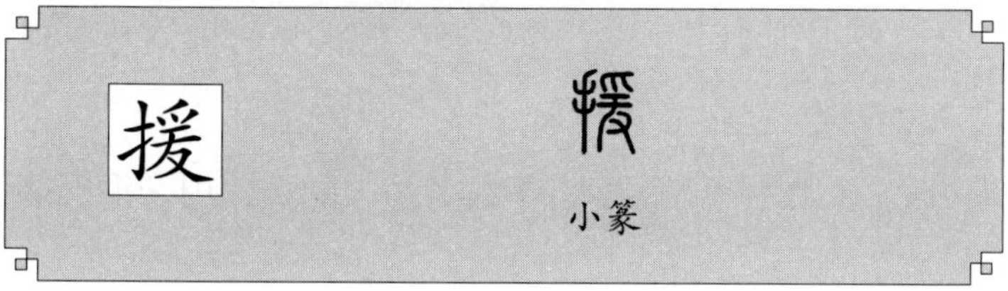

某个独体字，给它增加一个偏旁，由此产生的后起字既不改变读音，又未改变字义，这样的后起字叫作“累增字”。本文所说的“援”字就是一例。

《说文》曰：“爰，引也。从受从于……羽元切。”又曰：“援，引也。从手爰声。雨元切。”这就表明，“爰”“援”二字读音如一，都是“yuán”；本义相同，都是“引也”。

说“爰”，先得说“受”。这个字读作 piǎo，系《说文》五百四十部首之一。许慎曰：“受，物落，上下相付也。从爪从又。”王筠《说文释例》以采摘梅子证之，云：“上‘爪’是树上摘梅人之手，下‘又’是树下拾梅人之手，以见其为两人（手相付持之形）。”

现在再来看“爰”字，在上“爪”下“又”之间有个“于”。段玉裁云：“凡言‘于’者，两物相于自此引而之彼。”

那么，“于”是何物？有学者认为，“于”是指“瑗玉”。罗振玉云：“瑗是大孔璧，可容两人手。人君上除陛，防倾跌失容。故君持瑗，臣亦执瑗在前以牵引之。必以瑗者，臣贱不敢以手亲君也。故许君于、爰、援均训引，古瑗、援、爰为一字，后人加玉加手以示别，其于初形初谊反晦矣。”（笔者按：“瑗是大孔璧”，请参看拙文《读“好”》。）

然而，李孝定在《甲骨文字集释》里却说：“罗氏引许书‘瑗’下说解，以证契文‘’字谓君臣相引之象，说殊迂曲：盖许君‘瑗’下所说即古礼有之，亦后弥文之制，非所以语于造字之本；先哲岂必以君臣相引而始造‘爰’字乎？字只象二人相引之形，自‘爰’假借为语词，乃复制从‘手’之‘援’，以代‘爰’字。”在笔者看来，“爰”字的上下“手”间之物，也可能就是个“干”字。譬如，有人落水，相救者手不能及，用一根棍棒作援手，岂不大好！

言及至此，为什么要再造一个“爰”加“手”的累增字“援”，已不必多费笔墨了。至于“爰”“援”二字的其他义项，不属本文所议范围，即从略之。

文末，作《爰·受·爱》打油诗一首，想借此说明爰、受、爱这三个字的造字原理相似：

爰受爱仨字，上下同结构。
你伸一只手，我伸一只手。
助力则是爰，传物即为受。
此心换彼心，真爱记心头。

益·溢

“益”是“溢”的古文；“溢”是“益”的后起字。何以见得?

甲骨文“益”，上“水”下注，下“皿”盛水。许慎释曰：“益，饶也。从水、皿，水皿，益之意也。”段玉裁注：“饶，饱也。凡有余曰饶。”《殷虚文字类编》云：“象皿水益出之状。”由此可见，“益”的本义是器皿中水已盛满，再注则溢也。

“益”的引申义甚多，如“增也，进也”(《广韵》语)；又如“加也，多也”(见《康熙字典》)等。

有个词叫“受益”，通俗地说就是得到好处。以读书为例，只要下功夫攻读，肯定受益多多。《资治通鉴》记录了这样一个故事：“初，权谓吕蒙曰：

‘卿今当涂掌事，不可不学。’蒙辞以军中多务。权曰：‘孤岂欲卿治经为博士邪！但当涉猎，见往事耳。卿言多务，孰若孤？孤常读书，自以为大有所益。’蒙乃始就学。及鲁肃过寻阳，与蒙论议，大惊曰：‘卿今者才略，非复吴下阿蒙！’蒙曰：‘士别三日，即更刮目相待，大兄何见事之晚乎！’肃遂拜蒙母，结友而别。”成语“刮目相待”（亦作“刮目相看”）源于此。

此后，“益”累增出个“溢”字来。许慎曰：“溢，器满也。”这就是说，“溢”与“益”同义。王筠《说文释例》云：“益从水，而溢又加水。然水只可在皿中，而益之水在皿上，则增益之意即兼泛溢之意，满招损也。溢似后来分别文。”《说文通训定声》云：“（溢）从二水无谊，当为益之或体。”

“益（溢）”在古代还是个计量单位。段玉裁云：“《礼经》一溢米，注：二十两曰溢。按：谓二十两溢者，谓满于一斤，十六两之外也。后人因制镒字。”① 然而，也有说二十四两为益者。元代周伯琦《六书正讹》云：“二十四两为益，假借别作镒、溢。”

原本一个“益”字，可以表示“溢”“镒”之义，后来相继作“别文”，一个字就变成三个字。似如此这般地累增下去，我们使用的汉字当然会越来越多。《康熙字典》收了 47 035 字，都没能把汉字收全；1994 年，冷玉龙等人编的《中华字海》，计收入 85 000 字，恐怕也不能说是一字不漏。

说到这里，笔者突然产生一个念头：要简化汉字，应先归并同义字。既然有很多字可以“一字多义”，为什么不能将“溢”“镒”之义还给“益”呢？

① 古制，十六两为一斤；二十两超出一斤，故称之为溢。

冓·構

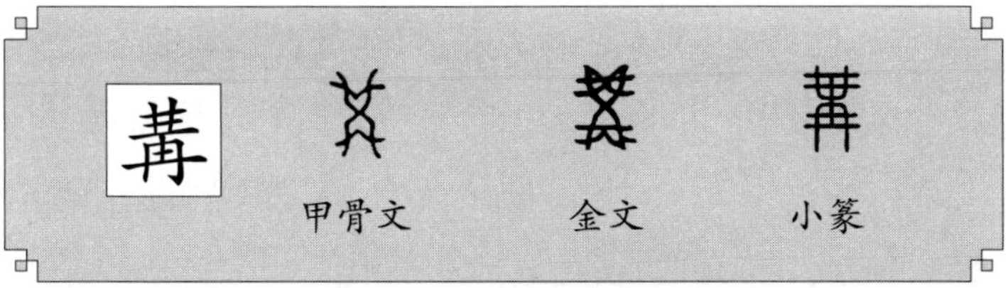

我国古代的建筑物非常注重对称美。“冓（gòu）”这个字，上下左右都呈现出对称之形，就是这种审美情趣的充分体现。

《说文》曰：“冓，交积材也。象对交之形。”何谓“对交之形”？《段注》云：“冓造必钩心斗角也。”《说文解字注笺》云：“冓象材木纵横相交之形。”《说文句读》对“冓”字的“对称美”作了详尽剖析：“‘交’者，屋材结构，必相交也。‘积’者，架屋必积众材而成也。此字乃五架之形，但未作栋耳。四横，屋之前后四檩也；四直，椽也；中‘丨’，以见屋之前后相牵连。‘对’，谓两相对也；‘交’，谓‘丨’以连其也。”

以上诸多论述，明白无误地告诉我们，“冓”表示用来盖屋子的建筑材料纵横相交。然而，在李孝定的《甲骨文字集释》里，有一段按语是这样说的：“（冓）疑象二鱼相遇之形，为遘遇之本字，从辵（chuò）作遘者，其繁文也。惟此说殊无左证，姑妄说之。以候考。”

怎么会有人认为“冓”是“二鱼相遇”（甚至说成“两鳖相遇”）的呢？笔者觉得，关键在于他们把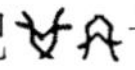误以为是正反“冄”，进而把“冄”当成鱼嘴。

这里有必要讲一下“冄”（音 rǎn，同“冉”。甲骨文写作）。《说文》曰：“，毛冄冄也。象形。”《段注》云：“冄冄者，柔弱下垂之貌。须部之髯，取下垂意。女部之姌，取弱意……凡言冄、言姌，皆谓弱。”这个字还有一解，义为“龟壳的边缘”。由此可见，“冄”与“冓”的上下只是字形相似，在所要表示的意思方面可谓是风马牛不相及。

“冓”增加偏旁“木”，就成了累增字“構”。《说文》曰：“構，盖也。从木冓声。杜林以为椽桷字。”[1] 杜林说，“构”是盖房子用的“椽”和“桷（jué）”的合称。《说文》曰：“椽方曰桷。”这就是说，方的椽叫桷；圆的桷叫椽。

“冓”还是个很大的数字。《段注》云：“冓，数也。此古算经说也。而纸韵引《风俗通》作壤[2] 生沟，沟生涧。《五经算术》《数术记遗》等书亦皆作沟矣。”

① 杜林是东汉时期的经学家、文字学家，撰有《仓颉训纂》《仓颉故》等文字学著作。

②《孙子算经》云：“凡大数之法，万万曰亿；万万亿曰兆；万万兆曰京；万万京曰陔；万万陔曰秭；万万秭曰壤。”

莫·暮

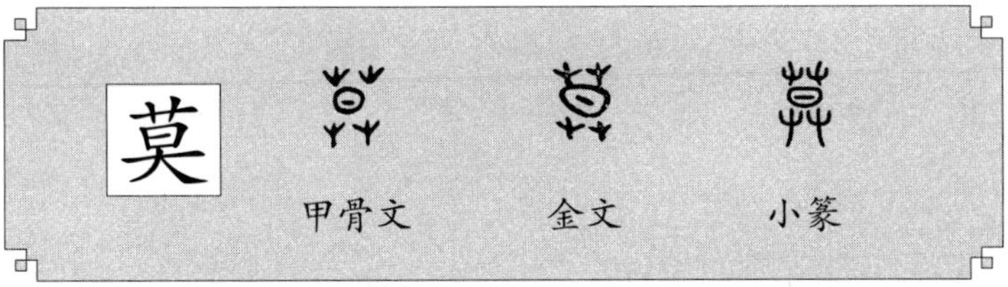

“暮”是个后起字，在许慎编撰《说文》之时尚未出现。那么，古人以什么字表示日落西山之时呢？原来是“莫”字。

“莫”，蒋人傑《说文解字集注》注音为：一读 mò ，二读 mù 。笔者以为，mù 当是“莫”的最早读音，其义即为“暮”。

我们不妨对“莫”的构造略作分析。无论是甲骨文，或是金文，直至小篆，“莫”都是“日”在“茻”（读音为“莽”，义亦同“莽”）中。故许慎曰：“莫，日且冥也”，注音为“莫故切”。

“莫”的引申义众多。在古文中，“莫”字可作“不”解，如李白《蜀道难》“一夫当关，万夫莫开”；可作“大”解，如《庄子·逍遥游》“广莫之野”；通“谋”，如《诗经·小雅·巧言》“秩秩大猷，圣人莫之”。

“莫”还是一种菜的名称。“《诗·魏风》：‘彼汾沮洳，言采其莫。’注：‘音暮。’陆玑疏：‘莫，茎大如箸，赤节，节一叶，似柳叶，厚而长，有毛刺，今人缫以取茧绪。其味酢而滑，始生可以为羹，又可生食。五方通谓之酸迷，

冀州人谓之干绛，河、汾之间谓之莫。’”（见《康熙字典》）

以“莫”为词头的词条甚多。古人如铸剑之莫邪，善歌谣者莫愁女；名胜古迹如莫高窟千佛洞，著名景区有南京莫愁湖；四字成语中“莫”字当头的有“莫衷一是”“莫逆之交”“莫测高深”“莫名其妙”等。笔者以为，最有影响的当属“莫须有”一词。它源于《宋史·岳飞传》：“狱之将上也，韩世忠不平，诣桧诘其实。桧曰：‘飞子云与张宪书，虽不明，其事体莫须有。’世忠曰：‘莫须有三字，何以服天下？’”“莫须有”犹言：恐怕有；或许有。

最后再说一下累增字“暮”。由于“莫”字借用为否定词，后来就在“莫”字底下再增加一个偏旁“日”，造出个“暮”字，用以表示“日且冥”这个意思。徐锴就“暮”的出现如是说：“平野中，望日且莫将落，如在茻中也。今俗作暮。”

“暮”除了表示“傍晚”外，还可作“将尽”解，如暮春、暮年、天寒岁暮等。杜甫诗句“岁云暮矣多北风”中的“暮”，即为年末岁尾之义。

坐·座

坐

小篆

“坐”和“座”，易搞错。如“坐北朝南”，很多人写成“座北朝南”。怎样才能避免这种差错呢？笔者以为，最简单的方法是区分二者的词性。请记住：

“坐”是动词，表示与“行”相对的一种止息方式。如《史记·项羽本纪》：“项王、项伯东向坐，亚父南向坐。亚父者，范增也。沛公北向坐，张良西向侍。”

“座”是名词，指供人坐的地方，也指位置、座次。李商隐《无题》诗：“隔座送钩春酒暖。”旧时用“座”作为对官长或对他人的敬称，如：“座主”，是用来称呼主考官或总裁官的；“军座”“总座”，是对首长的敬称；“座前”，是旧时书信中对尊长的敬称。

接下来，再从“坐”字的构造方面谈一下。《说文》曰：“坐，止也。从土，从留省。土，所止也，此与留同意。”《说文解字注笺》云：“古人席地而坐，故从土。从留者，留亦止也，故曰同意。此坐之本义，引申为凡止者之称。古文从二人对坐，取字体相配。”

古人的坐姿为两膝着地，臀部压在脚后跟上。由于跪的样子与坐这个姿势相似，所以“跪可言坐”。例如，《礼记·曲礼》云：“先生琴瑟书策在前，坐而迁之。”但是，“坐不可言跪”，原因是“坐而迁”即是“膝行”。

又因为“二人对坐”，而且坐与跪的姿态相仿，由此再引申出“罪人对理曰坐”（意指“坐罪”，《仓颉篇》注曰：坐，罪也。）这层意思。

据南宋·洪迈（1123—1202）《容斋随笔》所述，席地而坐的先民，直到汉代才学习胡人的坐姿，制作出用来支撑臀部的凳子、椅子等坐具。与此同时，就产生了一个后起字“座”，用以表示屋中所坐之处（“座”从“广”，“广”音 yǎn）。例如，皇帝坐的龙椅称为“宝座”；礼让来客时说“看座”；请客人就席说“入座”。

“坐”释义众多，譬如，枪炮发射时，由于力的反作用而使枪炮向后移动，称为“后坐”；“坐”还可作介词“因为”“由于”解，如杜牧《山行》中有“停车坐爱枫林晚”之句，可不能理解成坐在那儿。

“座”可以作量词，如：一座山、一座桥，等等。

扇·搧

扇

小篆

早先没有“搧”“煽”“騸”，它们的古文就是一个“扇”字。如今，“煽”未作简化；“騸”只简化偏旁，成了“骟”；唯独“搧”简化成“扇”了。“搧”“煽”“騸”仨字为何不一视同仁？

“扇”，从户从羽，本作名词，读作shàn，其义为“扉”，即门扇。《说文通训定声》云：“扇，扉也。门两旁如羽翼也。”《礼记·月令》有这样一句话：“是月也，耕者少舍，乃修阖扇，寝庙毕备。”郑玄注：“用木曰阖，用竹苇曰扇。”它有个同义词“箑（shà）”，扬雄《方言》云：“自关而东谓之箑，自关而西谓之扇。”

“扇”是个多音多义字。读shān时，大都作为动词。《尔雅·释虫》有“蝇丑扇”之语，郭璞注曰：“蝇，丑类也，蝇类好摇翅自扇。”这里的“扇”表示摇扇，如“二十四孝”中有“扇枕温衾”（把枕头扇凉快，将被子焐焐热，是对父母极尽孝道之意）。《西游记》第六十一回讲芭蕉扇的威力时说：“一扇息火，二扇生风，三扇下雨。”以上这些“扇”，因表示的是一种动作，后来就产生了累增字“搧”。

读阴平的“扇”还表示扇火，进而表示炽热的程度。《晋书·谢安传》云：“奸谄颇相扇构。”（“扇构”作煽动众人借机迫害解）《诗经·小雅·十月之交》有句为“艳妻扇方处（毛本写作‘煽’）”，即作“炽盛”解。这些“扇”，往后即累增为煽风点火的“煽”。

“扇”读作去声时，另有一义为割去雄性牲口的睾丸。《新五代史·郭崇韬传》云：“至于扇马，亦不可骑。”此处的“扇马”就是阉割过的雄马。由于“扇”的是马，后来就用“馬”与“扇”组合，又累增出个“騸”字来。

“扇”还有很多义项，如名词“扇子”，又如作量词，“一扇门”的“扇”，等等，恕不赘述。

笔者以为，汉字简化就得遵循统一的“游戏规则”。譬如“扇”字，词义多而杂，前人这才造出“搧”“煽”“騸”，以示区别或分流。如今要简化，就应该一视同仁，一起简化，让这三个字都回到最早的“扇”，不是又可以多简化掉两个字了吗？

孚·孵

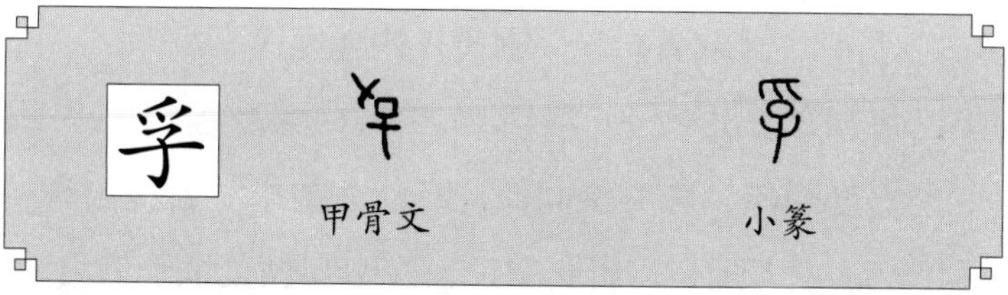

“孚”从“爪”从“子”，是个会意字。我们从中可以领会到什么意思呢？笔者以为，最起码可以想到两点：

1.“孚”就是后来的“孵”。《说文》曰：“孚，卵孚也。”徐锴注：“鸟抱，恒以爪反覆其卵也。”段玉裁云：“《通俗文》：‘卵化曰孚。’……《广雅》：‘孚，生也，谓子出于卵也。’《方言》：‘鸡卵伏而未孚，于此可得孚之解矣。’卵因伏而孚，学者因即呼伏为孚。凡伏卵曰抱。”扬雄《方言》：“鸡伏卵而未孚，或作孵。”这是一个很有趣的事，“孚”字是由于老母鸡伏在蛋（鸡子）之上而读音如“伏”的。

2.“孚”本是“俘”的古字。小盂鼎铭文有“孚人万三千八十一”之语，这里的“孚”就是“俘获”。《文源》云：“古以孚为俘字，即俘之古文，象手持子。”

然而，“孚”还有一义：相信、信任。《诗经·大雅·下武》云：“成王之孚，下土之式。”（成王诚信于天下，故天下皆来效法。）许慎曰：“孚，一曰信也。”徐锴云：“鸟之孚卵皆如其期，不失信也。”《说文解字注笺》以为，此一义乃引申义：“鸟之伏卵，以气相感而成形，所谓寂然不动，感而遂通，引申为上下交孚之义。相孚必以诚信，因之孚谓之信也。”

“孚”作“信”解，让笔者想起一则唐代的趣闻逸事。

天宝初年，贺知章（659？—744？）申请回家乡越州永兴（现浙江省杭州市萧山区）去安度晚年，唐玄宗问他，有什么要求尽管提出来。贺知章说，臣有一个儿子，想请圣上赐名。唐玄宗说，人生在世莫过于信用、诚实，“孚”字就是诚信的意思，你的儿子就叫孚吧，希望他成为一个讲信用的人。其实，唐玄宗赐贺知章之子名“孚”是别有用心的。

史载，开元十四年（726），玄宗的兄弟岐王去世，玄宗追封岐王为惠文太子。按葬礼规格，在惠文太子出殡的时候要有牵引灵柩唱挽歌的挽郎，这些挽郎都是由一定级别官员的子弟担任。贺知章时任礼部侍郎，奉诏挑选挽郎，他接受了一些候选人的贿礼，致使选人不公。那些落选的人找上门来要讨个公道，贺知章只得让手下人搬来梯子，爬上墙头向门外众人作解释，才得以平息风波。

再说贺知章跪谢天恩之后，高高兴兴地离去。可是一路上，他反复琢磨“孚”的意义，不由得渐渐生起了烦恼——“孚”字拆开，上面是一个“爪”，下面是一个“子”，皇上怎么说我的儿子是爪子呢……

接下来讲一下“俘”字。《说文》曰：“俘，军所获也。从人孚声。”它指的是打仗时被擒获的敌人。另有一说“俘”义为“取”，《左传·庄公三十一年》：“诸侯不相遗俘。”《尔雅》邢昺疏引李巡曰：“囚敌曰俘，伐执之曰取。”值得一提的是，甲骨文的“俘”从“彳”，写作“”。《甲骨文字集释》云：“象以手逮人之形，增‘彳’示于道中逮人。”

“孵”这个累增字是形声兼会意，其义甚明，就不多说了。

勹·包·胞

本文以《勹·包·胞》为题，是说这三个字有着递进关系："包"是"勹"的累增字；"胞"是"包"的累增字。

《说文》曰："勹，裹也。象人曲形，有所包裹。"胎儿有胎衣包裹，婴儿有童衣包裹，足见"勹"空腹能容，无所不包。可是，"今字'包'行而'勹'废矣"，它仅仅作为部首了。故段玉裁叹曰："包当作'勹'，浅人改也。"

"包"字是在"勹"内装进一个"巳"，意思是有了身孕。许慎曰："包，象人怀妊，巳在中，象子未成形也。元气起于子。子，人所生也。男左行三十，女右行二十，俱立于巳，为夫妇。怀妊于巳，巳为子，十月而生。"

后来，人们又在"包"字的左边加"肉"，这就出现了"胞"①。《庄子·外物》云："胞有重阆（làng），心有天游。"注曰："胞，腹中胎。阆，空旷

①"胞"，即"胎儿"，俗称"胎胞"，有"十月怀胎"之谓。什么是"十月怀胎"？段玉裁云："《文子》曰：'一月而膏，二月而脉，三月而胚，四月而胎，五月而筋，六月而骨，七月而成形，八月而动，九月而躁，十月而生。'"

也。”所以，段玉裁认为“胞”与“包”并非一义：“包谓母腹，胞谓胎衣……今俗语同胞是也。”笔者觉得，“胞”应是“包”之一类，即人（包括哺乳动物）之胎儿。故有草木孕育之“苞”，有瓜果结实之“匏”，以示与“胞”有所区别也。

从“勹”到“包”再到“胞”，笔画一增再增，你说汉字怎能不因此而越增越多。有人提议：“包”“胞”可回归到“勹”。如是，其义不变，则笔画大减。同理，“围”也可回归到“囗”。这样一来，“包围”可写作“勹囗”，岂不省事得多！

笔者觉得，此议虽有理，但作此变动势必劳师动众；更何况现在用电脑打字，有繁简互换程序，早已不劳各位烦神了。

顺便说一下“军（繁体为‘軍’）”字。许慎说它的字形是“圜围也”（段玉裁注：“形得圜义，音得围义。”），“从车，从包省”（笔者注：“包省”即“勹”）。“军”的本义是“兵车也”。《五经文字》云：“古者以车战，故军字从勹下车。”《段注》云：“勹，裹也。勹车，会意也……此释从车之意。惟车是兵车。故勹车为军也。”

冃·冒·帽

“帽”，起初是“冃”，往后成了“冒”，再往后才写成“帽”。

我华夏先民原本不戴帽子。许慎曰：“冃，小儿蛮夷头衣也。从冂（jiōng）；二，其饰也。”段玉裁云：“冃，小儿及蛮夷头衣也，谓此二种人之头衣也。小儿未冠，夷狄未能言冠，故不冠而冃……冃即今之帽字也，后圣有作，因冃以制冠冕，而冃遂为小儿蛮夷头衣。”

后来，人们逐渐体会到戴帽子的优越性。但是觉得这个“冃”缺少美感，于是根据“冃”在“目”上的特点，造出“冒”。《说文》曰：“冒，蒙而前也。从冃从目。”

可是，作为名词的“冒”后来多用作动词，如冒出、冒进、冒雨；渐渐虚化，如冒充、冒牌、假冒等。于是，“义取蒙覆其首”（徐铉语）之“冒”，则按头衣这个属性，再加个“巾”旁，这就成了如今之“帽”。《隋书·礼仪志》记载：“帽，自天子下及庶人通冠之，以白纱者名高顶帽。”再后来，帽子竟成了官员官阶的标志物。《新唐书·车服志》说：“乌纱帽者，视事及燕见宾客之服也。”

肰·然·燃

“肰（rán）”，许慎说这个字从犬、肉，指的是“犬肉”。狗肉竟然有专门名称，足见狗肉非一般，其味之香惹人馋。

可是，《辞海》《现代汉语词典》都不收该字，这是为什么？笔者想，也许是因为“疑当为然字之古文”。（朱骏声《说文通训定声》之语）

“然”，从火，肰声。其义为“烧也”。（许慎语）是啊，狗肉不用火烧，生吃香得了吗？于是，“然”出，则“肰”废（仅仅当作声符用）。

然而，后来表示“烧”这个意义的“然”，又加了个“火”旁，写成了“燃”。这又是怎么回事呢？段玉裁说：“然，烧也。通假为语词，训为如此，尔之转语也。”原来，为让位于“然而”“然后”“然则”等语词，就有了“燃烧”之“燃”。笔者突发奇想，“燃”字底下有火，边上有火，烤出来的狗肉肯定更加香气诱人，难怪济公活佛那么爱啃狗肉！

从“肰”到“然”再到“燃”，这三者的关系在文字学上就叫“古今字”。《辞海》有“古今字”条目，其解释为：“同样表达某一字而古今所用形体有所不同的汉字。古今字有两种类型：一是完全等义的，即古字与今字字义无差异，如壄和野、灋和法等；二是不完全等义的，即古字与今字字义只有部分相同，如莫和暮、景和影等。前者中今字的产生不涉及汉字的孳乳分化，古今字属同字异形，其中非选用字视作异体字。后者中今字的产生是汉字在发展上孳乳分化的结果。除此两类外，另有一些因字义变化而形成古今字的。”

由此可见，“然”与“燃”当属古今字。至于“肰”与“然”是不是古今字，按理应该也是，但是，前者现在不用了，也就不必说它了。

《孟子 · 公孙丑上》有句话说：“若火之始然。”其中的“然”，今人书写时一定要写成“燃”的呀！

最后再补充一点：“肰”切莫写成“肽”①，其中的“一点”是不可以乱挪的。

① 肽，音 tài，亦称“胜”(shēng)，一种有机化合物，由氨基酸脱水而成，含有羧基和氨基。

一·弌·壹

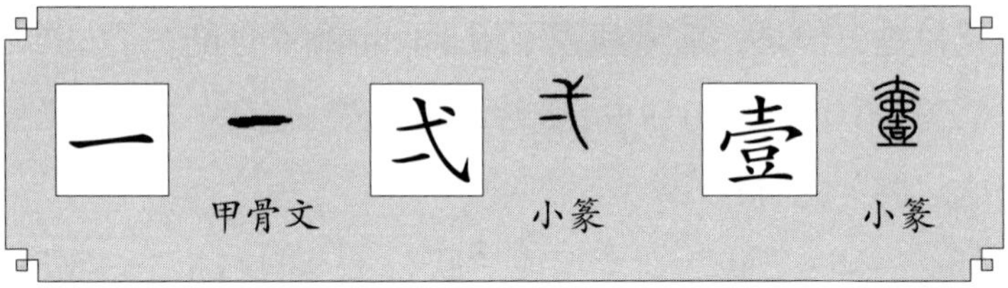

“一”是笔画最简单的汉字；“一”又是含义极为复杂的词语。

让我们先来看看，我国的第一部字典是怎样说“一”的。《说文》曰：“惟初太始，道立于一，造分天地，化成万物。”笔者以为，许慎的这四句话并不是给“一”下的定义，而是在给《说文》为何以“一”起首提供理论支撑，其根据源于老子《道德经》“道生一，一生二，二生三，三生万物”和“人法地，地法天，天法道，道法自然”之说。显而易见，这里的“一”用以指“道”，即万物的普遍本质。正如《汉书·董仲舒传》所言：“一者万物之所从始也。”

其实，“一”只是条刻画，最初用于计数，别无他义。周法高《金文诂林》：“张日昇曰：‘一二三亖皆积画成文。初民获三牛者，或直绘三牛以计数；捕二鸟者，直绘二鸟计数。然绘事甚烦，遂以至简之一画代之。一固可指牛，亦可指鸟，无一定也。’”郭沫若也曾说过：“数生于手，古文一二三……此手指之形也。”

可是，这么简单的“一”，到了后来就复杂起来。现在的辞书对“一”的诠释有本义、引申义、比喻义，可谓洋洋洒洒，详尽缜密。仅以《辞海》为例，“一”的义项多达 19 条，以“一”为词头的条目计有 248 条，让你目不暇接。

“一”有个异体字“弌”。《说文》曰：“弌，古文一。”这里所说的“古文”，切莫理解成“弌”字比“一”出现得更早。《段注》云：“一二三之本古文明矣。何以更出弌弍弎也，盖所谓即古文而异者，当谓之古文奇字。”钱大昕《汗简跋》云：“作字必先简而后繁。有一二三，然后有从弋之弌弍弎。而叔重注古文于弌弍弎之下，以是知许说所言，古文之别字，非弌古于一也。”

“一”还有个同义字“壹”。《孟子》曰：“志壹则动气，气壹则动志。”《说文》曰：“壹，专壹也。”宋·洪迈《容斋五笔》云：“古书及汉人用字，如一之与壹，二之与贰，三之与叁，其义皆同。”刘盼遂《王国维说文练习笔记》：“师云，金文中用壹为一者，始于战国时期，若二作贰，三作叁……”这就表明“壹”也是“一”的异体字。

在“一”的众多义项中，有一解为“纯”，《辞海》表述为“纯一不染”。《管子·水地》曰：“故水一则人心正。”尹知章注：“一，谓不杂。”《道德经》曰：“天得一以清，地得一以宁，神得一以灵，谷得一以盈，万物得一以生，侯王得一以为天下正。”这里的“一”为纯正之义。可是，人世间的事是不可能“纯之又纯”的。别的不说，就说计数用的“一二三……”，后来则要大写成“壹贰叁……”你道为何？元·戴侗《六书故》云：“今惟财用出纳之簿书，用壹贰叁以防奸易。”

《左传·文公三年》曰：“与人之壹也。”颜师古注：“壹，无贰心。”《大学》云：“壹是皆以修身为本。”足见认真读“一”是多么重要啊！

《说文·叙上》曰：“文字者，经艺之本，王政之始，前人所以垂后，后人所以识古。故曰：‘本立而道生，知天下之至啧而不可乱也。’”（笔者注：《周易·系辞》“啧”作“赜”，义为“深奥”。）

章太炎先生云：“语言文字和民族历史是国学的精粹所在。”由此可见，汉人学好用好汉字，这才是“汉所以为汉矣”！

《说文》是我国第一部字典，开创了汉文字学。然而，该书所收 9353 字以什么顺序编排，却是一个极为棘手的问题。许老先生不愧为汉文字学鼻祖，他首创了“分别部居”之编排法，“谓分别为五百四十部也，谊兼字义字形字音而言”。（段玉裁语）王筠赞曰：“《说文》以字形部居，独出千古，后世所宗。”

在《说文·叙上》的末尾，分列五百四十部目，有如近代字典的部首表。那么，《说文》为什么要分五百四十部，部首为何要始于“一”而终于“亥”（正文解说也是从“一”字开始，到“亥”字结束）？两千年来，这个问题成了文字学界苦苦思索的一大“谜团”。

徐锴曰：“天道终则复始，故亥生子，子生丑，复始于一也。”又曰：“亥生子，终则复始。故托于一，寄终于亥，亥则物之该尽，故曰穷冥也。”

在《段注》里，作者用了很大的篇幅，力图阐述各部首依次排列的理据，如：部二百八十七“人”之后，是部二百八十八“匕（音 huà）”，其理由是“倒人而次之”；部二百八十九“匕（音 bǐ）”，其理由是“反人而次之”；部二百九十“从”，其理由是“益人而次之”；部二百九十一“比”，其理由是“反从而次之”；部二百九十二“北”，其理由是“二人相背而次之”。就这六个部首之间的内在联系而言，倒也很有逻辑性。

不过，笔者觉得许慎将文字分为五百四十部，且“始一终亥”，恐怕另有寓意。古人著书立说，皆本着“文以载道、以史为鉴”之宗旨，许慎亦然。众所周知，汉王朝视秦王朝为“前朝”，十分重视总结秦帝国的存亡得失。公元前 221 年，“六王毕，四海一”，嬴政自称始皇帝，从此大秦帝国可以二世、三世……千秋万代传下去。然而，好景不长，竟毁在秦二世胡亥之手（子婴在位不到三个月，忽略不计），这不正是“始一终亥”吗？秦王朝从公元前 221 年起，到公元前 206 年止，仅 15 年，若以日计（一年 360 天），正好是 5400 天，实属短命！

概而括之：“始一终亥”，即起于始皇嬴政而亡于二世胡亥；五百四十部亦可视为 5400 天之隐喻。

笔者觉得，不妨再作一个大胆联想：嬴政是我国第一个皇帝，溥仪是最后一个皇帝。宣统逊位于 1911 年，这一年正是辛亥年。天下竟有如此巧合的事情？

以上关于“始一终亥”的寓意，乃笔者之胡乱猜想。如有不当，欢迎诸位读者批评。

俆·徐

"俆"和"徐"本来是同一个字——音同义同。《说文》曰："俆，缓也。从人余声。"又曰："徐，安行也。从彳余声。"《字汇》："俆，与徐同。缓也。"段玉裁云："俆，缓也。与徐义略同。《齐世家》：'田常执简公于俆州'……按：《鲁世家》作徐。"由此可见，在春秋战国时期，"俆""徐"是通用的。

汉字一字多形的现象为数不少。不过，总是有正体与异体之分的。那么，就"俆""徐"而言，谁"正"谁"异"，二者必须选其一。这还真是个难题。于是，人们便从它们的部首着手比较。"徐"从"彳"，义为"小步也"。《说文六书疏证》在论述"彳部"时有云："行象四达之道形，彳为行之省，本部字皆与从行者义无歧别。"如此说来，作为表示"舒缓之行"或"安然之行"这样的行走之态，以"彳部"的"徐"为正体字，而"俆"为异体字，自然是顺理成章的事了。

"徐"之义大都较为美好。《尔雅·释训》："其虚其徐，威仪容止也。"郭璞注："雍容都雅之貌。"《玉篇·彳部》："徐，威仪也。"《庄子·应帝王》："其卧徐徐，其觉于于。"陆德明注："徐徐，安稳貌。"《尔雅·释地》："济东曰徐州。"刑昺疏："淮海闲其气宽舒，禀性安徐，故曰徐。"

"徐"作形容词，用以表示舒缓，如《庄子·天道》："不徐不疾，得之于手而应于心。"作动词，可用以表示军旅行动之快慢，如《孙子·军争》："故其疾如风，其徐如林。"

"徐"是汉族百大姓氏之一。根据国家第六次人口普查结果，大陆地区姓徐的人口总数排名为第十一位。

有个成语叫"徐娘半老"，语出《南史·后妃传下·梁元帝徐妃传》："帝左右暨季江有姿容，又与淫通。季江每叹曰：'柏直狗虽老犹能猎，萧溧阳马虽老犹骏，徐娘虽老，犹尚多情。'"后以"徐娘半老"比喻年长而颇具姿色风韵的妇女，含有轻薄的意思。

战国时期，有位喜爱收藏匕首的人，名叫徐夫人。《史记·刺客列传》有云："于是，太子预求天下之利匕首，得赵人徐夫人之匕首，取之百金，使工以药淬之。以试人，血濡缕，人无不立死者。乃为装遣荆轲。"务请注意，此徐夫人乃一男子。不久前，有位剧作家在他创作的剧本中，竟将"徐夫人"塑造为女子。唉，徐夫人摇身一变，真的成了徐"夫人"了。

考·攷

《说文·叙上》曰："六书……五曰转注。转注者，建类一首，同意相受，考老是也。"这就是说，"考"即"老"。甲骨文的"考"像偻背老人扶杖而行之状。然而，"考"与"老"之形、义毕竟有别。

1. 毛晃《增修互注礼部韵略》云：老下从匕（huà），考下从丂（kǎo），各自成文，非反匕为丂也。

2.《礼记·曲礼》云："生曰老，死曰考。"那么，亡故之父为何称"考"呢？笔者以为，这和"考"的声部"丂"有关。许慎曰："丂，气欲舒出。ㄅ上碍于一也。"段玉裁注："ㄅ者，气欲舒出之象。一，其上不能径达。"一个人还在向衰转化（匕），只是越来越老而已；如果气已"上不能径达（丂）"，这老者不就死去了吗？

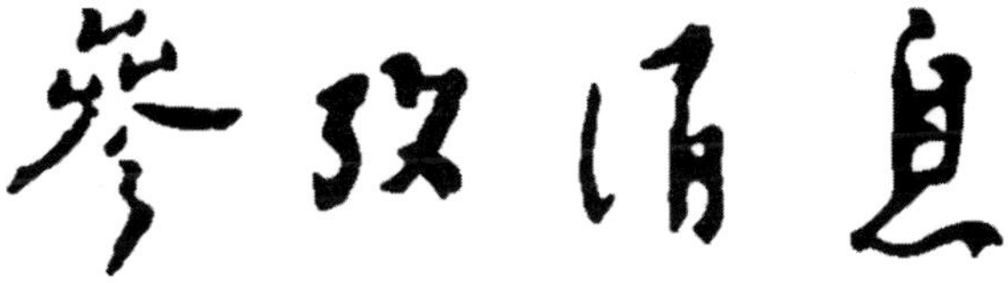

《参考消息》报头

“考”有个异体字“攷”。《说文》攴部：“攷，敂也。”① 徐铉在注“考”时指出：“攷，古文考。”段玉裁释“攷”云：“《唐风》：‘子有钟鼓，弗击弗攷。’毛曰：‘攷亦击也。’攷引申之义为攷课……从攴丂声。”又云：“凡言考校、考问字皆为攷之假借也。”

顺便说一下，“考”可通“拷”。这就难怪，现在有的考试题难得出奇，犹如“严刑拷打”一般，非让你脱掉一层皮不可。

① 敂（kòu），敲击。有意思的是，在湖南新宁“敲”读作 kāo，与“攷”同音。

富·畗

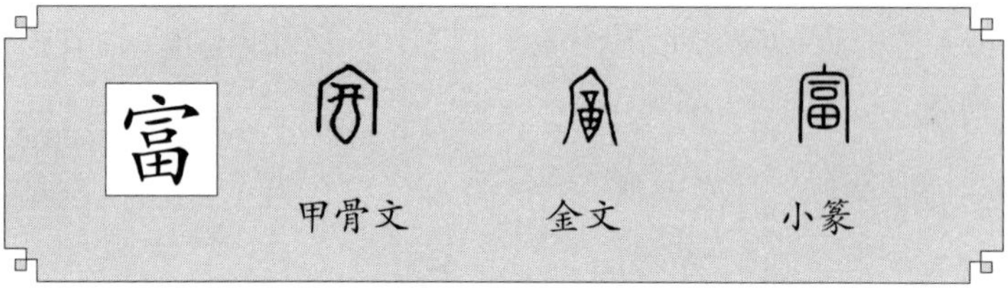

山东曲阜孔府，人称“天下第一家”；乾隆朝称纪昀为“天下第一才子”；据传，孔府大门之楹联是纪昀撰写，于是此联语被誉为“天下第一联”。

上联：与国咸休安畗尊荣公府第；

下联：同天并老文章道德圣人家。

可是有人说，学富五车的“纪大烟袋”也会写错字[①]，竟然把“富”字头上的一点给丢了。然而，也有人站出来大唱赞歌，这是人家纪大学士“故意写错”的，少写一点意为“富贵无顶”。不过，无论是挑刺的，还是护短的，都认为“富”本应该从“宀（mián）”，而不是从“冖（mì）”。

其实，“畗”是“富”的异体字。《说文》（徐锴本）曰：“富，备也。一曰厚也。从宀畐声。”又曰：“畐，古福字。俗作畗。”《正字通·冖部》：“畗，俗富字。《正韵》富、畗两存。”《辞海》云：“畗，同富。”

① 错别字是错字和别字的合称。错字是书写时笔画有误，不成字；别字是指误用了别的字，与本意不符，俗称“白字”。

少一点的“冨”字，早在唐代颜元孙《干禄字书》中已有收录，并指明“冨”为正体字“富”的俗字。尽管“冨”是俗体字，但它颇受古人青睐。有位书法爱好者从《宋四家书法字典》中摘取了 15 个“富”字，竟有八个是从“冖”的“冨”。

附带说一下“畐（fú）”字，它也有个异体字“畗”。《说文》曰：“畗，满也。从高省，象高厚之形。”

罪·辠

犯罪的“罪”，原本写作“辠”。于是，笔者先说“辠”字，后说“罪”字。

“辠”是个会意字——上“自”下“辛”。《说文》曰：“辠，犯法也。从辛从自，言辠人蹙鼻苦辛之忧。秦以辠似皇字，改为罪。”徐铉曰：“臣铉等曰：言自古者以为鼻字，故从自。”这就是说，“辛”取“辛酸”之义，“辛＋自”即为“酸鼻”，寓“辠人蹙鼻苦辛之忧”之意（参见《段注》）。

笔者以为，以“酸鼻”这个引申义来解释“辠”，比较迂曲。“辛”字从一从䇂（qiān），本身就具有“辠”这层意思。《说文》曰：“䇂，辠也。”

关于“辠”与“辛”之关系，李孝定《甲骨文字集释》论述较详：“郭沫若曰：‘辛字之结构，横画固可多可少，而直画亦可曲可直，更积极而言之，则辛䇂本一字。由其形象以判之，当系古之剞劂（jī jué）。’《说文》云：‘剞劂，曲刀也。’王逸注《哀时命》云：‘剞劂，刻镂刀也。’应劭注《甘泉赋》云：‘剞，曲刀；劂，曲凿。’……辛本为剞劂，其所以转为愆辠之意者，盖古人于异族俘虏或同族中之有罪而不至于死者，则为从辛之童妾等字。有罪之意无法表示，故借黥刑以表示也。黥刑亦无法表现于简单之字形中，故借施黥之工具剞劂以表现之。辛既得黥义，故引申而为罪愆，引申而为辛酸，引申而为辛辣残刻。吴其昌曰，辛字象斧属兵器形。《白虎通·五行篇》云：'辛，所以煞伤之也，必兵刑器，始能杀伤。'"

"罪"是个形声字——上面的"网"是部首，下面的"非"是读音。《说文》曰："罪，捕鱼竹网。从网、非。秦以罪为辠字。"

作为捕鱼工具之名的"罪"，和表示犯法的"辠"，哪个是正体字，哪个是异体字？这可是个难以说清的问题。段玉裁云："（罪）本形声之字，始皇改为会意字也……《文字音义》云：'始皇以辠字似皇，乃改为罪。'按：经典多出秦后，故皆作罪，罪之本义少见于竹帛。《小雅》'畏此罪罟'，《大雅》'天降罪罟'，亦辠罟也。"他的意思是说，"辠"是正体字，"罪"是假借字。

《左传·庄公十一年》曰："禹、汤罪己，其兴也悖焉。"《荀子·王制》曰："无功不赏，无罪不罚。"《韩非子·五蠹》曰："有过不罪，无功受赏，虽亡不亦可乎？"……以上这些著作，成书都在秦始皇前，故《康熙字典》云："经史辠、罪互用。今通用罪。"言下之意，"辠""罪"二字，谁先谁后、谁正谁异，难分伯仲。

王筠《说文释例》云："罪乃捕鱼竹网也，鱼有何非而网之哉？"这个问题在笔者的脑海中萦绕多时。近日，笔者突发奇想："罪"可能不单指"捕鱼网"，也可作"捕鸟网"之名称。"非"可视为"飞鸟"之尾羽，"罪"则表示网罩住了鸟。如今，我国有保护野生动物之法律，随意用"捕鸟网"捕鸟，那可是犯罪的行为呀！

鹅·鵞

鹅

小篆

本文原题为《写“鹅”》。此题可作三种理解：一是以鹅为题材，吟诗作文。相传骆宾王七岁作《咏鹅》诗，曰：“鹅鹅鹅，曲项向天歌。白毛浮绿水，红掌拨清波。”此十八字竟成千古绝唱，乃神童也。二是“鹅”字怎么写，即有哪几种字形？这个问题不难回答，稍后再说。三是这个“鹅”谁写得最好？此乃本文之侧重点。

王羲之《鹅》字碑

李白《王右军》云：“右军本清真，潇洒出风尘。山阴过羽客，爱此好鹅宾。扫素写道经，笔精妙入神。书罢笼鹅去，何曾别主人。”

这首五律，记述的是王羲之以书写经文换鹅的故事：山阴有一位道士（羽客），想要王羲之给他写一卷《道德经》，他打听到王羲之喜欢白鹅，就养了一群品种优良的白鹅。王羲之得知后，就要买下这群鹅。

道士要求王羲之替他写一卷经。王羲之毫不犹豫地给道士抄写了一卷《道德经》，道士便将鹅送给了王羲之。

讲了“写经换鹅”的典故之后，接下来就谈谈“鹅”这个字的构造。它的繁体字为“鵝”。《说文》曰：“鹅，鴚鹅也。从鸟我声。”这就是说，它是个由“鸟＋我”组成的形声字，部首为“鸟”，读音似“我”。

由于“鸟”和“我”这两个构件所处的位置不同，它就有了几种写法。小篆是“左鸟右我”，写作“䳘”，这个字形很可能是古文；隶书以及往后的楷体都是“左我右鸟”，这就是通行至今的“鹅”，应当视为正体字；书圣王羲之生性爱鹅，他写起来总是“我在上鸟在下”，字形为“鵞”；此外，还有“鸟在上我在下”的“𩿠”；还有个“左我右隹”的“𢧐”……笔者以为，“鵞”“𩿠”“𢧐”都是“鹅”的异体字。

本文列举那么多的“鹅”，是想说明一个问题，“异体字族群”中有一种特殊现象：某些两个独体字组成的合体字，将部件位置互换后，就会产生异体字。为证明笔者的这一说法，罗列几则例证如下：

正：“群”，异：“羣”；

正：“略”，异：“畧”；

正：“期”，异：“朞”；

正：“棋”，异：“棊”；

正：“晰”，异：“晢”；

正：“裏”，异：“裡”。

明·朙·眀

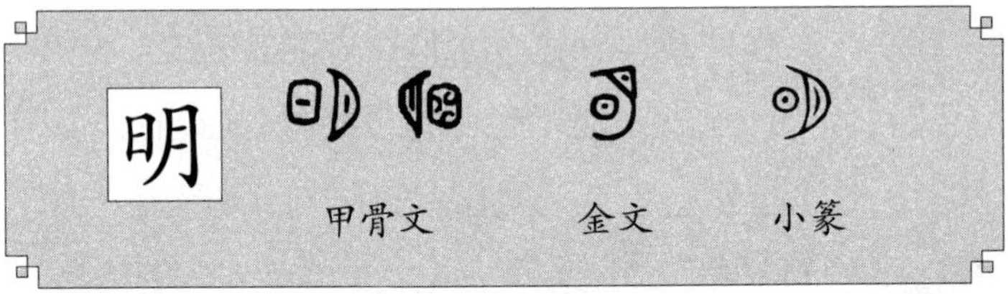

本文以《明·朙·眀》为题，表明“明”字有从“日”、从“囧”（jiǒng）、从“目”三种写法。那么，这三个同音同义不同形的字，哪个是正体字，哪个是异体字？这倒是需要弄个究竟的。

先看《说文》是怎么讲的：“朙，照也。从月从囧……明，古文朙从日。”许慎先解释小篆“朙”，此字“从囧”，义为照耀；紧接着指出，“古文朙从日”，这句话的意思是说，“明”是“朙”的古文。

段玉裁支持许君之说，不厌其烦地引经据典以证之：“火部曰：‘照，明也。’小徐作昭。日部曰：‘昭，明也。’《大雅·皇矣》传曰：‘照临四方曰明。凡明之至则曰明明。明明犹昭昭也。’……《诗》言明明者五。《尧典》言朙朙者一。《礼记·大学》篇曰：‘大学之道，在明明德’。郑云：明明德，谓显明其至德也……夫由微而著，由著而极，光被四表，是谓明明德于天下……从月者，月以日之光为光也；从囧，取窗牖丽廔闿明之意也。”又云：“古文从日，云古文作明，则朙非古文也。盖籀作朙，而小篆、隶从之。”

“明”为正体字，是由其本义而定的。这里不妨再举几则例证。《周易·系辞》：“日月相推，而明生焉。县象著明，莫大乎日月。”疏：“日月中时，遍照天下，无幽不烛，故云明。”《史记·历书》：“日月成，故明也。”徐锴《说文解字系传》：“君子曰：‘在天者莫明于日月，故于文日月为明。’”朱骏声《说文通训定声》：“古文从日月会意。”

不过，商承祚在《殷虚文字类编》中列举卜辞“明”的几种写法，作出“‘明’‘朙’皆古文”的结论。如此说来，只有“明”才是异体字。

清·邵瑛《说文解字群经正字》：“今经典俱从古文……石经作明，盖省朙为明，非从目也。”

《康熙字典》云：“明……按《正字通》云：《庄子·外物篇》：‘目彻为明。’……目明与明暗之明义同。田艺衡曰：‘古皆从日月作明。汉乃从目作明。’《广韵》《礼部韵略》俱不收明字。《正韵》沿《玉篇》《集韵》之误，分明、明为二。”

李白有《静夜思》一首，脍炙人口，千古传诵。鉴于上述，“朙”意指从窗格射进的月光，“明”指的是目光明彻。于是，笔者突发奇想，建议将《静夜思》写作：

床前朙月光，疑是地上霜。
举头望明月，低头思故乡。

苏·蘓·甦

“苏”（繁体写作“蘇”）字从“艹”，这就可以判断，它的本义是指某种草本植物。

《说文》曰：“蘇，桂荏也。从艸穌声。”段玉裁云：“《方言》曰：‘苏亦荏也，关之东西或谓之苏，或谓之荏。’郭璞曰：‘苏，荏类。’是则析言之则苏、荏二物，统言则不别也。桂荏，今之紫苏。”

“苏”，有一义“复苏”，特指人从昏迷中醒过来。《小尔雅·广名》：“死而复生谓之苏。”《广韵》：“苏，息也，死而更生也。”作为草本植物的紫苏，具有“死而更生”的药物功效。《本草》有注云：“苏，从稣，舒畅也。苏性舒畅，行气和血，故谓之苏。苏乃荏类，而味辛如桂，故《尔雅》谓之桂荏。”

有文字学家认为，“稣”不但是“苏”的读音，而且是“苏”的本字。笔者觉得这个说法颇为有趣，故详细抄录于此。《象形字典》云：“稣”是“苏”的本字。金文写作“鱼＋木”，表示用树枝穿鱼鳃提鱼。古人发现，用树枝或稻草穿鱼鳃提鱼，就不会置鱼于死地，只要在较短的时间内把它放到水里，它就可以“复活”。

如此说来，“稣＋艸”之“蘇”，能够使病情严重的人“更生”也就顺理成章了。怪不得“蘇”有个异体字则是“更＋生”的“甦”。

据考证，“甦”属于后世所造“俗字”。《颜氏家训》云：“北朝丧乱之余，书迹鄙陋，加以专辄造字，猥拙甚于江南……更生为苏，遍满经传。”可见“甦”字乃是魏晋时期民间取“更生”之意造出来的。

附带说一下，“蘇”还有个异体字“蘓”，它只是将声部“稣”的“鱼”挪到“禾”的右面去了。

曾因“蘇”跟“蘓”的不同写法产生一则文坛佳话：

东坡居士爱吃鱼。一次他做了一盘“五柳鱼”，刚端上餐桌准备享用，佛印和尚及时赶到。苏学士心想：有道是馋猫鼻子灵，好个蹭饭的和尚，这鱼我偏不让你吃。于是，他把那盘鱼搁到了书架上。

佛印大和尚不但鼻子灵，而且眼睛尖，早就看到鱼藏何处，暗自思考片刻，已想出让苏东坡乖乖把鱼拿出来的妙计。

“贫僧今日特来请教一字。”

“何字？”

“苏学士的‘苏’怎么写才正确？”

佛印大和尚的学问非比寻常，还会专程来讨教这等小儿科问题？苏东坡佯装不知，煞有介事地回答：“‘蘇’字上面是个草字头，下边左‘鱼’右‘禾’。”

“草字头下面左‘禾’右‘鱼’呢？”

“这个‘蘓’，还念‘蘇’。”

“要是把‘鱼’挪到草头上面呢？”

“‘鱼’放在上头就不成字了。”苏轼暗自好笑，原来他是在这里等着我呀。

佛印用手指了指书架上藏着的“五柳鱼”，说道：“那就请把鱼拿下来吧！”

在一阵嬉笑声中，这对欢喜冤家分享起美味的“五柳鱼”来。

康熙出于对“苏文公”的尊崇，将杭州西湖“苏堤春晓”的“蘇”写成“蘓”，此后在编《康熙字典》时，“蘓”就成了“蘇”的异体字，正式收入字典之中。

这正是：

汉字构造，很不简单。表音表意，方正好看。
以蘇为例，可见一斑。蘇蘓趣事，传为美谈。
简化之苏，上草下办，跟鱼无关，趣味大减。

盌·埦·椀·碗

盌

小篆

碗，是一种圆形凹心、敞口而深的食具，家家都有，餐餐皆用，原本无需多言。然而，“碗”的古文是“盌”，而且有好几个异体字，不妨敷衍一番。

《说文》曰：“盌，小盂也。从皿夗声。”颜师古注《急就篇》云：“盌似盂而深长。”《方言》曰：“盂，宋、楚、魏之间或谓之盌；盌谓之盂。”这充分说明，同一种器物，不同地域往往有不同的名称。

笔者以为，将从“皿”的“盌”写成从“石”的“碗”，或许为了彰显其材质。正因为此，不同的材质制成的碗，也会造出不同部首的异体字来。桂馥《说文解字义证》：“盌，本书瓮。”元·周伯琦《六书正讹》：“盌，俗作椀。”《集韵》：“盌，或作埦。”

北周·庾信《春赋》有“芙蓉玉碗，莲子金杯”之句，这就表明，也有用金、银、玉这些远比土、木、瓦、石高贵的材料做碗的。那么，有没有从金、从玉的“盌”字呢？金文确有写作上“夗”下“金”的（据容庚《金文编》）。有从“玉”之“琬”，不过，它是玉制饰物，与“碗”无关。《考工记·玉人》

曰："琬圭九寸。"郑玄注："琬，犹圜也，王使之瑞节也。诸侯有德，王命赐之，使者执琬圭以致命矣。"

"碗"之形状大都呈半球形。于是，窝窝头又称"碗脱"；于是，美国有足球场称之为"玫瑰碗"（属比喻义）。

"碗"可作量词。《三国书·吴书·甘宁传》："孙权特赐米酒众骰，宁先以银碗酌酒，自饮两碗。"

灯笼"一盏"可称作"一碗"。《水浒传》云："正劝不开，只见两三碗灯笼飞也似来。"

鲜·鱻·尟·尠

“鲜”有二读：一读 xiān，味道鲜美的“鲜”；二读 xiǎn，鲜为人知的“鲜”。

读阴平的“鲜”，它的本义是一种鱼的名字。许慎曰：“鲜，鱼名，出貉国。”

《周礼·职方氏》有“七闽九貉”之语。“闽”在东南方，“貉”在东北方，都是少数民族建立的国家。“貉”本是一种以鱼类为主食的动物。由此可知，貉国之民像貉那样喜欢吃鱼。据说，吃生鱼片的习俗源于貉这个民族。

老子《道德经》曰：“治大国如烹小鲜。”这里的“小鲜”，指的是小鱼。鱼名的“鲜”，有许多引申义：由吃生鱼而产生“新鲜”之义；因生鱼需要洗干净后才能吃，则“鲜”可作“洁”解；《周易·说卦》有“为蕃鲜”之言，其中的“鲜”作“明”解；《左传·襄公三十年》云：“唯君用鲜。”此处泛指鸟兽等野味；凡是新杀的鱼、鸟、兽等，食之味美，于是又有了“鲜味”之义……

“鲜味”的“鲜”，古文写作“鱻”。《说文》曰：“鱻，新鱼鲭也。从三鱼。”段玉裁云：“凡鲜明、新鲜字皆当作鱻。”

“三鱼”者，众鱼也，多鱼烹煮，其味则鲜。爱吃火锅的朋友应该都有体会，如果多用几条鲫鱼做汤底，火锅的味道更加鲜美。

人们通常以为：鱼和羊一起烧煮，味道一定特别鲜。所以，段玉裁说：“自汉人始以鲜代鱻，如《周礼》经作鱻，注作鲜，是其证……今则鲜行而鱻废矣。”笔者从未吃过鱼和羊一锅烩的那道菜，究竟是不是“味道特别鲜”，没有体验，所以对这样的烹调方法没有发言权。

“鲜”读上声时，其义为“少”，成语“鲜为人知”，就是很少有人知道的意思。表示“少”的“鲜”，有两个异体字“尟”“尠”。《说文》曰：“尟，是少也……从是、少。”段玉裁云：“或作尠。尠者尟之俗……于其形得其义也。”又云：“又叚为尟少字，而本义废矣。”

表示“少”这一义的“鲜”，为什么会有两个异体字呢？笔者以为，汉字绝非某一人或在某一地所造，东面的某甲，造了个“尟”，西面的某乙，造了个“尠”，创意都还不错，谁也不愿割爱，就一起保留了下来。

最后补充说明一下：无论是鱼名“鲜”，还是表示味道鲜美等之“鱻”，抑或表示稀少之义的“尟（尠）”，现在都统一写作“鲜”了。但是，笔者提醒爱写繁体字的书法家注意，写“味道鲜美”时，切莫写成“味道尟（尠）美”；写“鲜为人知”时，也不可写成“鱻为人知”哪。

國·圀·囶·囻·国·囯

国家的“国”，从古到今竟然有26张“面孔”（见文末插图）。由于笔者学识所限，这里只介绍六张“面孔”：國、圀、囶、囻、国、囯。

“國”是正体字，“国”是简化字，此二者世人皆识；“囯”是个俗字，在民间颇有市场；“圀”“囶”“囻”三者，恐怕知道的人不多。

所谓“正体字”，应以秦代统一汉字时确定的小篆字形为准。《说文》曰：“國，邦也。从囗从或。”据此可知，这个外“囗”内“或”的“國”字已经运用了2000多年。其实，“或”字的历史更为悠久。《说文句读》云：“金刻國字皆作或，知國亦或之分别文。”高鸿缙《金文诂林》云：“或即國之初字。周时借用为或然之或，乃加囗为意符作國。”

先民每造一字，都赋予它特定的寓意。“國”字由“囗、戈、口、一”四个部件组成：“一”是土地；“口”是居民；“戈”是保卫领土及居住民的武装力量；“囗”是疆界。组合起来表示：由武装力量保护土地、人民等的政体。由此可见，“國”字其义何等精当，内涵何等丰富。

周代实行的是封邦建国之制（简称“封建制”），方千里京畿外，分封成数百个诸侯国，“大曰邦，小曰国”。《孟子》云：“大国，地方百里；次国，地方七十里；小国，地方五十里。”

有一种说法，公元690年，有个名叫宗秦客的官员，造了“曌”等十几个字献给则天女皇（自此，女皇名“武曌”），其中一字就是将“國”改成“圀”，取其意为当今女皇统治“四面八方”。《正字通·囗部》：“圀，同國。唐武后作圀。”①

其实，这仅仅是一种调侃性的传说而已。至少在武则天出生前几百年的汉朝就有“圀”的写法了。汉·崔骃《樽铭》：“献酬交错，万圀咸欢。”南朝梁黄门侍郎兼太学博士顾野王所撰的《玉篇》也搜集了“圀”字。《玉篇·囗部》云：“圀，古文國字。”

“国（‘囗’内为‘王’）”，据说是太平天国所创，其实，《龙龛手鉴·囗部》指出“国”是“國”的俗字。《宋元以来俗字谱》：“國”，《列女传》《取经诗话》《岭南遗事》等均作“国”。《五代史平话》云：“刘季杀了项羽，自立国号曰汉。”

此后，民间相继生出了“囻”“囯”等，均应视为“國”的俗字（异体字）。《龙龛手鉴·囗部》：“囻，俗；正作國。”如今，“國”简化成“国”了。

下面是各式各样的“国”字，图片源于《新民晚报》文摘。

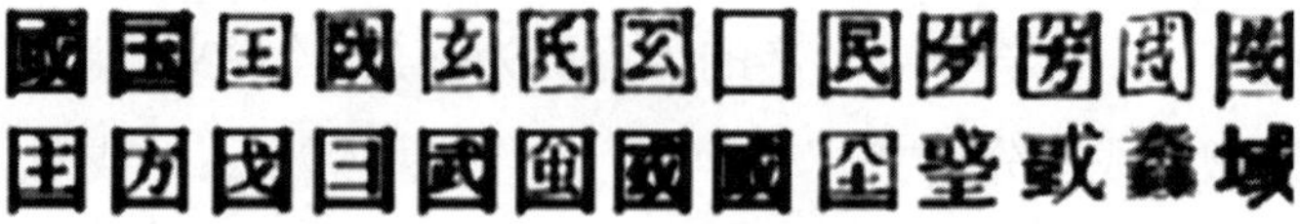

① 唐武后作“圀”之说欠妥。作“圀”字之时当在天授元年（690）九月，武氏已自称皇帝，改国号为“周”，故不能再称“唐武后”。

“繁”字应简化

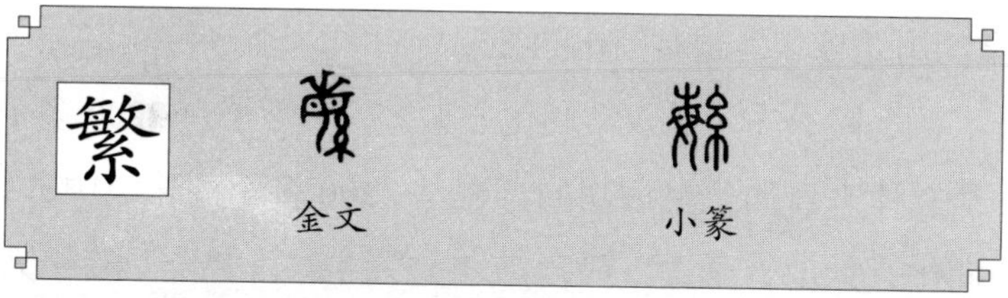

大多数国人认为汉字太繁，主张简化。笔者幼年学的是繁体字，颇有“繁体烦”之感慨，所以很赞成“简化汉字”。其实，我们的先民一直做着在不影响表意的前提下尽量减少字的笔画的事，今人所谓的“汉字改革”，只不过是继续前人的意愿而迈出了较大的步伐而已。

本文《“繁”字应简化》，题中“繁”“简”二字，本身就是一件有趣的事。“简”是个简体字，它从“簡”字简化而来，是将其中的“門”按草书的写法写成“门”。“繁”字还真是个“繁体字”，金文、小篆都写作“緐”，里面没有“攴”，比现在的“繁”还少四画呢！

《说文》解释“緐”的本义是“马髦饰也”。段玉裁注：“引申为緐多。又俗改其字作繁，俗形行而本形废，引申之义行而本义废矣。”由此可见，由“緐”到“繁”，乃俗人所作俗事；今人力主简化，本应将“繁”恢复到“緐”才是。不知何故，经多次简化，而“繁”竟不进行简化，真让笔者有些弄不明白，是不是特意保留这个繁体的“繁”字，给人们一个“繁复”“繁杂”的印象？要知道，这个“繁”字还有“繁多”（汉字究竟有多少，至今说不准）、“繁殖”（大量的形声字就是从象形、会意、指事字孳生出来的）等义。笔者以为，“繁”字的用处越多，越有简化的必要！

1956 年，国务院公布了《汉字简化方案》，一下子有 2200 多个字简化了。笔者以为，从总体来看简化是成功的。在这 2200 多个简化字中，绝大多数是偏旁部首的简化，如部首“食”简化为“饣”、部首“金”简化为“钅”等，运用这种方法一下子就简化了千余字；有一些“简化”其实就是恢复古文写法，或是采用了前人简化的成果，如：“長”简化为“长”，则是参照了古文“夫”；卯金刀“劉”写成文刀“刘”，汉代人治印时就有这样写的……如此等等，足以表明，汉字改革当在继承前人的努力方面发展。

简化汉字，当是坚定不移的方向。但是，汉字传递先民认识自然、利用自然的科学信息，是制约社会、规范行为的智慧结晶，每一个汉字都有它的文化积淀，理所当然是一门大学问。因此，我们对汉字首先得有敬畏之心。汉字改革每走一步都应当慎之又慎，尽量避免“停”“酒”“嘴”弄出“亻丁”“氿”“咀”之类的洋相，尽量减少“發”“髪”不分的乱象。

夫·長·长

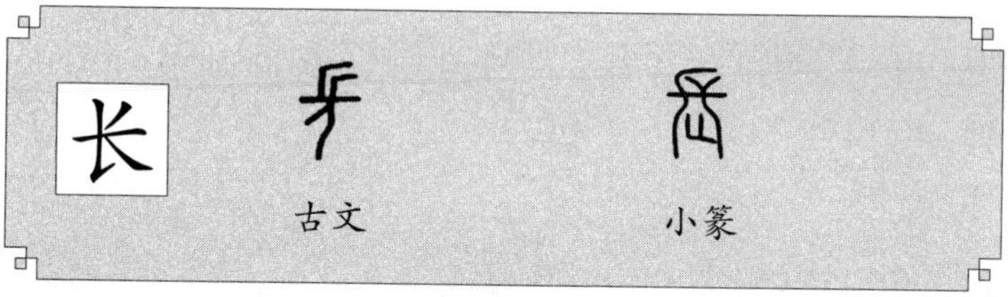

有些汉字，最初笔画简单，后来复杂起来，现在又进行了简化。以“长”为例，这个字正是由简到繁，再由繁到简的典型一例。

“长”古文写作“夫”，它由“上”和“人”组成，“象人发长之形”。《说文通训定声》云：“（夫）字当训发，人毛之最长者也。”

“夫”后来演变成“長”（小篆已基本如此），其义也有所发展。《说文》曰：“长，久远也。”《段注》云：“久者，不暂也；远者，不近也。引申之为滋长、长幼之长。”至此，“长”有二读二义：一为 cháng，长短的“长”；二为 zhǎng，生长之“长”。

现在，“長”已简化成“长”，其写法近似于古老的“夫”。这个“长”字不正是“走过一段由简到繁、再由繁到简的道路”吗？

由于“长”有二读二义，笔者想起了一副有趣的对联：

大年三十那天一早，花鸟店花老板突然心血来潮，连写五个“长长长长长”，说是一句上联，请对门的理发店李老板对下联。

理发店李老板一看，哈哈大笑，说了一句“这有何难”，于是也写了五个“长长长长长”，这就成了下联。

隔壁钱庄钱老板也来凑热闹，说是给这副对联添个横批——“长长长长”。

请问，他们二人写的各自表示什么意思?

答案：

花老板五个“长”的读法：

1. cháng zhǎng cháng cháng zhǎng;

2. zhǎng zhǎng zhǎng zhǎng zhǎng。

李老板五个“长”的读法：

1. zhǎng cháng zhǎng zhǎng cháng;

2. cháng cháng cháng cháng cháng。

钱老板四个“长”的读法：

1. cháng zhǎng cháng zhǎng;

2. zhǎng zhǎng zhǎng zhǎng。

“筆畫”要从简

所谓汉字简化，就是简省字的笔画。就拿“笔”“画”来说，它俩都是简化字，两个字合计 18 画。原本写作“筆”“畫”，共计 25 画，一下子省掉了 7 画。

笔者一贯主张，汉字简化要遵循“减笔画而不害字义”的原则。“筆畫”简化成“笔画”，完全符合这个原则。下面，笔者从造字法的角度来谈谈这两个字简化后字义没有发生变化的浮浅见解。

“筆”是个会意字，它是书写工具。从竹从聿。这个“聿”是“筆”的本字，“象又持刻划之刀。古文之书以刀，后世易之以豪束而建诸管，故加竹焉。”（语出《说文解字注笺》）

其实，起初“不论以竹以木，但能染墨成字，即谓之笔”。秦吞六国，蒙恬以竹管造笔，即称为“秦笔”。据虞世南考证，“秦笔”长不过六寸，笔头以鹿毛为柱，羊毛为被，就是所谓的“苍毫”。

“筆”简化成“笔”已有时日，它是六朝时的俗字，最早见于北齐隽修罗碑。故《集韵》有言："筆，或作笔。"由此可见，这个字的简化实际上是采用了前人的成果。众所周知，旧时书写皆用毛笔。"笔"，从竹从毛，毛束在竹管之上，充分说明此字属于会意。

"畫"，上"聿"下"画"。许慎曰："畫，界也。象田四界。"笔者觉得他的解释只是说了下面的"画"。段玉裁云："畫，介也。介各本作界……介，畫也。从八从人。人各有介……'象田四介'，田之外横者二直者二……聿所以畫之……引申为绘畫之字。"据此可知，"画"既指划分界限，如《左传·襄公四年》云："芒芒禹迹，画为九州"；又指绘画，如《仪礼·乡射礼》："大夫布侯，画以虎豹。士布侯，画以鹿豕。"《晋书·文苑传·顾恺之传》："恺之每画人成，或数年，不点目精。"继而引申为图像，如苏轼《念奴娇》词："江山如画，一时多少豪杰。"

"畫"简化成"画"，乃取繁体字的下半部，正符合"象田四界"之意，倒也省事，这里就不多说了。

"笔"和"画"，各有多义，并且皆可作量词用。

文末，再举一例，足以说明简化之便利。有繁体"籲"字，多达32笔，简体"吁"，只有6笔。笔画减少了，好写了，这样的简化当然是会受到普罗大众欢迎的了。

蚕，“天虫”也

蚕

小篆

本文题为《蚕，“天虫”也》，意图有二：其一，“蚕”字“上边是‘天’，不是‘夭’。”此乃《现代汉语规范词典》之特别提醒。其二，“蚕”是“天赐神虫”①，居功至伟。此乃本文议论之主旨。

《简化字总表》规定，“蠶”简化为“蚕”。笔者以为，这是繁体字改为简体字改得极为成功的一个案例。“蚕”字义清晰，而且笔画比“蠶”少 14 画，书写起来方便多了。不过，“蚕”这个字也有复杂的地方。《辞海》说它本身是多音、多义字：一读 cán，即本文所说之“蠶”；二读 tiǎn，有词条“蜸蚕”，释义为“即蚯蚓”。可是，《现代汉语词典》和《现代汉语规范词典》都没有收入“蚕”的第二读及“蚯蚓”之义。

接下来言归正传。《说文》对“蠶”的解释是“任丝”之“蚰”（“蚰”读若“昆”）。后来的文字学家指出，“任丝”应为“妊丝”。（姚文田、严可

① “蠶”有“蝅”“蝅”“𧌒”等异体字。

均《说文校议》将“妊丝虫”改作“吐丝虫”。)《尔雅·释虫》郭璞注：“食桑叶作茧者，即今蚕。”《说文通训定声》：“蚕叶丝则成蛹，蛹化而为蛾。”《辞海》（2009 年版）：“蚕，昆虫纲，鳞翅目，蚕蛾科和大蚕蛾科昆虫幼虫的通称。能吐丝结茧，茧丝可作为纤维资源。”简言之，蚕是幼虫，蛾是成虫。其生命过程则是：卵→蚕（幼虫）→蛹→蛾（成虫）。

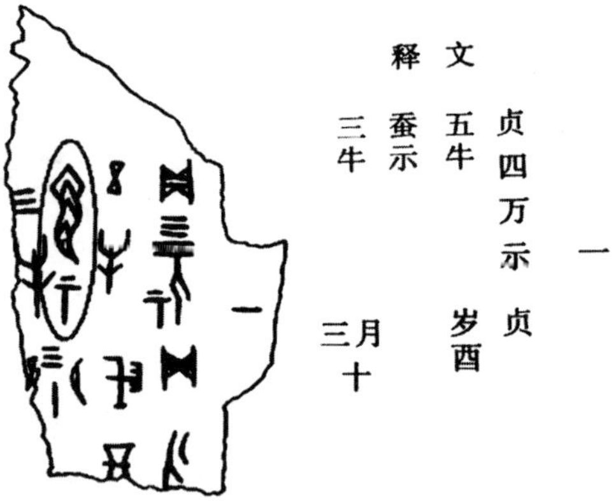

契有“蚕”字的甲骨文拓片

众所周知，国人养蚕始于黄帝之妻嫘祖，由此可见，利用蚕丝织成丝线、制作衣服，历史相当悠久。所以，有关纺织方面的字，大多数都属“糸”部（俗称“绞丝旁”），例如：面料有“绫、罗（羅）、绸、缎”，色彩分“红、绿、绛、紫”，制作过程经“纺、织、缝、纫”，成品打包还得用绳索“捆（綑）、绑、结、扎（紮）”。

蚕儿吐出来的丝很细很细。细到什么程度？几可忽略不计。长度单位有称“丝”者，它竟为一条蚕丝的直径的十倍粗。徐锴曰：“一蚕所吐为忽，十忽为丝；糸，五忽也。”① 《孙子算经》卷上：“度之所起，起于忽。欲知其忽，蚕吐丝为忽。十忽为一丝，十丝为一毫，十毫为一厘，十厘为一分。”

啊呀，蚕丝可谓细也，细到可以忽略不计也。不过，笔者以为，越细微越不可忽视。古代，我华夏大地不种棉花，蚕丝服饰人皆穿着，上则为衣，下则为裳，御寒遮羞，功莫大焉，岂能不以为意？

蚕之于人类贡献之大，实难尽说。将“蠶”简化成“蚕”，赞之为“天虫”，毫不为过！

① “絲”是二“糸”。

尘，小土也

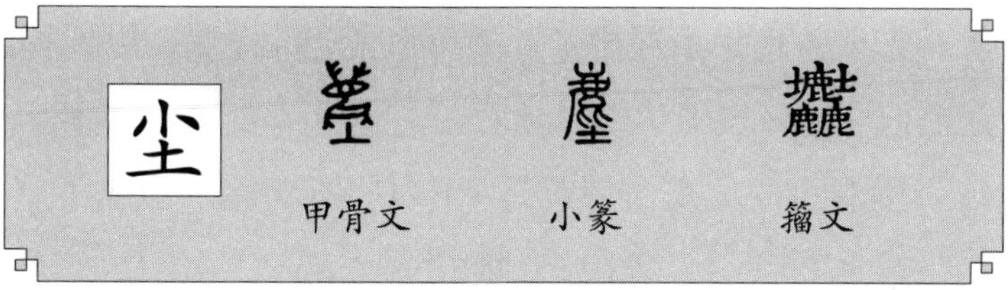

“尘”是“塵”的简化字，意为小土也。数据显示，颗粒直径在 10 微米以下的，才能叫沙尘。

笔者以为，“尘”这个字简化得好，不仅意思明确，而且少了好多笔画。

然而，繁体的“塵”还不是最繁的写法。它最早写作“𪋻”，上“麤”（音 cū，同“粗”）下“土”。《说文》解释“塵”为“鹿行扬土也”。段玉裁补充说：“群行则扬土甚。”是啊，一头鹿奔跑时能扬起多少土，故要写成三鹿（鹿群，数不清的鹿）。不过，奔跑的鹿再多，恐怕也掀不起“沙尘暴”吧。

“塵”简化为“尘”，笔画减少了许多。可是，笔画少了不等于“沙尘”少了，反而发展成“沙尘暴”了，现在又常有“雾霾天”了……怎不叫人望尘兴叹，唏嘘不已呀！

《集韵·真韵》：“塵，《说文》：‘鹿行扬土也。’俗作尘。”可见，民间早就创造性地把“塵”简化为“尘”了，现在只是把这个难登大雅之堂的俗体字正式规定为简化字。

又："麈"有个形近字"麈"，这个"麈"字没有简化。《说文》曰："麈，麋属。从鹿主声。"《急就篇》有注云："麈，似鹿，尾大而一角，谈说者饰其尾而执之为仪。"《康熙字典》云："鹿大者曰麈，群鹿随之，视麈尾所转而往，古之谈者挥焉。"据此可知，麈是鹿的一种，它的特点有二：一是一角，二是尾大，古人以其尾毛做拂尘。

以"麈尾"作拂尘，绝非晋代清谈者的专利，和尚、道士都爱手执拂尘；在戏剧舞台上，大太监也是手握拂尘，随侍皇帝老儿左右，以掸掉灰尘。由此看来，古人还是很注意环境卫生的。

最后，笔者提醒诸位文友，切莫将"麈（zhǔ）尾"当成了"麈（chén）尾"，继而将"麈尾"写成了"尘尾"哦。

灶，造食者也

灶

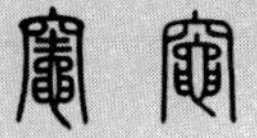

小篆

“灶”是个简体字，它的繁体是“竈”，写起来忒有难度。

《说文》曰：“竈，炊竈也。从穴鼀省声……竈，竈或不省。”[①] 段玉裁云：“（鼀）其身大，背黑，多痱磊……举足不能前。”由此可见，“竈”的形状就像个大蟾蜍。《博雅》对“竈”的形状作了具体描述：“竈，其唇谓之陉，其窗谓之突，突下谓之甄。”

“竈”为什么读作 zào？笔者以为，这跟“竈”的定义有关。《释名》云：“竈，造也，创造食物也。”即专供烹煮食物、烧水的设备。《字汇补》云：“竈与造通。”《周礼·春官》有“大祝掌六祈，二曰造”之语，颜师古注：“造，古书作竈。杜子春读为造次之造。”

我华夏先民砌灶做饭的历史相当悠久，始于何时，何人所创，难以定论。汉代应劭《风俗通·祀典·灶神》云：“《周礼》说：‘颛顼氏有子曰黎，为祝

①“鼀”读 cù，即蟾蜍。徐锴本“鼀省”下无“声”字。大徐本以为“竈”是形声字；小徐本以为“竈”是会意字。

融，祀以为灶神。'"《庄子·达生》曰："灶有髻。"颜师古注："灶神，着赤衣，状如美女。"唐·段成式《酉阳杂俎·诺皋记上》云："灶神名隗，状如美女。又姓张名单，字子郭。夫人字卿忌，一曰名壤子也。"总之，灶君虽是小神，来头却不小；究竟是男是女，亦无定论。

"竈"怎么会简化成"灶"的？文字学经典著作不见论述。笔者斗胆作如下猜想：

1. 清·沈涛《说文古本考》云："《周礼》以灶祠祝融。"祝融即火神。《淮南子·时则训》曰："孟夏之月……其祀灶。"高诱注："祝融，为高辛氏火正，死为火神，托祀于灶。是月火旺，古祀灶。"

2."竈"，从穴。"穴"者，土室也。所以，"竈"就是制造食物的"土室"。

鉴于上述两点，民间按土室生火之意，造出个"火 + 土 = 灶"来，代替非常难写的"竈"，这完全是在情理之中的事。不过，这个"灶"字出现较晚，大概在南宋之前。金朝人韩道昭在《五音集韵·号韵》中说："灶，音躁，俗竈字。"

与"灶"相关的趣事多多，这里选取三则。

1. 灶马：昆虫名，又称"灶鸡""灶鳖鸡"。全体红色，后肢颇长，有长刺，多集于灶间，其行有丝状发光之痕迹。段成式《酉阳杂俎·虫篇》："灶马，状如促织，稍大，脚长，好穴于灶侧。俗言灶有马，足食之兆。"

成语有"蛛丝马迹"条，辞书大都解释为："沿着蛛网的细丝可以找到蜘蛛的所在，按照马蹄的痕迹可以寻到马的去向。"笔者以为，这里的"马迹"抑或是灶马之迹。如是，则可与"蛛丝"匹配。

灶马又指灶神像，也特指送灶之日为灶王所备之马。

2. 跨灶：（1）指马奔跑时后蹄印跃过前蹄印。喻指良马。高士奇《天禄识余·跨灶》引《海客日谈》："马前蹄之上有两空处，名灶门。马之良者后蹄印地之痕反在前蹄印地之前，故名跨灶。言后步趱过前步也。"（2）比喻儿子胜过父亲。宋·吕祖谦《诗律武库·跨灶撞楼》引三国魏·王朗《杂箴》：“‘家人有严君焉，井灶之谓也。’是以父喻井灶。或曰：‘灶上有釜，故生子过父者，谓之跨灶。’又云：‘非特跨灶，又且撞破烟楼。’”苏轼《答陈季常书》云：“长子迈作吏，颇有父风，二子作诗骚殊胜，咄咄皆有跨灶之兴。”柳亚子《寿廖夫人七十晋一大庆》诗之一：“儿曹跨灶心弥喜，孙辈含饴愿早酬。”

3. 增兵减灶：《史记·孙子吴起列传》：“魏与赵攻韩，韩告急于齐。齐使田忌将而往，直走大梁。魏将庞涓闻之，去韩而归，齐军既已过而西矣。孙子谓田忌曰：‘彼三晋之兵素悍勇而轻齐，齐号为怯，善战者因其势而利导之。兵法，百里而趣利者蹶上将，五十里而趣利者军半至。使齐军入魏地为十万灶，明日为五万灶，又明日为三万灶。’庞涓行三日，大喜，曰：‘我固知齐军怯，入吾地三日，士卒亡者过半矣。’乃弃其步军，与其轻锐倍日并行逐之。孙子度其行，暮当至马陵。马陵道狭，而旁多阻隘，可伏兵，乃斫大树白而书之曰：‘庞涓死于此树之下。’于是令齐军善射者万弩夹道而伏，期曰：‘暮见火举而俱发。’庞涓果夜至斫木下，见白书，乃钻火烛之。读其书未毕，齐军万弩俱发，魏军大乱相失。庞涓自知智穷兵败，乃自刭，曰：‘遂成竖子之名！’齐因乘胜尽破其军，虏魏太子申以归。孙膑以此名显天下，世传其兵法。”

《兵法》有“增兵减灶”条，为迷惑敌军的战术之一。

髮·發

在我国古代的童蒙读物中，有一篇极富盛名的《千字文》。据《尚书故实》记载:《千字文》系南朝梁武帝萧衍命散骑侍郎周兴嗣从王羲之法帖中模取不相重者一千字，按四言韵语编写。①

可是，当今出版的《千字文》，看上去并非“一千字不重”，而是有多处字重。如第二十六句“周发殷汤”与第三十七句“盖此身发”，里面都有个“发”字，不是相重了吗？其实，第二十六句本是“周發殷汤”，“周發”是指周武王姬发；第三十七句原是“盖此身髪”，“身发”为身体发肤之义。所以说，周兴嗣《千字文》的这两处原本是不相同的。

现在，把头发的“髪”和发财的“發”都简化成“发”字，笔者以为是欠妥的。

先说说这个“髪”字，倒也是蛮有趣的。“髪”就是毛。通常把长在人的头顶上的毛叫作“髪”，长在别处的大都称为毛，如眉毛、腋毛、眼睫毛等；

①《千字文》实为习书之法帖。

长在动物脑袋上的一般也叫它为毛。

“髮”从“髟”（音 biāo，长发下垂貌）。《说文》髟部有 60 多个字，其中大多数的字与毛发相关。形容头发的有：美发曰“鬘”（mán）；黑发曰“鬒”（zhěn）；头发卷曲，曰“鬈”（quán）；头发下垂，曰“鬖鬖（sānsān）”；头发蓬松，曰“鬖髿”（sānshā）……

人体各处的毛有不少别称：“胡须”的雅号为“髯”（rán），嘴唇上边的胡子则叫“髭”（zī），面颊上生的毛唤“髵”（ér），长在面颊两旁近耳的称作“鬓”……

“髮”简化为“发”，则是把上面的“髟”省略掉，保留下面的部分，尽管这样一来毛的特点丢了，与毛的关系不大了，但也还是说得过去的。因此，笔者是赞成把“髮”简化成“发”的。

再说说“發”字。把“發”简化成“发”，恐怕就说不过去了。“發”，形声字，从弓癹声（“癹”音 bō，义为用足踢草），“弓”为形，“癹”为声。“發”的原义指发射，放出。“發”的引申义众多，可作发生、生长解，如：发芽，发育；可作显现解，如：铁器发锈，脸色发青；可作暴露解，如：揭发，东窗事发；可作兴起解，如：奋发；可作开拔、起程解，如：发兵，朝发白帝城；可作表达、阐述解，如：发挥，发议论；可作分送解，如：发电报，发红包；可作物体膨胀解，如：发面，馒头发起来了……太多太多，实难枚举。

把一个含义很广的“發”字归并到一个含义极窄的“髮”的简体字“发”里，笔者实在想不通，当然要发一通议论了。

在简化字里，有一些不符造字初衷，甚至违背常理的情况，譬如，“親”简化为“亲”，“愛”简化成“爱”，则“亲而不见，爱而无心”；再如，“老闆”变成“老板”，做生意难道就不要品位，成天板着脸对待顾客不成？

汉字简化是一项极其复杂艰巨的工程，难免有一些疏漏瑕疵，我们在充分肯定汉字改革的大方向的前提下，也要对不尽如人意的简化字认真加以甄别才是。

丑·醜

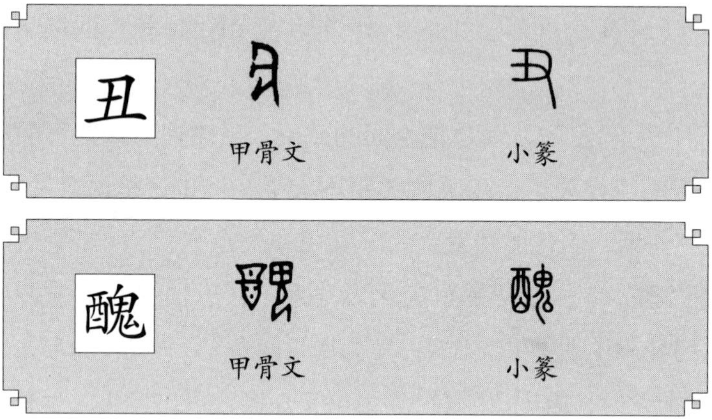

笔者极不赞成把“醜”简化成“丑”。这是为何？因为：“丑”和“醜”压根儿就不是一回事。

《说文》曰：“醜，可恶也。从鬼酉声。”段玉裁云：“非真鬼也，以可恶故从鬼。”

“醜”有诸多引申义：

可作“臭”解，如《释名》言：“臭也，如臭秽也”。

亦指君王、权臣不轨之处，《史记·老子韩非列传》云：“在知饰所说之所敬，而灭其所醜。”《索隐》：“醜，谓人主有所避讳而醜之，游说者当灭其事端而不言也。”故《谥法》指出：“怙威肆行曰醜。”例如《晋书·何曾传》：

“曾骄奢过度，宜谥缪醜”。

又可代指行为不端之徒，如有个词叫“醜贼生”，专门用来骂毫无人性，犹如畜生者。

还特指相貌丑恶，如《汉书·五行志》所说：“或形貌醜恶”。

“醜”是“美”的对立面，如《淮南子·说山训》所说：“不求美，又不求醜，则无美无醜矣”。

综上所述，凡可恶的、丑陋的、见不得人的、臭不可闻的，皆可称之为“醜”。

“丑”原本不丑，其义无所谓褒贬。《说文》曰：“丑，纽也。十二月，万物动，用事。象手之形。时加丑，亦举手时也。”这就是说，“丑”是地支的第二位，因十一月阳气动，为“子月”，而丑在子后，万物动，故农历十二月为“丑月”。它又指“丑时”，这是因为其字形像手握“丨”，徐锴云：“丨所执不出于手也。昧爽为丑，人皆起有为也。”请注意，“昧爽”尚处似明似暗天色，即黎明之时，此刻人们已起身劳作（是谓“举手有为”），可见国人之勤劳，所以，“丑”又对应十二生肖中的“牛”。顺便说一下，药物中有一样“丑宝”，它是牛黄的别称。

“丑”，还可用作姓，南朝齐国有丑千，元代有丑闾，明代有丑成、丑慈。

传统戏曲里的丑角（有文丑、武丑之别），字写作“丑”，意思却和“醜”有关。明·徐渭《南词叙录》：“丑，以粉墨涂面，其形甚醜。今省文作丑。”

笔者将计年月日时的、比喻勤劳等的“丑”，与表示可恶的、丑陋的“醜”作了这番对照，请问各位读者，它俩还能混为一谈吗？

后·後

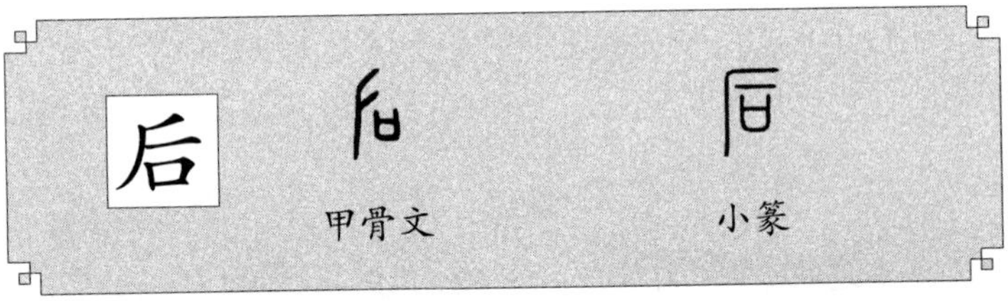

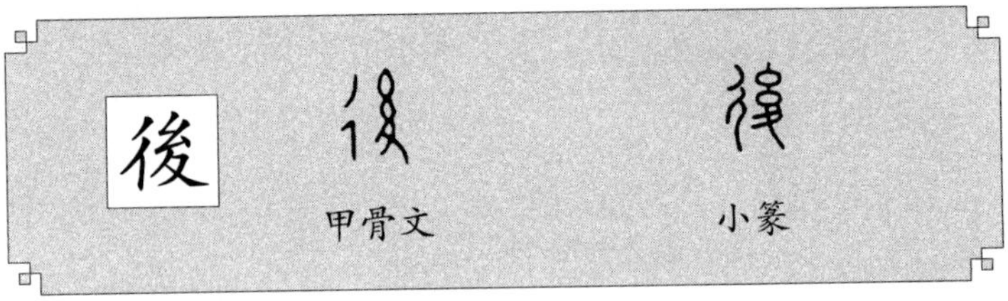

电视剧《秦始皇》里有这样一个情节：秦始皇发现母后赵姬与丞相吕不韦私通，立即吩咐心腹赵高（以下是字幕上显现的文字）：“太後甘泉宫里的那些下人，伺候太後的时间太长了，知道的事情也太多了，应该换一批了。你即刻去办吧。记住，不要惊动太後，也不要放走一个。”

请注意，字幕里的这段话，竟有三处将“太后”写成“太後”。也许该剧编导以为，“後”是“后”的繁体，咱们把“太后”写成“太後”，说明对古文颇有研究，“国学”底蕴深厚。其实，恰恰出了个大洋相!

“后”这个字古已有之，其义有三：

1.“后”即“王”，多指远古君王。《尔雅·释诂》云：“后，君也。”《说文》曰："后，继体君也……施令以告四方……发号者君后也。"据考证，夏代称君主为"后"。天子与诸侯均可称"后"，天子为"元后"，诸侯为"群后"。古籍所载"后羿"，犹言"羿王"或"王羿"。商代始改称君主为"王"。《楚辞·离骚》："昔三后之纯粹兮，固众芳之所在。"（三后：夏禹、商汤、周文王。）

2. 君主的正室配偶。《康熙字典》云："《白虎通》：'商以前皆曰妃；周始立后，正嫡曰王后。秦汉曰皇后，汉祖母称太皇太后，母称皇太后。'又，诸侯亦称后。"

3. 对大地尊称为"后土"。《尚书·武成》曰："告于皇天后土。"孔安国传："后土，社也。"孔颖达正义："土为群物主，故称后也。"《正韵》："后土，亦取厚载之义。"

"後"，本是"先后""前后"之义。许慎曰："後，迟也。从彳幺夊者，後也。"《文源》释"後"云："从行者，夊象足形，足有所系，故不得前。"段玉裁云："幺者小也。小而行迟。後可知矣。故从幺夊会意。"

注意：在古代，"先後""前後"偶尔也写作"先后""前后"；但是，表示君王、君王妻子的"后"绝不写作"後"！

而今，"後"被简化，也写作"后"。于是就有了电视剧字幕上的"太後"。殊不知，此"太後"若是去排队，不知要排在第几个妃子之后！真是搞笑。

云·雲

有位爱写繁体字的文友将“子曰诗云”写成“子曰詩雲”[①]。笔者跟他说，“诗云”的“云”不能写成“雲”。他十分惊讶地问：这是为什么？于是，笔者趁他来访之际，搬出几本辞书，通过引经据典，以证实笔者的看法。

首先要说的是，“云”这个字的字形从古到今变化很大。最早的“云”字写作“ʔ”，就像一朵在空中飘动的祥云。甲骨文的“云”字不再是图像化了，它顶部“二”在古文中是个“上”字，下部似回旋之气，合起来表示水气回旋而上成云。到了小篆，又在上面加个“雨”字头。

① 若将“子曰诗云”在电脑上“简转繁”，即成为“子曰詩雲”。

《说文》曰："雲，山川气也。从雨，云象雲回转形……云，古文省雨。"《段注》曰："古文只作云，小篆加雨于上，遂为半体会意、半体象形之字矣……古文上无雨，非省也。二盖上字，象自下回转而上也……传曰：'云，旋也。'"又曰："𠃪亦古文雲。此最初古文，象回转之形者，其字引而上行。书之所谓触石而出，肤寸而合也。变之则为云。"

既然原本就写作"云"，后来为什么又要加个"雨"字头变成"雲"呢？这是由于后人"以云为云曰之云"。《正字通》言："云与曰音别义同。凡经史，'曰'通作'云'。"《说文解字注笺》曰："云借为语词，故小篆增雨。"

这里必须指出，"雲"只表示"云雾""云彩"一义；而"云"是个多音多义字。"云"可作动词，与"说"同义。如：人云亦云，不知所云；也可作代词，相当于"这样"。《史记·滑稽列传》曰："民人俗语曰，'即不为河伯娶妇，水来漂没，溺其人民'云。"亦可作助词（无意义）。司马光《训俭示康》曰："当以训汝子孙，使知前辈之风俗云。"

有"云云"一词，其义相当于"如此如此"。《史记·汲黯列传》："武帝曰，吾欲云云。"张守节正义："犹言如此如此也。"《汉书·郊祀志》："封大山禅云云。"颜师古注："云云，泰山下小山。"

文友听了笔者的这番言语，连连点头："我今后再不会将'子曰诗云'写成'子曰詩雲'了。"

几·幾

“几”和“幾”，原本是两个不相干的字；“幾”起先并不是“几”的繁体字，譬如“茶几”，从未见过古人有写“茶幾”的。后经简化，“幾”并入“几”，真不知其中藏着什么玄机。

“几”是个象形字，段玉裁云：“象其高而上平，可倚，下有足。”《孟子·公孙丑下》有“隐几而卧”之语，这里的“几”，是古人用以倚凭身体的器物。《周礼·春官·司几筵》里把这种倚凭身体的器物分为“五几”（玉几、雕几、彤几、漆几、素几）：“掌五几，王左右玉几，诸侯右雕几，筵国宾左彤几，甸役右漆几，凡丧事右素几。”由此可以想见，那时用“几”等级森严，不可逾越。也许有人会问，倚着玉几、雕几之属，天气寒冷时怎么办？当然是要保暖的了。刘歆《西京杂记》云：“汉制，天子玉几，冬加绨锦其上，谓之绨几。凡公侯皆竹木几，冬则细罽（音 jì，意为用细毛织成的布）为橐以凭之。”

有“几杖”一词，请千万注意，这个词的意思切莫理解成“几根拐杖”。《礼记·曲礼》曰：“谋于长者，必操几杖以从之。”《礼记·月令》又曰：“养衰老，授几杖。”孔颖达云：“杖可以策身，几可以扶己，俱是养尊者之物。”足见，尊老乃中华民族之优良传统。

“幾”这个字，书写起来比“几”复杂，解说起来就更加复杂。先谈谈它的构造，从丝、从戍。“丝”，读作 yōu。《说文解字注笺》云：“疑从丝省，丝训微义由丝起，引申为凡物之微细也。”

接下来说说“幾”之义。《说文》曰：“幾，微也；殆也。从丝从戍。戍，兵守也。丝而兵守者，危也。”林义光《文源》云：“丝者幽省，幽处多危，人持戈以备之，危象也。”

有个成语叫“日理万机”，其实应是“日理万幾”，语出《尚书·皋陶谟》：“兢兢业业，一日二日万幾。”这里的“幾”，即“动之微吉之先见者也”。孔安国传：“当戒惧万事之微。”

不过，现在“幾”之义要简单明了得多，主要有三：一是将近、几乎，如《史记·留侯世家》：“几败而公事。”二是多少，如《史记·万石张叔列传》：“上问：‘车中几马？’”三是不多，如：所剩无几。

讲了那么多的“几”“幾”之别，真让人觉得说“几”易而说“幾”难。“幾”的古义多多，笔者只有这点能耐，不但难以说得周详，而且很难说得明白；而今倒好，将“幾”简化成“几”，其义也随之所剩无几了。

最后，笔者提请各位读者注意，若将“几杖”一语在电脑上“简转繁”，还真的成了“幾杖”。由此看来，“简转繁”出现的讹误还不少呢！

“麪子”失面子

某市举办“实事工程成果展览会”，特地邀请全市闻名的书法爱好者某君题词。只见他笔走虬龙，立即书就十二个苍劲有力的大字：“大興實事項目，不搞麪子工程。”众人看后面面相觑，不知“麪子工程”是什么工程。

原来，这位先生有个特殊嗜好，爱写繁体字。他以为：既然“麪粉”的“麪”已经简化为“面”，那么，“面子”换成繁体字就可以写作“麪子”。

《说文》曰：“麪，麦末也。从麦丏声。”段玉裁云：“麪，麦屑末也……末者，屑之尤细者。《齐民要术》谓之勃。今人俗语亦云麪勃。勃，取蓬勃之意。”晋·束皙作《面赋》一文，有“尔乃重罗之面，尘飞雪白”之语，可见麦面之精之白。

“面”除了“麦屑末”这个本义外，又可表示面粉制品，如挂面、切面、汤面。也泛指粉末，如：药面。有些地域的方言还拿它来表示某些食物纤维少而柔软这一特性，如：他家种的红薯煮了吃很面。

“麪”的异体字有“麵”“麫”，皆从“麦”。但是，粉也有用米磨成的，继而产生了“米”旁的“糆”字。也许由于“麵”“麪”“糆”的声旁不是“丏”，而是“面”，于是干脆舍去“麥”，一下子把“麪”简化成了“面”。

小篆的“面”所表示的是人的面目（或叫作颜面、脸面）。由于此义过于浅显，无须赘述。

古人无论男女，都很重视面部化妆，那就是用精白的麦面或米粉搽在面部，故有“敷粉何郎”这一成语。若按“麪”简化成“面”来表述，岂不成了“何郎以面敷面”。以此类推，“麪子工程”也就成了“涂脂抹粉的工程”！

这正是：

某君本想争面子，面子竟然成麪子。

麪子其实非面子，这下真的丢面子。

“上海裡”在哪里

某日，笔者去上海世纪公园游玩。见园中有一景点是仿石库门的街坊，其牌匾大书“上海裡”三字（见下图）。世上竟有“上海裡”？笔者算得上是老上海了，竟被弄得一头雾水。

“裡”是“裏”的异体字（“裏”是内外结构，“裡”是左右结构），它属“衣”部，《说文》解释为“衣内也”，原意是指衣服的“夹里”（内层）。《急就章》云：“衣外曰表，内曰里。”《诗经 · 邶风 · 绿衣》有“绿衣黄里”之句，就是说绿色的面子，黄色的里子。照此说来，“上海裡”岂不成了上海人都住在衣服的夹里之中？

笔者忽然想起，现在“裏”和“裡”都已简化为“里”。人家来了个“简繁转换”，就将“上海里”写成了“上海裡”。

其实，“里”字古已有之，其义有二：1. 作里程解。周制三百步为一里。《穀梁传 · 宣公十五年》：“古者三百步为里。”《孔子家语 · 王言》：“周制三百步为里。”《正字通 · 里部》：“又路程以三百六十步为一里。”《正韵》云：“路程，今以三百六十步为一里。”清 · 顾炎武《日知录》：“《穀梁传》：‘古者三百步为里。’今以三百六十步为里。”现在以五百米为一里。2. 代指居住地或区域，《说文》曰：“里，居也。从田从土。”会意字。《周礼 · 地官 · 遂人》云：

“五家为邻，五邻为里。”《风俗通》则说：“五家为轨，十轨为里。里者，止也，五十家共居止也。”由此可见，“上海里”的“里”是不应该写成繁体字“裡（裏）”的。

如今，电脑打字已相当普及，而且有个繁简转换程序，运用起来极为方便。可是，在“简换繁”时得多留个神。

鲁，误读的典型

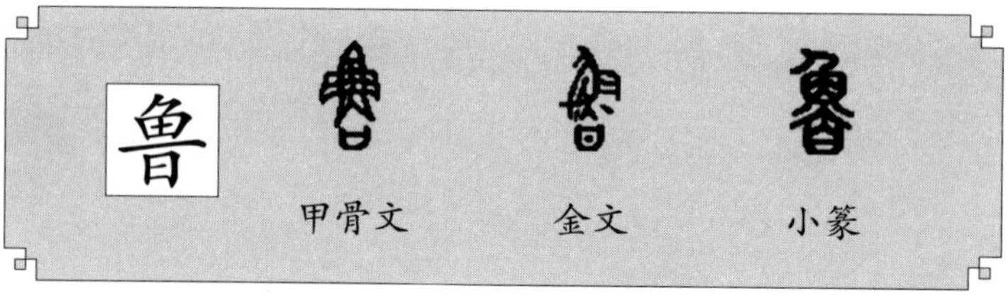

晋·葛洪《抱朴子·遐览》云："书字人知之，犹尚写之多误。故谚曰：'书三写，鱼成鲁，虚成虎。'此之谓也。"又，《吕氏春秋·察传》云："子夏之晋，过卫，有读史记者曰：'晋师三豕涉河。'子夏曰：'非也，是己亥也。夫己与三相近，豕与亥相似。'至于晋而问之，则曰，晋师己亥涉河也。"

上述这两个典故，组成一个成语"鲁鱼亥豕"，特指因字形相似而致使传写讹误的状况。清·章学诚《校雠通义》云："因取历朝著录，略其鲁鱼亥豕之细，而特以部次条别，疏通伦类，考其得失之故，而为之校雠。"凡出版物里存在的"鲁鱼亥豕"之差错，章先生主张要像对待仇敌那样，从严把关，认真勘误。

世上有些事情说来也巧，拿来嘲讽写字讹误的"鲁鱼亥豕"，打头的"鲁"字本身就有误读。此话怎讲？听笔者慢慢道来。

"鲁"的部首是什么？按现在的字形，有人说是"曰"，也有人说是"日"。

说“鲁”字的下面部分是“日”的，恐怕不太站得住脚——“鱼”在“日”上，岂不是说“鲁”字的意思是晒鱼干？

说“鲁”字从“曰”的，依据不少。《释名》云：“鲁，鲁钝也。国多山水，民性朴鲁也。”《论语·先进》曰：“参也鲁。”何晏注：“鲁，钝也。曾子性迟钝。”据此得出结论，“鲁”之义犹如鱼儿叫唤起来叽哩咕噜，表示说话迟钝笨拙。此说仿佛是言之凿凿的。

可是，小篆“鲁”的下部是“白”。《说文》曰：“鲁，钝词也。从白鲝省声。”①然而，这里说的“从白”，实际上是“从自”。许慎特地指出：“白，此亦自字也。省自者，词言之气从鼻出，与口相助也。”《说文解字部首订》云：“白亦鼻之古文，鼻上纹理无定，多少随便，故造字有繁简。”众所周知，“白”字有“道白”之义，所以，“鲁”才解释为“钝词也”。

如此说来，“鲁”的部首是“白”，应当作为定论了。且慢！再看一下金文“鲁”，不对了，它下面是个“甘”（口里含一），字义应理解成嘴里的鱼味道鲜美了。再看一下甲骨文“鲁”，更不对了，它下部的形状是“”。林义光《文源》认为：“鲁本义盖为嘉，从鱼入口，嘉美也。”但是，李孝定说“”是盛鱼的器具，他在《甲骨文字集释》里说：“契文不从白，从，即去庐。字在卜辞有嘉也厚也之谊；金文用鲁亦有厚福之意。”笔者以为，古人造“鲁”字之初衷是寓意鱼儿满筐，喜获丰收。

从“口”到“甘”，从“甘”到“白”，再从“白”到“曰”，一个“鲁”的字形变化如此之大，怎不令人扼腕唏嘘？

① “鲝”读作 zhǎ，义为腌鱼。亦作“鲊”。

“香”，从甘不从日

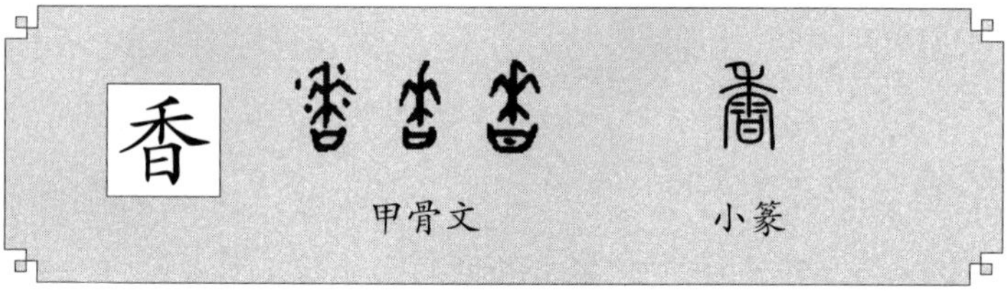

“香”这个字，正楷是上“禾”下“日”。于是有人以为，庄稼成熟之时，经大太阳一晒，则谷物香气四溢。如此解说，乍听起来好像蛮有道理，其实，这是典型的望文生义，不足取。

《说文》曰：“香，芳也。从黍从甘。”这就是说，“香”字是上“黍”下“甘”。何为“甘”？许慎曰：“甘，美也。从口含一。”指口里含的东西有滋有味，不舍得一下子吞下去的、得慢慢品尝之食物。王筠《说文释例》云：“甘乃味也，味无形，故属事，不定为何物，故以一指之。甘为人所嗜，故含之口中，咀味之也。”由此可见，“香”是个会意字，“黍”表谷物，“甘”表香甜美好，它的本义是指谷物的香味。

“香”有个近义词“芳”。不过，它俩的字义是有区别的。《说文句读》云：“香主谓谷，芳主谓草。甘者谷之味，香者谷之臭。”又，朱骏声云：“谷与酒臭曰香。”这里顺便纠正一个误解。杜甫诗云：“朱门酒肉臭，路有冻死骨。”人们往往理解成“有钱的人家的酒肉都已经发出阵阵恶臭”。其实，这里的

“臭”是指酒肉特有的浓烈气味。试想，已经散发恶臭的酒肉，富豪们还会舍不得把它们扔掉吗？

然而，许慎毕竟是以小篆字形解说“香”的，难免会有一定的局限性。现在我们来看一看甲骨文“香”的三种写法，下面部分有“口”、有“甘”，这是怎么回事呢？李孝定在《甲骨文字集释》中如是说：“盖字象以器盛黍稷之属，以见馨香之意。为会意字。”

以上所言之“香”，皆是用以形容气味的。此字还可作名词用，即为“香料”。宋代洪刍著《香谱》，列数龙脑香、麝香、沉香等上品香料四十一种。宋代孔平仲《孔氏谈苑》云：“商女山中多麝，其性绝爱其脐，为人逐急，即投岩举爪，剔裂其香。”据《本草》记载：“麝香有三等：第一生香，亦名遗香，乃麝自剔出者。其次脐香。其三心结香。”

香料的用途极其广泛，实难一一列举，这里仅说“含香”一例。古人为消除（确切地说是掩盖）口中异味，往往口含某种香料。据东汉应劭所撰《汉官仪》记载：“尚书郎含鸡舌香，伏奏事。”唐初诗人宋之问口臭严重，每当武则天召见，他总是要口含母丁香一枚。可是，宋之问还是未能获得宠幸，真是枉费心机。

茍，或许姓“苟”

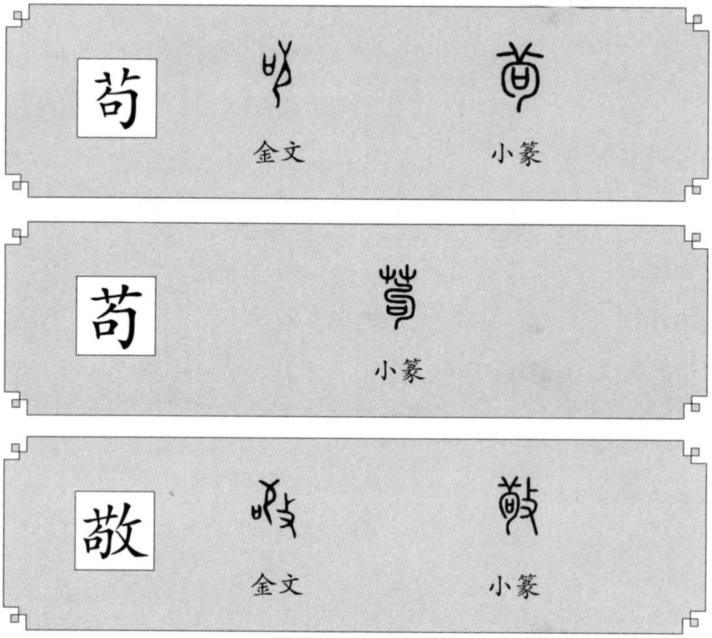

“宁可不给孩儿上户口，也不能让他们再姓苟。”前些日子，某市一位姓苟的先生要给孩子改姓，于是撂下这句狠话。“苟”姓之人为什么非要改姓不可呢？这是因为，他们觉得“苟”不仅读音太不好听，而且有“苟且”之义，容易受到他人的歧视和污辱。关于姓“苟”的要求改姓的事，早已不是什么新闻，几年前某地某村2000余姓“苟”者就改成姓“敬”。

据说，“苟”姓之人祖上原本姓“敬”。后晋时期，有一姓“敬”的大臣因为要避皇帝石敬瑭（936—946在位）的名讳，再加上奸臣的构陷，只得忍气吞声地将“敬”字的“支”旁删去，改姓为“苟”。如此说来，这是历史冤案造成的，应予以平反改正才是。

笔者未对后晋的这起冤案作过考证。不过，笔者认为：他们或许不姓“从艸句声”的“苟”，而姓“茍”，读音是jì。也就是说，是他们把自家的姓写成别字、读错了音——它本身才是一大“冤案”！

《说文》曰：“茍，自急敕也。从羊省，从包省；从口，口犹慎言也。从羊，羊与義、善、美同意。”饶炯《说文解字部首订》云：“急敕义为敬。《仪礼·聘礼》云：‘宾为茍敬。’而以二字连文者，盖析称之曰茍、曰敬，累称之曰茍敬也。茍敬双声，义得互借。或说，茍即敬字。”有一位姓薛名寿的文字学家专门写过《释茍》一文，他说：“茍、亟、敬三字古义皆同。故茍训急敕。《大学·汤盘铭》‘苟日新’，急日新也。苟亦当是茍字之讹。若读如从艸之苟，则与韵不谐矣。《论语》‘苟有用我’者，言‘急有用我’者。惜相沿俱多用从艸之苟，故漫不加察也。”

这里必须强调指出，“茍”在《说文》里是个部首字，从属有“敬”字。《说文解字注笺》云：“敬有戒谨义，茍训急敕，敕者戒也。其义相近，声亦相转。疑茍即古敬字，从茍加支，支，治也，治事肃恭之意。”

综上所述，姓“敬”的应当改成姓“茍”，而不应当改成姓“苟”。特别需要注意的是：“茍”是“羊”字头，“苟”是“艹”字头，孔广居《说文疑疑》云：“苟，草也，借为苟且、草率之义也。”

文末，作打油诗一首，曰：

茍苟二字极相似，茍者本是古敬字。
姓茍从羊寓吉祥，何来苟且之贬义。
茍姓当从敬姓改，自身切莫乱生疑。
汉字博大而精深，弄清本意为第一。

教，应写作“敎”

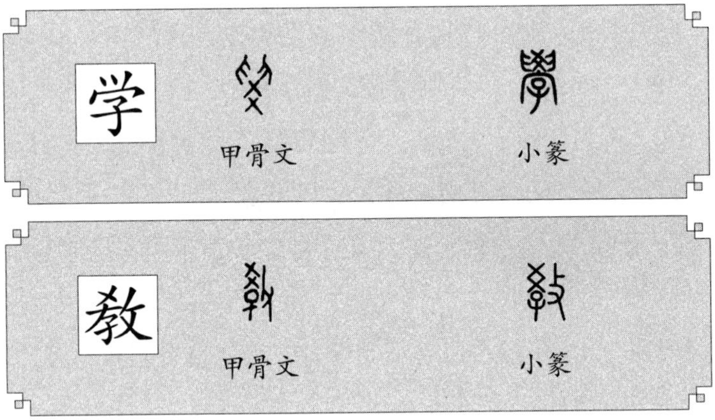

“教”字的写法不是“孝＋攴”，那是什么？要讲清楚这个问题，必须将“教”与“学”这两个字搁在一起说。笔者觉得先谈“学”字比较顺溜。

小篆“学”字由四个部分组成：上部，两只手捧着“爻”；下部，房子里面一个“子”。这个字的构思大体是：在学馆里（房子），先生手把手地把多种知识传授给蒙童（“爻”者，杂驳也，如同孔子所教的“六艺”）。故《增修互注礼部韵略》云：“受教传业曰学。”《尚书大传》云：“学，效也。近而愈明者学也。”

《说文》曰：“学，觉悟也。”人非生而知之。如果不通过启蒙，不获得知识，那是不可能觉悟的。一部《论语》，开卷即言“学而时习之”，足见

“学”的重要性。

“学”又作“学校”解，即为传授知识的场所。《礼记·王制》：“天子命之教，然后为学。小学在公宫南之左，大学在郊。”由此可见，我国古代是很重视教学工作的。

接下来谈谈“教”字。《说文》又曰：“學，篆文斆省。”笔者以为，此说或许有误，“斆”可能是“教”的古文。我们从甲骨文的“”字看，它的左半部是将“學”字省去两只手和一间屋子，变成“𡥈”，其实这部分仍然是“學”。

“教”的本义是指把知识和技能传授给别人。《左传·襄公三十一年》：“教其不知，而恤其不足。”《国语·周语》：“教，文之施也。”

随着王权体制的不断强化，“教”的性质也有了很大的变异。《礼记·王制》曰：“明七教以与民德。”郑玄注：“七教，父子、兄弟、夫妇、君臣、长幼、宾客、朋友也。”这样一来，教育就成为灌输“纲常”观念的工具。诚然，有识之士早就注意到，要用“七教”来教化民众，关键在于“上所施，下所效也”（《说文》释“教”）。《释名》亦云：“教，效也，下所法效也。”

现在，“教”普遍写作“教”——“从文从孝”。这样一来，其形其义与造字初衷相去甚远。有一位大名鼎鼎的教授说，“教”是指让人懂得“孝道”的文化。该教授把“𡥈”当成“孝”，把部首“攴”（《说文》曰：攴，小击也。从又卜声。）当作“文”。如此望文生义，大谬也！

兵，不是“丘+八”

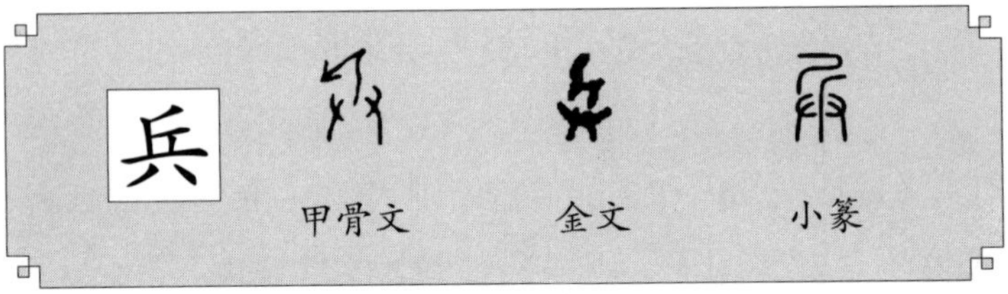

有“妙解”文字者云：“兵，上丘下八。”这种析字法完全是望文生义，不足取。

《说文》曰：“兵，械也。从廾持斤，并力之貌。”段玉裁注：“械者器之总名。器曰兵；用器之人亦曰兵。下文云从廾持斤，则制字兵与戒同意也。”从金文或小篆看，“兵”字是由上“斤”下“廾”构成。“斤”是短斧（亦泛指刀剑等短兵器）；“廾”表示双手。由此可见，“兵”的本义是指冷兵器时代的一种武器，它的字形构造与“丘”“八”毫无关系。

后来发现的甲骨文，“兵”字上部是一个折了的箭头，世人多有不解。李孝定在《甲骨文字集释》中说：“契文从之字甚多，旧均不识，自唐氏释此为斤，乃得豁然贯通。字从两手持斤，乃兵古文。许训械，以为凡兵之称，乃其引申义。”原来如此。

“兵”也指持兵器击敌的军人。《礼记·月令》曰：“命将帅选士厉兵。”请读者注意，古代军队中的“士”与“兵”是有等级差别的：手握大型战斧，守卫在将帅身边的称作“士”；而置身前列，手握短斧与敌人战斗的称作“兵”。故《礼记·曲礼》云：“死寇曰兵。”郑玄注：“言能捍国难为寇所杀者，谓为兵也。”行文至此，笔者感慨万分地说：何为“兵”？为保卫祖国、保卫人民而英勇御敌者也！

顺便说两件与“兵”相关的事。

1. 我国以金属制作兵器的历史相当悠久。据《世本·作篇》记载：“蚩尤以金作兵器。”①

2. 有个成语叫“草木皆兵”，初见于《晋书·苻坚传》：“望八公山上，草木皆类人形。”后有“望八公山上草木，皆以为晋兵”一语（语出《资治通鉴》），即浓缩为这则成语。

①《管子·地数》云：“兵有五，一弓，二殳，三矛，四戈，五戟。”

思·胃·果·累

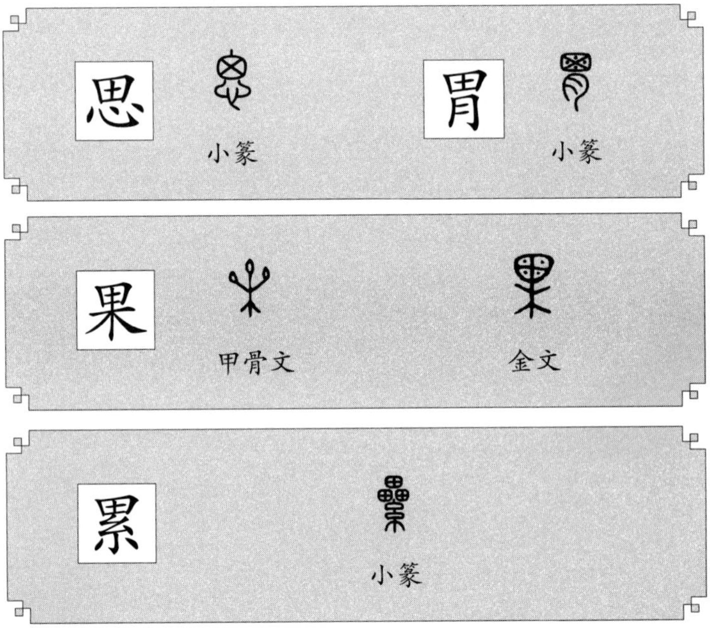

查现今的大多数字典、辞书，“思”“胃”“果”“累”都在“田”部。从字义的角度看，除“果”字与“田”有点关系外（有些果树是长在田里的），“思”“胃”“累”等字一点儿也看不出与“田”有啥关联。

这四个字没有一个在《说文》田部，它们分别为：“思”在心部；“胃”在月（肉）部；“果”在木部；“累”在糸部。

“思”这个字，从隶书到楷书，均写作“田心”，但它原本不是“心上田”，小篆“思”字是上“囟”（xìn）下“心”。什么是“囟”?《说文解字义证》云：“囟是首脑之上缝，象小儿头囟未合。”《说文解字注笺》云：“人之精髓在脑，脑主记忆，故思从囟。”可是后来“思”字怎么会不从“囟”而从“田”的呢?《说文解字群经正字》云：“今经典从心从田作思，隶变。”

小篆“胃”字的上部原本是“囗”（音 wéi，义同“围”）里有“※”（即“米”），下部为“月（肉）”。《说文》解释为“谷府也”，通俗地说，胃是人和动物贮藏和消化食物的器官。段玉裁引用《白虎通》之言：“胃者，谷之委也。”这也许就是“胃”和“委”同音的缘故。

《说文》曰：“果，木实也。从木，象果形在木之上。”这从甲骨文、金文的“果”字一看便知。然而，并不是所有的果子都长在木本植物上，草本植物结果实的情况也很普遍。于是，“果”另写作“菓”。值得一提的是，古人通常把草本植物的果实称作“蓏（luǒ）”。《周礼·场人》曰：“树之果蓏，珍异之物。”东汉应劭注：“木曰果，草曰蓏。”而三国时期的张晏另有解释，曰：“有核曰果，无核曰蓏。”西晋人臣瓒又云：“在地曰蓏，在树曰果。”

“累”本来写作“纍”，读音似“雷”。它的上部本来就是个“畾（雷）”字。《说文》曰：“累，缀得理也。一曰大索也。从糸畾声。”所谓“大索”，就是绳索，是由许许多多细丝积累而成，因而也就产生了积累的意思。

综上所述，“思”“胃”“果”“累”四个字皆不从“田”。现在，它们都划归“田”部，乃“隶变”所致。“隶变”后，汉字书写方便了，可是这样一来，有些字最初的造字寓意就荡然无存了，有的会意字甚至到了无意可会的地步。此正所谓“有一利，必有一弊”也。

笨·愚·蠢

“笨”“愚”“蠢”这三个字，说是跟“傻”同义，真比窦娥还冤。你道为啥？因为它们的本义与“傻”毫不相干。

（一）

一说到“笨”，通常会将它与“愚”画等号，这就产生了“愚笨”一词。智力差者，称之为笨头笨脑；不灵巧者，则叫他笨手笨脚；不善言词的，谓之笨口拙舌；只会干粗活的，就说他愚笨如牛……这可把“笨”字给冤枉死了。

“笨”的本义是什么呢？《说文》曰：“笨，竹里也。从竹本声。”徐锴《说文解字系传》补充云：“笨，竹白也。”说白了，“笨”是指竹子的内膜，通称“竹黄”。

有竹里，就有竹表。竹子的表皮叫“筤（mǐn）”。《广雅·释草》曰：“竹其表曰筤，其里曰笨。”段玉裁云：“筤，竹肤也。肤，皮也……析可用者曰篾。”他告诉我们，竹子的表皮可劈成篾条。

“筤”的俗称是“竹青”，雅号为“筠”。《四声篇海》云：“（筠，）竹肤之坚质也。竹无心，其坚强在肤。”《广韵》言：“筠，竹皮之美质也。”这“筠”既坚且美，光滑而富有弹性，所以特别惹人喜爱。于是，有以“筠”喻人者，正如《礼记》所言：“其在人也，如竹箭之有筠也。”于是，人们（尤其是女士）起名字都爱用“筠”字。

有人要问：因何种原由，“笨”成了“愚”的同义词了？《广雅》有这样一句话：“笨谓中之白质者也。其白如纸，可手揭者。”也就是说“竹里”质地较松、较粗、不精密，于是引申为“粗笨”“笨拙”“愚笨”等。从各辞书所引的例证看，汉代以前不讲“笨”，而讲“愚”；直到唐宋以后，“愚”与“笨”才意义相通。

（二）

“愚”非但不“傻”，而且很可爱。《说文》曰：“愚，戇也。”这就是说，“愚”是指“戇直”这种性格。《史记·仲尼弟子列传》：“柴也愚。”裴骃《集解》引何晏之言：“愚直之愚。”《孔子家语》云：“故《诗》之失，愚；《书》之失，诬。”王肃注：“愚，敦厚。”时至今日，人们还以“愚”作自谦之词，如“愚兄”“愚意”等。

“愚”另有一义为“寓”，是指“无所为，若寄寓然”（此解释见《康熙字典》）。《荀子·修身》曰：“非是是非之谓愚。”此乃哲人之“愚”，亦谓“大智若愚”！

凡戇直之人，往往“碰鼻头不转弯”，这就显得行为迟钝，呆头呆脑。于是，才有了“愚者，智之反也”（见《段注》）。于是，“愚”又有了“暗也，蒙也，昧也，蠢也，钝也，愗也，滞也，固也，蔽也，冥也”这些引申义。

（三）

《说文》曰：“蠢，虫动也。从䖵春声……《周书》曰：‘我有𢧢于西。’”①

“蠢”的本义是：春天来到后，蛰伏的虫子慢慢地醒过来，蠕动起来。《庄子·天地篇》曰：“蠢动而相使，不以为赐。”《尔雅·释诂》云：“蠢，动作也。”段玉裁云：“虫动也……可云蝡也，引申为凡动之称……《乡饮酒义》曰：‘东方者春，春之为言蠢也，产万物者也。’”

“蠢”另有一义为骚动、动乱。《左传·昭公二十四年》：“今王室实蠢蠢焉。”《诗经·小雅·采芑》：“蠢尔蛮荆，大邦为仇。”②《尔雅·释训》云：“蠢，不逊也。”郭璞曰：“蠢动为恶，不谦逊也。”

汉·王充《论衡》云：“时人愚蠢，不知相绳责也。”表示虫动的“蠢”，不知何故成了“不聪明”“愚昧”的同义词。元·高安道《哨遍·嗓淡行院》云：“妆旦不抹彪，蠢身躯似水牛。”身子粗得像水牛一般，怎能不“笨拙”呀！

---

① 䖵，读若“昆”。《说文解字义证》云：“凡从䖵者，皆小虫。”𢧢，古文蠢。《周书》即《尚书·周书·大诰》。“我有”句原文为：“有大艰于西土，西土人亦不静，越兹蠢。”承培元《引经证例》云：“有𢧢于西”犹云“我有怵怵心动于西。”

② 芑，音 qǐ，类似苦菜的一种草本植物。

“美”是大羊吗

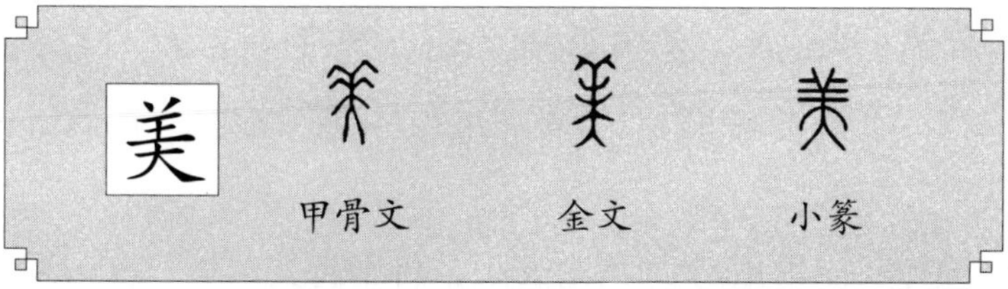

在见到甲骨文“美”字之前，文字学家都是按金文、小篆的“上羊下大”进行解说的。

《说文》曰：“美，甘也。从羊从大。羊在六畜主给膳也。美与善同意。”徐铉注：“羊大则美。”段玉裁云：“五味之美皆曰甘。引申之凡好皆谓之美。从羊大。羊大则肥美……羊在六畜主给膳也。《周礼》：‘膳用六牲。’始养之曰六畜，将用之曰六牲，马牛羊豕犬鸡也。”这就是说，“美”是个会意字，它的本义是指肥羊味美；“美”的造字方法与“善”相同，上部都是“羊”。

然而，自从看到甲骨文的“美”字，许慎等前人的“从羊从大”“羊大则美”之说就站不住脚了。当代语言文字学家周法高（1915—1994），在他主编的《金文诂林》中说："以毛羽饰加于女首为'每'，加于男首则为'美'。下从大为人，上亦毛羽饰也；皆谓羊大则肥美，其实羊羔尤美；《周礼·膳夫》膳用六牲，亦无羊为主膳之说；但未见羊生四角，上下排列如此状也。"这就是说，"美"字的写法是人头上（"大"是正视之"人"）有靓丽的羽毛之类的饰物，它所表达的意思不是味道肥美，而是形容人的容貌"美丽""好看""漂亮"。

《诗经·鄘风·桑中》："美孟姜矣。"《庄子·齐物论》："毛嫱丽姬，人之所美也。"孟姜、毛嫱她们可都是有着"沉鱼落雁"之容、"闭月羞花"之貌的绝代美女呀！

不久前，甲骨文字的出土地河南安阳，将甲骨文"美"字作为试题，放进五年级语文试卷，要求考生在"A. 羊大即为美；B. 戴着头饰站立的人；C. 土地里生长的花朵；D. 远方茂盛的森林"四个选项中，找出"'美'字最初的含义"（文友高金平先生提供）。

笔者以为，甲骨文进课堂，有利于真语文教学，值得提倡。故，咱们给安阳试卷点个赞，并作白话诗一首，以志此事。诗曰：

一甲惊天下[①]，字字载文化。
龙骨出安阳，片片耀中华。

① "一甲惊天下"是郭沫若为安阳小屯出土甲骨文的题字。

“得”，所取何物

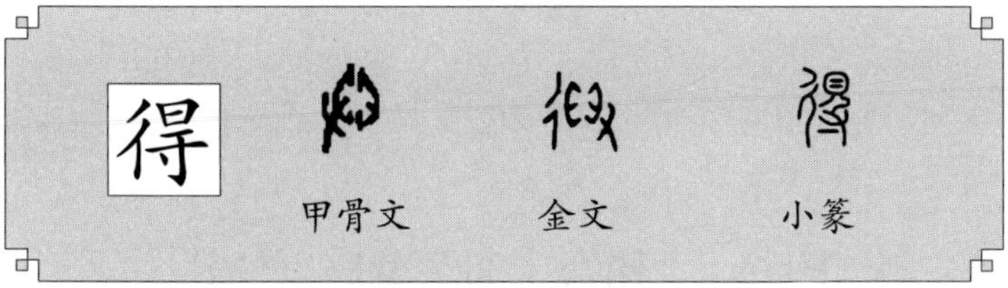

唐代诗僧拾得，小时候遭父母遗弃，被国清寺的丰干禅师在路上捡到，带至寺中。如此说来，小和尚取名“拾得”，合情合理，确切得很。①

“得”，多音多义，本文只说“得到”“获得”之义的“得（dé）”。现在的“得”由“彳、寸、旦”三构件组成：“彳”表示在路上行走；“寸”表示捡东西的手；“旦”指捡到的东西。《玉篇》云：“得，获也。”《韵会》云：“凡有求而获皆曰得。”问题来了：捡到的怎么会是“旦”？“旦”是什么东西？

《说文》曰：“得，行有所得也。从彳㝵声。㝵，古文省彳。”许老先生说，“得”的古文没有“彳”旁，写作“㝵”。段玉裁云：“见部曰：‘㝵，取也。’行而有所取，是曰得也。”（请注意，“㝵”由上“見”下“寸”构成。）这就是说，右上方的那个部件不是“旦”，而是“見”。不过，“見”到的又是什么？还得下功夫追究到底。

① 拾得是“和合二仙”之一。详见《“和合二仙”乃“寒拾”》。

原来，“得”这个字右上方的那部分发生过多次讹误，既不是“旦”，也不是“見”，而是“貝”。容庚《金文编》云：“，从手持贝。《说文》从見，乃传写之讹。”罗振玉《增订殷虚书契考释》云：“此从又持贝，得之意也，或增彳。许书古文从見，殆从貝之讹。”蒋人傑《说文解字集注》曰：“《群经正字》云：‘今经典变見为旦，作得。’盖自汉隶孔宙等碑始，而俗因之。”

至此，笔者觉得这个“得”的本义实为：行走时，看到路上有个贝，随手把它拾起来。

附录：“和合二仙”即“寒拾”

佛教称“和合二圣”是高僧；道教说“和合二仙”是仙人；民间不辨仙与佛，“和谐好合”受欢迎。

“和合二仙”的原型是国清寺的唐代高僧寒山、拾得。

寒山，唐代贞观年间著名诗僧，据《全唐诗》记载：“寒山子，不知何许人，居天台唐兴县寒岩，时往还国清寺，以桦皮为冠，布裘弊履，或长廊唱咏，或村墅歌啸，人莫识之。闾丘胤宦丹丘，临行，遇丰干师，言从天台来。闾丘问彼地有何贤堪师。师曰：‘寒山文殊，拾得普贤，在国清寺库院厨中著火。’闾丘到官三日，亲往寺中，见二人。二人大笑曰：‘丰干饶舌，饶舌。阿弥不识，礼我何为！’即走出寺，归寒岩。寒山子入穴而去，其穴自合。尝于竹木石壁书诗，并村墅屋壁所写文句三百余首。”纵览寒山303首诗歌，几乎篇篇通俗浅显，犹如白话。“千年石上古人踪，万丈崖前一点空。明月照时常皎洁，不劳寻讨问西东。”让人一看就懂。“重岩我卜居，鸟道绝人迹。庭际何所有，白云抱幽石。住兹凡几年，屡见春冬易。寄语钟鼎家，虚名定无益。”如同诉说家常。故史称寒山子与王梵志比肩，开“白话诗”之先河。

拾得亦唐代诗僧。“贞观中，与丰干、寒山相次垂迹于国清寺。初丰干禅师游松径，徐步赤城道上，见一子，年可十岁，遂引至寺，付库院，经三纪，令知食堂。每贮食滓于竹筒，寒山子来，负之而去。一夕，僧众同梦。山王云：‘拾得打我。’旦见山王，果有杖痕，众大骇。及闾丘太守礼拜后，同寒山子出寺，沉迹无所。后寺僧于南峰采薪，见一僧入岩，挑锁子骨，云取拾得舍利，方知在此岩入灭，因号为拾得岩。”《全唐诗》收录其诗 50 余首，诗风颇似寒山子。现如今，国清寺中的三贤院，供奉的正是丰干、寒山、拾得。

寒山、拾得原本是瘦骨伶仃的老和尚，怎么又成了活泼稚嫩的童子身了呢？原来这里面有着一段动人的传说：寒山居住在苏州的妙利普明塔寺（后更名为“寒山寺”）期间，拾得不远千里去看望。拾得抵达苏州后，身无分文，只好在路边采摘了一朵荷花，作为见面的礼物。而寒山得知拾得远道而来，定然饥肠辘辘，就手捧装有点心的食盒迎上前去。由于荷、盒的谐音为“和”与“合”，他俩就成了民间祈求和谐好合的精神象征。史载：清雍正十一年（1733），寒山、拾得被皇上正式敕封为“和合二圣”。苏州寒山寺“寒拾殿”至今还供奉着这两位的塑像。

国清寺山门外之“寒拾亭”，有寒山与拾得的一段对话：

寒山问道：“世间谤我欺我辱我笑我轻我贱我恶我骗我，如何处治？”

拾得答曰：“只是忍他让他由他避他耐他敬他不要理他，你且看他！”

“柳”的声旁问题

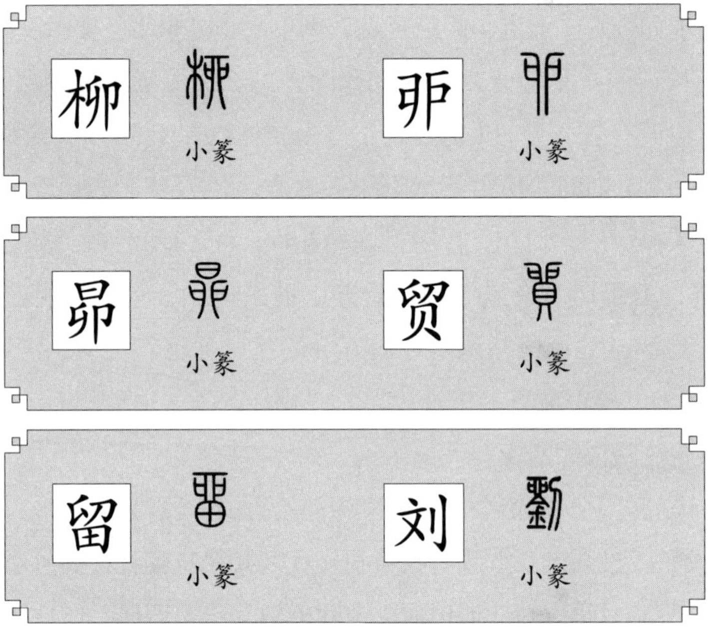

文友问：柳下惠[①]的“柳”是形声字吗？

笔者答：是的。左边是形，右边是声。

文友问：右边的“卯”读 mǎo，“柳”怎么会读成 liǔ 的呢？

---

① 柳下惠（前 720—前 621），即展禽。春秋时鲁国大夫。展氏，名获，字禽。食邑在柳下，私谥为惠。

笔者答："柳"字本来写作"桺"，它的声旁不是"戼"（"卯"的古文），而是"丣"（"酉"的古文）。"戼""丣"二字仅仅是顶部开合之微小差别，由此造成诸多混乱。为说清"桺"字的读音问题，必须分别讲一下"戼"和"丣"。

（一）

《说文》曰："戼（卯），冒也。二月，万物冒地而出。象开门之形。故二月为天门。"徐铉注："二月，阴不能制，阳冒而出也。天门，万物毕出也。"段玉裁云："《律书》曰：'卯之为言茂也。言万物茂也。'……《天文训》曰：'卯则茂茂然。'《释名》曰：'卯，冒也，载冒土而出也。'盖阳气至是始出地……字象开门也……故二月为天门。卯为春门，万物已出。"《六书正讹》云："戼，辟户也。从二户，象门两辟形。因声借为寅卯字，为日出物生之象。"以上所说可归结为四点：1."戼（卯）"字象开门之形，要注意的是它的顶部是开的。2.《月令》告诉我们：夏历十一月为"子月"，则十二月为"丑月"，次年一月为"寅月"，二月为"卯月"。3.早春二月，阳气至，万物冒土而出，呈"茂茂然"之状。4."戼（卯）"借为十二地支第四之"卯"，与天干配以纪年，纪月（夏历二月），纪时（早晨五时至七时）。

"戼（卯）"作声旁的字有茆、峁、泖、昴、铆、贸、鄮等。

以"贸"为例，它的本义是交易、买卖。"贸，从贝从卯，卯亦声"，它是个形声兼会意字。为什么说它"兼会意"呢？笔者以为，这是因为古代的商场都是卯时开市的。时至今日，菜场仍然是一大清早就营业了。

（二）

"丣"字形与"戼"极为相似。《康熙字典》云："丣……音有。阖户为丣，日入时也。《说文》：'就也。八月黍成，可为酎酒……戼为春门，万物已出；

西为秋门，万物已入，一，闭门象也。'《六书正讹》：'后人以此字类丣，故加西字别之。酉，乃古酒字。'"

《说文》曰："柳，小杨也。从木丣声。丣，古文酉。"《本草》云："杨枝硬而扬起，故谓之杨。柳枝弱而垂流，故谓之柳。"清代藏书家、文字音韵学家海宁钱馥（1748—1796）云："古多假柳为酉。如：郑印癸，字子柳。柳即丣，名癸字酉也。《仲尼弟子列传》：颜幸，字子柳。柳亦即丣，幸者辛之讹也。"

综上所述，"柳"字的写法实际上是一大讹误。不仅如此，这一讹误还波及好多字，如"刘"字就是典型一例。

俗称："卯金刀——刘"。其实，应该说成"丣金刀——刘"。只有这样，"刘"的读音才是 liú，这才顺理成章。

有不少以"留（畱）"为声旁的字，还保留着"丣"，譬如：瑠、騮、鐂。

猜，请你猜一猜

猜

小篆

先哲造字后人解，其实有些是在猜。试问猜字为何意？很难将它说明白。

《说文》曰：“猜，恨贼也。从犬青声。”许慎的这个解释，本身就让人很费猜思。其一，“猜”怎么是“恨贼”？其二，“猜”为什么“从犬”？

“猜，恨贼也”是什么意思？译成白话大致是说：“猜”是指因嫉恨而残害别人。《左传·僖公九年》：“送往事居，耦俱无猜。”[①] 扬雄《方言》云：“猜，恨也。”王筠《说文句读》云：“许君为恨不足尽猜之情，故申之以贼，为其必有所贼害也。”如果说这是“猜”的本义的话，现在这个意思已经消失。

《左传·昭公七年》：“夫子从君，而守臣丧邑，虽吾子亦有猜焉。”《玉篇》云：“疑也，惧也。”

“猜”解作“疑”，表明是一种心理活动。那么，这个字为什么“从犬”？

---

① “耦俱无猜”意为“两无猜恨”。

徐锴《说文解字系传》云："犬性多猜。"段玉裁云："恨贼也。本谓犬，假借之谓人。"照此说来，"猜"最初是"言犬"的。

读了以上这些解释，总觉得还未拂去围绕在"猜"字上的疑云。于是，笔者斗胆，也来猜他一猜。所谓"从犬"即"本以言犬"，不可以从狭义理解，而应从广义上去思考。众所周知，犬科动物中有"狐"者，其性最易生疑，这就有了"狐疑"一语。以狐多疑之性而喻人，"猜"字则有了"疑心""嫌疑"之义。

"猜"的另一义是"猜想""推测"。有"猜度"一词，义为猜测揣度。《红楼梦》第三十四回："薛大哥从来不是这样，你们别混猜度。"再如"猜详"一词，义为猜测审察。茅盾《野蔷薇·创造》："台灯的古铜座上，有一对小小的展翅作势的鸽子，侧着头，似乎在猜详杂志封面的一行题字：《妇女与政治》。"

还有两种游戏与"猜"相关。一是"猜拳"，即饮酒时助兴的游戏，猜三画五，吆五喝六，笔者不喜欢。另一个游戏是"猜谜"，它既富有知识性，又很有趣味性，笔者特别喜欢。

下面，向诸位读者说两则制灯谜、猜灯谜的故事。

（一）

朱元璋建立大明王朝后，元宵闹花灯十天。于是，猜灯谜的活动非常兴盛，制谜的高手也随之不断涌现。

某年正月初五，南京城为筹备元宵灯会，特邀张王李赵四位高手制谜。主持制谜活动的是位老学究，名叫魏南生（人家就是为出难题而生的）。他要求四大高手各制动物谜一则，谜面限四句，每句限四字，句首要依次嵌进"坐、立、行、卧"四字。

张先生打头阵：

坐也是坐，立也是坐，行也是坐，卧也是坐。

王先生紧跟上：

坐也是立，立也是立，行也是立，卧也是立。

李先生挨着来：

坐也是行，立也是行，行也是行，卧也是行。

赵先生压阵脚：

坐也是卧，立也是卧，行也是卧，卧也是卧。

“高，高，高，实在是高！”魏老夫子叫好连连：“我魏南生今天未能难住各位先生。”（谜底依次是：蛙、马、鱼、蛇。）

（二）

乾隆年间，某年元宵佳节，皇帝老儿兴致勃勃带着一群文武大臣前去观灯。看到高兴之时，乾隆令大臣们以写对联的形式来猜谜语。由于此事来得突然，众大臣一时手足无措。纪晓岚毕竟是“大清第一才子”，他略思片刻，就挥笔在宫灯上写了一副对联：

黑不是，白不是，红黄更不是，和狐狼猫狗仿佛，既非家畜，又非野兽；

诗不是，词不是，论语也不是，对东西南北模糊，虽为短品，也是妙文。

乾隆皇帝摇头晃脑想不出，众位大臣抓耳挠腮无答案，最后还是由纪晓岚自己来揭谜底：猜谜。

这则谜语的答案怎么会是“猜谜”二字呢？原来，这副对联是在解析“猜”“谜”二字。

上联用的是析字法：

“猜”从犬青声。前半段“黑不是，白不是，红黄更不是”，那应该是“青”色了；“和狐狼猫狗仿佛”，是说“猜”这个字隶属“犬”部，其实它“既非家畜，又非野兽”。

下联则是趣谈“谜”字：

前半段“诗不是，词不是，论语也不是”，只剩下“言”，即“讠”旁；后半段“对东西南北模糊”，那就成了“迷”；最后八个字“虽为短品，也是妙文”特别传神——“谜面”虽然简短，却是费尽心思，当属“妙文”。

疑，困惑不决也

《说文》以互训法解说“疑”“惑”二字：“疑，惑也”；“惑，疑也”。如此释义，不能解开笔者心头之疑惑。那么，在“疑”这个字上，究竟有哪些困惑呢？

本文原题为《猜“疑”》。笔者觉得，在“疑”的造字法方面有诸多猜想：它是形声字，还是会意字？

许慎认为：“疑”字“从子止匕，矢声”。他的意思是说，“疑”是形声字。然而，后来的文字学家对“从子止匕，矢声”这六个字疑问多多。

首先，小篆“疑”为什么要用“从子、止、匕”？徐锴《说文解字系传》曰：“止，不通也。矣，古矢字。反匕之幼子多惑也。”王筠《说文句读》云：“《系传》曰：‘幼子多惑也。’此句解字从子也。又曰：‘止，不通也。’此句解字从止。又曰：‘ㅋ，反比之也。’比当依铉引作匕，谓ㅋ非人字，乃反匕字也。此句解字从匕也。”汤可敬《说文解字今释》引王筠之言时，有按语云：“从子、止、匕会意，是说小孩子站在不通的路上在反复比较去向。”

其次，许慎说“疑”是“矢声”。段玉裁说：“矢”非“疑”之声，而“止可为疑声”。他认为“从子止匕，矢声。此六字有误”。

上述有关“疑”的诸多疑惑，在看到甲骨文后，一下子豁然开朗。甲骨文的“”是“ + ”（像手持拐杖的人张大嘴巴不知所措）；甲骨文的“”又加了个“”。李孝定《甲骨文字集释》：“，郭沫若曰：‘象人持杖出行而仰望天色。’……孙海波曰：‘象人扶杖而立，徘徊歧路之意。’”周法高《金文诂林》云：“林洁明曰：‘疑’字甲文为会意，金文、小篆则改为形声。”

若将甲骨文的“疑”和小篆的“疑”两相对照，笔者以为，后者要比前者有着更多的疑惑。此话怎讲？你看甲骨文“疑”，它的右边是“”，整个字形表示拄杖之人在岔道众多的路口迟疑。再看小篆，左边“（反匕）、矢”，右边“子、止”，应有两件疑难之事，既有选不准前行之路的疑难，又有找不着射箭靶子的困惑。

据此，笔者猜“疑”如下：子在岔道口，该向哪儿走？弓箭已搭好，何处是目标？故曰：“疑”，困惑不决也。

单，真的不简单

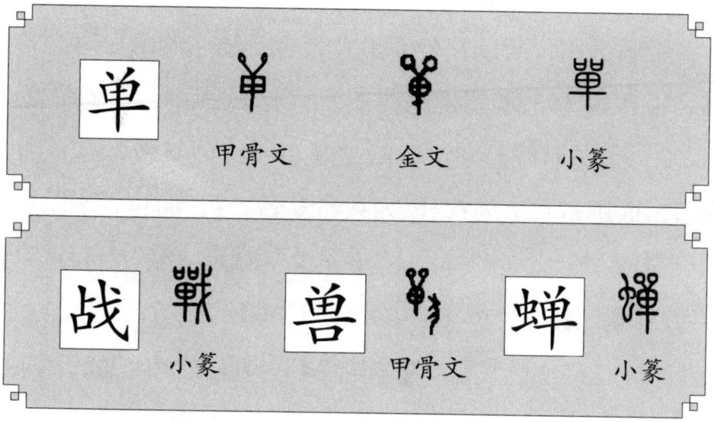

（一）

“单”读作 dān 时，有一义为：单一、简单。其实，这个字很不简单；复杂得连许慎老先生都有点说不清楚。

《说文》曰：“单，大也。从吅、甲，吅亦声。阙。”这个解释极为晦涩，首先将它翻译一下。他说：“单”的意思是“大言也”。这个字“从吅、甲，吅亦声，阙”，是说“单”上面的“吅”是部首，也是读音；下面的“甲”是什么读音、作何解释，阙如也。[①]

① 上述译文，依据如下：《段注》：“大也，当为大言也。”徐锴《说文解字系传》：“言大则吅，吅即宣也。许慎阙义，至今未有能知之者也。”王筠《说文释例》：“乃后人误增，所谓阙者即指此也。既非字，安得言从。”钮树玉《说文解字校录》：“《说文》无，故云阙也。”

（二）

大凡文字学家都有个嗜好，越是难解的字越是要解，这就叫钻研。后来的学者在“单”这个字上确实下了不少功夫。然而，看法分歧很大，实难统一。

有人认为，“單”是古代的一种武器，它的甲骨文最初写作“Ұ”或“¥”，即“干”上开叉，顶端有“♦”，用来弹射石球或石块。《金文诂林》云：“时或省而为干；干盾之用，所以扞矢石障戈戟也。盾、单本一声之转，而单、干则韵部不殊，在昔本为一体。”《逸周书》：“堕城湮溪，老弱单处。”孔晁注：“单处谓无保障，是单有障蔽之义；战之从单不徒取其声，亦且因其义矣。自周人借单为兽，而别省其上为¥，以为兵器专名。¥，盾也，所以扞身蔽目。象形。”于是，“單＋弓”就是“彈”；“單＋戈”就是“戰”。

有的认为，“單”跟“獸（‘兽’的繁体）”有所关联。甲骨文的“獸”左半部就是“¥”；小篆“獸”的左半部“嘼”与“¥”也是极为相似的。罗振玉《增订殷虚书契考释》云：“Ұ、¥、¥，卜辞中獸字从此，獸即狩之本字。征戰之戰从單，与獸同意。”也有人则认为，将“Ұ（單）”写成“嘼（嘼）”，不知所云。

笔者以为，“彈”“戰”都是形声字，这两个字里面的“單”乃读音，与字义无关。至于“獸”的左半部“嘼”，也只是与“單”形近而已，二者并无内在联系。不过，也有学者认为，“戰”与“獸”倒是有些关联的。商承祚云：“古者以田狩习战阵，戰从嘼者，示战争如猎兽也。”

（三）

笔者猜想，“單”很可能是“蝉”的古文。你看“單”上面的两个“♦”，正是蝉的大眼睛；下面的“甲”像是蝉的身躯和薄薄的蝉翼。因此，“單”是整体象形，就是一只“蝉”。许慎说“单”是“大言也”。什么是大言？“知了、知了”叫个不停，它不是“蝉”是什么，它就是上海人所说的“呀乌知”。

《说文》曰："蝉，以旁鸣者。从虫单声。""蝉鸣在胁。"所谓"旁鸣"，是指雄蝉靠身体两侧的发声器鸣叫，由此可见，古人对蝉观察得相当仔细，定义十分科学。蝉还有个有趣的情况，仅是雄性会鸣，它的身体两侧有着大大的环形发声器官，鸣肌每秒钟约伸缩 1 万次，故鸣声特别响亮，听久了令人烦躁。可是，雌性却是"哑巴"，当它听得雄蝉嘶鸣，即知对方在向自己求爱。再说，雄蝉的鸣叫声实在单调，就只会一个劲儿的"知了知了"，没完没了，毫无优美之感。

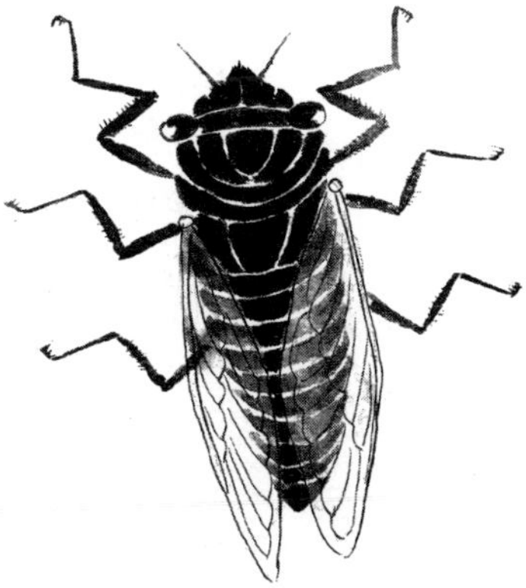

蝉（肖玉文绘）

生物学告诉我们，蝉以吸食树汁为生，常使树的枝干枯死，故属害虫。尽管如此，唐初著名诗人骆宾王的《咏蝉》还是写得相当好的：

西陆蝉声唱，南冠客思深。
不堪玄鬓影，来对白头吟。
露重飞难进，风多响易沉。
无人信高洁，谁为表予心。

"单"是个多音多义字。本文只是想说说咱们的猜想："单"可能就是"蝉"。其他义项，恕不一一罗列了。

笑和哭

“笑”和“哭”，都是人的内心情感反映在脸部的表情。一般来说，“笑”是喜悦、欢乐；“哭”是痛苦、悲伤。

笔者比较喜欢琢磨文字的结构——“笑”与“哭”，它俩为什么这样写？关于这两个字的造字法，虽然前人有诸多论述，可是笔者总觉得，还是值得进一步探讨。

（一）

“笑”有多种写法：

1. 上“竹”下“夭”，这是通常的写法。杨承庆《字统异说》云：“从竹从夭。竹为乐器，君子乐然后笑。”李阳冰解释“从竹从夭”，云：“竹得风，其体夭屈，如人之笑。”

2. 上“竹”下“犬”，写作“笑”。朱骏声云：“此字古皆从犬，本义犬狎人声也。从犬，箾省声。”

3. 左“口”右“关”，写作“咲”，理由不详。见于《汉书·扬雄传》：“樵夫咲之。”

4.《康熙字典》云：“‘咲’或省作‘关’。《汉书·薛宣传》：‘一关相乐。’”

笔者以为，以上这些造字理据都很勉强。其实，孔夫子早已对“笑”的造字法作了解答：“莞尔而笑”（《论语·阳货》），“乐然后笑”（《论语·宪问》）。也就是说，人一高兴就会笑出来。“莞尔”为小笑貌。这是典型的表情说。有个词叫“笑眯眯”，笑的时候两个眼睛就会眯成一条线，“竹”字头正像笑眯眯时两只眼睛的形状。“笑”的下部那个“夭”，既象形又兼声，一看就是笑得合不拢嘴的样子，成语如“笑容可掬”“笑逐颜开”等，则是把笑的脸部特征形象生动地描绘出来了。

（二）

人伤心之极则哭。故许慎曰：“哭，哀声也。”后来的文字学家认为，哀声大者曰哭，细声有涕者曰泣。

然而，“哭”是什么造字法，历来众说纷纭。《说文》讲它是形声字，“从吅（xuān），狱省声。”徐铉曰：“哭声繁乱，故从二口。”由此看来，“哭”字从“二口”，是取大声啼哭之义，倒也说得过去；但是，“狱省声”之说则多遭质疑。

段玉裁云：“哭入犬部，从犬吅，皆会意，而移以言人。”他的意思是说，“哭”是个会意字，从吅从犬，借犬吠形容人哭，表示大声啼哭如犬嗥。

笔者以为，许慎的“狱省声”之说，依据的是小篆字形，他那时没见到过甲骨文。现在让我们来看看甲骨文的“哭”，它从吅，表示呼号；中间像一人擗踊的样子[①]。本义是悲痛时发出的号啕之声，正所谓“哭声震天动地”。可

① 擗踊：擗，捶胸；踊，顿足。形容极度痛苦。《晋书·刘元海载记》：“七岁遭母忧，擗踊号叫，哀感旁邻。”

是，到了小篆字形发生了较大的变化，原先中间那个捶胸顿足张口嗥叫之人，变成了“大”字加一点，这就使许慎误以为是个“犬”字，用以表声。

笔者觉得许说、段说都很勉强。我们的猜想是：小篆“哭”字当中的“大”，就是正面的“人”，上面的“二口”是人头上的两只大眼睛，“一点”则是流出的眼泪，此乃“整体象形”。

笔者认为，小篆“笑”与“哭”，各是一幅人的面部表情的“简笔画”。

晖和晕

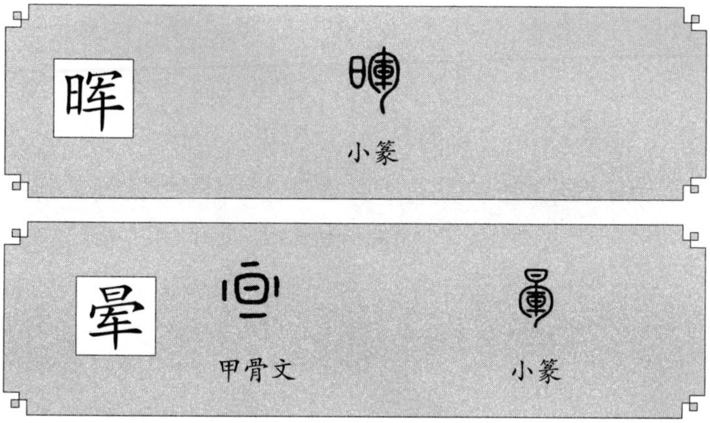

"晖"和"晕"是两个不同的字，还是同一个字？要说清楚这个问题，确实让人有点头晕。

（一）

《说文》（徐铉本）日部有文七十、新附字十六[①]。第二十七字为"晖"，许慎曰："晖，光也。从日军声。"新附第八字为"晕"，徐铉云："晕，日月气

① 许慎所著《说文解字》，收入 9353 字（另有重文 1163 个）；宋初徐铉等编注的《说文解字》，新收入 402 个字，称之为"新附字"。

也。从日军声。”这就表明，“晖”和“晕”都是“从日军声”，即此二字的构造一样、读音相同。

《段注》日部无“晖”，代之以“晕”（“日部”第二十九字）。蒋人傑《说文解字集注》云：“晕，光也。光也二字当作日光解也。篆体晖当作晕。《周礼》晕作辉，古文假借字。孟康曰：‘晕，日旁气也。’篆体日在上；或移之在旁，此篆遂改为晖……乃致铉以晕为新附篆矣。从日，军声。军者，圜围也，此以形声包会意。”另据《玉篇》所言：“晕，日月旁气也。按：晕即晖之异体。”

所谓“晕（或晖）”是“日旁气”，“气在外，卷结之也”，通俗地说就是：日月周围形成光圈。甲骨文有个“”字，《甲骨文编》云：“叶玉森以为，即晕之古文，像日旁云气四面旋卷。”

（二）

现在，“晖”和“晕”二字读音不同，释义各异。

“晖”，读作 huī，义为阳光，亦泛指光辉。孟郊有千古名句云：“谁言寸草心，报得三春晖。”

“晕”是个多音、多义字。读作 yùn 时，是名词，指太阳（或月亮）周围形成的光圈。读作 yūn 时，是动词，表示头脑发昏。

汉字中，一字多音多义的情况并不少见。那么，为什么不能把“晕”作为“晖”的异体字来处理呢？笔者猜想，也许这个“”正是“晖”字的古文。理由何在？不是说“像日旁云气四面旋卷”吗，“旁”者，侧也，即左右结构之“晖”，而非上下结构之“晕”。

股和鼓

通常以为，“股”“鼓”除了同声，字义大概是不会有什么关联的。所以，笔者不会去自找麻烦，做《股和鼓》这样的难题。可是，一想起王力先生的“同声同源”说，就会产生“股”和“鼓”抑或有相连之处的猜想。

日前，笔者为查阅“磬”的字义，在蒋人傑先生所著的《说文解字集注》中忽然发现，“股”“鼓”二字岂止同声，而且颇有渊源呢！

玉磬

“磬”是一种石制奏鸣乐器，乃“古者毋句氏作”。《周礼·冬官·考工记》曰：“磬氏为磬，其博为一，股为二，鼓为三。”原来，古代的“磬”一头小而实，称之为“博”；另一头大而空，称之为“鼓”；在“博”与“鼓”之间，称之为“股”。笔者以为，磬的这两部分以“股”和“鼓”为名，是拿人体作比喻的。何谓“股”？通俗地说就是“大腿”；大腿向上就是凸起的肚子，雅称“鼓腹”。这不是一下子把“股”“鼓”二字拴到一起了吗？

“股”和“鼓”都是多义词。然而，它俩的引申义还有不少相通之处。“股”可作量词，如：一股劲、两股道、三股土匪、四股大水等。古代夜间以击鼓来报时，一鼓即初更。鼓还是古代的一种计量器名称，四钧为石，四石为鼓。

现在，许多人都在炒股。股民持有的股票，就是上市股份公司的资金的一部分，说到底股民也是股东。炒股图的是什么？当然是为了赚钱获利。《说文》曰：“鼓，郭也……万物郭皮甲而出，故谓之鼓。”段玉裁云：“凡外障内曰郭。自内盛满出外亦曰郭。郭、廓正俗字。”《释名·释乐器》云：“鼓，廓也。张皮以冒之，其中空也。”这就是说，“鼓”的本义是“廓”，它另有一义为“涨大”。炒股之人谁不盼望自己的钱袋子一天天鼓起来！

凡新股上市，公司为使股票发行顺利，无不摇唇鼓舌，大肆鼓吹。而无数股民受此鼓动，热情顿时高涨，倾其所有投入股市，无不企盼股市大牛，一路飘红，时有涨停。如是，新老股民谁不欢欣鼓舞。

打油诗曰：

股民总想口袋鼓，口袋鼓起可致富。
炒股求富合情理，股鼓相连有出处。

付·府·腐

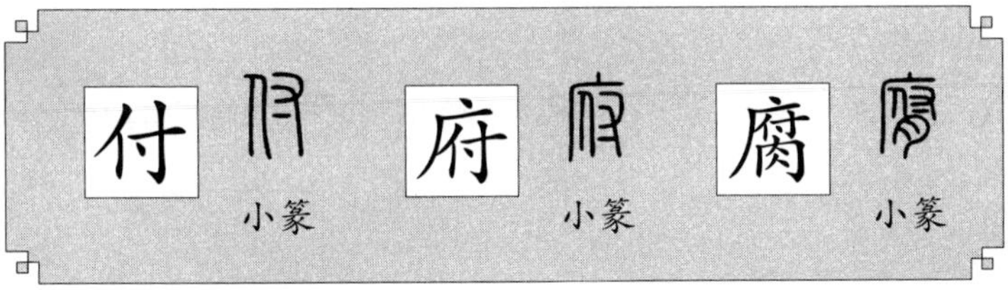

本文以“付”“府”“腐”为题，从造字法的角度说说这三个字之间的关系。

象形字“人”与指事字“寸”组合（徐铉注：“寸，手也”），于是就有了“付”字。许慎曰：“付，与也。从寸持物对人。”这说明它是个会意字，本义指“把东西交给他人”这个动作。

这个看似简单的“付”字，在汉字发展史上有着不可磨灭的功绩——以它作“声旁”，竟然繁衍出 20 多个读音为 fu 的形声字来，它们是：

苻、柎、符、泭、坿、附、鉜、蚹、驸、鲋、弣、軵、拊、怤、胕、跗、咐、詂、姇、袝、祔、紨、府

笔者之所以将“府”排在“付”作声旁的形声字最后，是因为“府”也可作声旁，又能孳生出“腐”“俯”“腑”“捬”“椨”“頫”等形声字。

自从有了“形声”这一造字法后，汉字的数量随之“大爆发”，在《说文》收入的 9353 字中，形声字占 80% 以上，足见“形声”这一造字法威力之巨大。

以下抄录与“付”“府”“腐”相关的词语四条：

付梓：梓：刻板。古时雕版刻书以梓木为上，后因称书籍刊印为“付梓”。明人吴应箕《答陈定生书》：“《东林本末》，采录最真，编定最确，即弟议论亦甚平恕，有关世道不小。今以原稿附上，幸即付梓也。”鲁迅《坟·摩罗诗力说八》：“检文者不喻其意，听之付梓……”

城府：1. 犹官府。《后汉书·庞公传》：“居岘山之南，未尝入城府。”杜甫《别蔡十四著作》诗：“主人薨城府，扶榇归咸秦。”2. 城池和府库。比喻待人处事的心机（多而难测）。晋·干宝《晋纪总论》：“昔高祖宣皇帝……性深阻有如城府，而能宽绰以容纳。”《明史·张居正传》：“然深沉有城府，莫能测也。”

迂腐：指言谈、行为拘泥于旧准则，不适应时代潮流。明人陆容《菽园杂记》卷六：“尝见文人中有等迂腐及浮薄者，往往指斥持法勤事之士，以为俗流。”周立波《山乡巨变》：“他是正经人，但有时也不免略带迂腐。”

臭腐神奇：《庄子·知北游》：“是其所美者为神奇，其所恶者为臭腐，臭腐复化为神奇，神奇复化为臭腐。故曰，通天下一气耳。”意谓同一事物，其是非美丑，随人之好恶而异。后以之谓化无用为有用，化废为宝。明代宋应星《天工开物·蜂蜜》：“凡蜂酿蜜……咀嚼花心汁吐积而成。润以人小遗，则甘芳并至，所谓臭腐神奇也。”

娄·搂·篓……

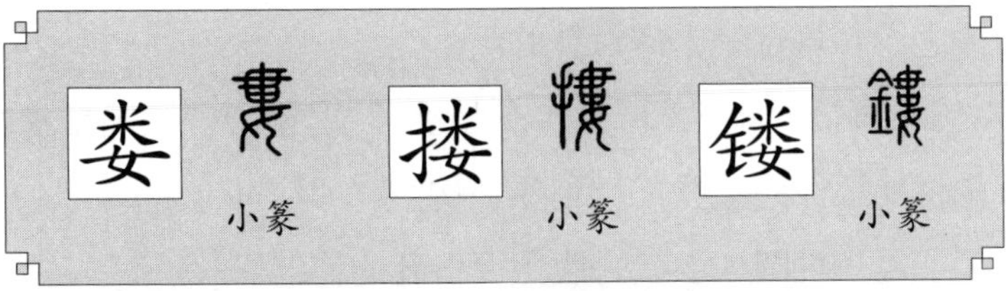

文友李学东先生写过一篇题为《惹出乱子或麻烦为何叫“捅娄子”》的杂文，笔者读后获益多多。联想到王力先生的“同声同源”说，顿时兴起，罗列读音为“娄”的数字以证之。

“娄”字原本写作“婁”。《说文》曰：“娄，空也。从毌中女[1]，空之意也。”段玉裁注：“凡中空曰娄。今俗语尚如是。凡一实一虚，层见叠出曰娄。人曰离娄，窗牖曰丽廔，是其意也。故娄之义又为数也。此正如窗牖、丽廔之多孔也。”

---

①《段注》：“从毌犹从无也；无者，空也。从中女谓离卦，离中虚也。”王筠《说文句读》言及《段注》此语，云：“文不成义，不敢强解。”

笔者以为，“娄”是“篓”的本字，其本义相当于空、孔。凡以“娄”作部件的形声字（有些是会意字），其含义都与“空”“孔”有关。试举几例：

搂，有一义为“抱”。搂抱这个动作就是将两手圈成圆弧状，才能把对方抱持住。

楼，通常是指与平房相对的楼房。所谓“楼”，即二层以上的居住空间。

褛，褴褛之衣，肯定是千疮百孔的。

镂，《左传·哀公元年》曰：“器不形镂。”这里的“镂”是指雕刻。雕刻这种工艺就是将加工件的某些部位剔除、掏空。

篓，竹篓子是一种圆柱形状，腹空而多孔的盛器。

髅，骷髅就是一具空空洞洞的头盖骨。

……

以“娄”为声旁的字有二三十个，其义大多数都与“空”相关，就不再一一列举了。

人们居住的房子有平房和楼房两类。

《说文》曰：“楼，重屋也。从木娄声。”古人所说的“重屋”，是指两层以上的楼房。《释名》云：“楼谓牖户之间有射孔，楼楼然也。”段玉裁注：“楼楼当作娄娄……娄，空也……窗牖丽廔开明。”段玉裁又说：“重屋与复屋不同，复屋不可居，重屋可居。”不可居的“复屋”是什么？原来，古代称具有双重椽、栋、垂檐等的屋宇为“复屋”。这就是说，只有建筑物的空间才可住人，而建筑物的构件是不可以住人的。

在古诗中，形容高楼的佳句不少，如《古诗十九首》的“西北有高楼，上与浮云齐”。又如李白的“危楼高百尺，手可摘星辰”等。由此可以想见，古人也有以建造高楼大厦为乐事的嗜好。据《东观汉记》记载，公孙述曾在蜀地造了一座十二层的高楼，作为他建立的大成国的“标志性建筑”。

“楼”有诸多含义：宫观叫“楼”，如黄鹤楼、岳阳楼；饮茶喝酒的营业场所叫“楼”，如茶楼、酒楼；防御工程也叫“楼”，如碉楼、戍楼。

有姓氏为“楼”者。大禹的儿子启建立夏朝，传至第五王为少康。周武王灭商后，追封前代贤王的后裔，把少康的后裔东楼公封于杞（今河南省杞县），遂为杞国。春秋时，杞国在周围大国的压力下被迫东迁，后来定居于淳于（今山东省安丘市东北）。现今，“楼”姓居住地主要分布在浙江省，包括杭州、宁波、金华、丽水、诸暨等。南宋有文学家叫楼钥。当代名人有跳马王子楼云。

另有“娄”姓。笔者猜想，“楼”和“娄”原先可能是同一姓。据说，杞国国君有一支后裔封在娄邑（今山东省诸城市西南），遂以地名为姓。当今，姓娄的人口四十三万余（比“楼”姓者略多一些），姓氏排行榜上名列第二百二十九位。姓娄的名人，汉有娄敬，唐有娄师德，明有娄坚，清有娄近垣。

顺便提一下，“楼”还有一个特殊的解释，道家以两肩为“玉楼”。苏轼《雪诗》有句云：“冻合玉楼寒起粟，光摇银海眩生花。”王安石曾说，在道家的著作中，以肩为“玉楼”，目为“银海”。

后　记

本书在编写过程中，得到了蒋人傑、郝铭鉴、常敬宇、叶文宪等文字学专家的悉心指导；得到了罗哲、李学东、徐玉清等文友的热心帮助。本书封面题字系中国书法家协会会员、上海师范大学中国非物质文化遗产传承研究中心特约研究员王恩科先生书写。北京青年画家肖玉文为本书画了多幅插图。复旦大学中文系原副主任王锦园先生，辽宁广播电视大学高玉林副教授以及《咬文嚼字》特约审校王中原先生、黄典荣先生审阅了部分书稿并提出了宝贵的修改意见。霍民起、赵娜、林春梅等老师为本书仔细审读审订。笔者在此向各位致以衷心感谢！

金德生　刘配书

2018 年 5 月